Gestão da Qualidade
Segurança do trabalho e gestão ambiental

Tradução da 2ª edição alemã ampliada

Coordenador:
Prof. Dr. Dietmar Schmid

Autores:
Eng. Georg Fischer
Eng. Arndt Kirchner
Eng. Hans Kaufmann
Prof. Dr. Dietmar Schmid

Tradução:
Dra. rer. nat. Ingeborg Sell

Blucher

QUALITÄTSMANAGEMENT – Arbeitsschutz und Umweltmanagement
A edição em língua alemã foi publicada pela Verlag
Europa-Lehrmittel, Nourney, Vollmer GmbH & Co. KG
© 2008 (2ª edição), Verlag Europa-Lehrmittel, Nourney,
Vollmer GmbH & Co. KG, 42781 Haan-Gruiten

Gestão da qualidade
© 2009 Editora Edgard Blücher Ltda.
3ª reimpressão – 2014

Blucher

Rua Pedroso Alvarenga, 1245, 4º andar
04531-012 – São Paulo – SP – Brasil
Tel 55 11 3078-5366
contato@blucher.com.br
www.blucher.com.br

Segundo Novo Acordo Ortográfico, conforme 5. ed.
do *Vocabulário Ortográfico da Língua Portuguesa*,
Academia Brasileira de Letras, março de 2009.

É proibida a reprodução total ou parcial por quaisquer
meios, sem autorização escrita da Editora.

Todos os direitos reservados pela Editora
Edgard Blücher Ltda.

FICHA CATALOGRÁFICA

Gestão da qualidade: Segurança do trabalho e gestão
ambiental / Georg Fischer, Arndt Kirchner, Hans
Kaufmann, Dietmar Schmid; tradução da 2ª edição
alemã ampliada Ingeborg Sell. – São Paulo: Blucher,
2009.

Título original: Qualitätsmanagement –
Arbeitsschutz und Umweltmanagement.

ISBN 978-85-212-0466-4

1. Ambiente de trabalho – Administração
2. Segurança do trabalho I. Fischer, Georg II. Kirchner,
Arndt III. Kaufmann, Hans VI. Schmid, Dietmar.

08-06306   CDD-658.38

Índices para catálogo sistemático:

1. Gestão ambiental e segurança do trabalho:
Administração de recursos humanos: Administração
de empresas   658.38
2. Segurança do trabalho e gestão ambiental:
Administração de recursos humanos: Administração
de empresas   658.38

Prefácio

A produção industrial só terá sucesso se, ao lado da seleção dos processos de fabricação mais adequados e da qualidade assegurada com medição e inspeção, a gestão da qualidade estiver introduzida, dominada e aceita em toda a empresa. Para fora, isso se evidencia pela certificação das empresas. Internamente, as medidas de gestão da qualidade levam à produtividade mais alta, a um clima de trabalho melhor, a riscos de acidentes menores e à melhor segurança para a vida e a saúde no trabalho.

Os capítulos do livro são:
- Gestão da qualidade (GQ)
- Manutenção
- Segurança do trabalho
- Diretrizes para máquinas da União Europeia
- Gestão ambiental (GA)

A gestão da qualidade como parte da organização da produção é de grande importância para os técnicos e engenheiros. A gestão da qualidade constitui sempre um novo desafio no trabalho prático desses profissionais. Por isso, é correto desenvolver a consciência da qualidade e ensinar sistematicamente os métodos de gestão da qualidade, além de toda a qualificação técnica. Nesta segunda edição foi introduzido um capítulo com exercícios sobre controle estatístico de processos. Com isso, pôde-se tratar com detalhes questões relacionadas com capacidade de meios de medição e de máquinas.

Também não técnicos frequentemente recebem, nas empresas, tarefas de gestão da qualidade e de segurança do trabalho. Gestão da qualidade é uma necessidade para toda empresa. Com ela se pode desenvolver produtos e prestar serviços vendáveis, e assim, assegurar postos de trabalho de forma sustentável.

Proteção ambiental se tornou um fator estratégico nas empresas. Sem proteção ambiental não há mais sucesso empresarial sustentado – ao menos não na Europa.

Para a empresa orientada para a defesa do ambiente e seus trabalhadores isso, significa analisar suas responsabilidades na defesa do ambiente, reconhecer as áreas-problema, documentar a situação presente e agir no sentido de melhorá-la. Para isso, não basta considerar os processos produtivos – mas toda a cadeia de processos da empresa deve ser objeto de análise e melhoria. Em toda parte pode-se reconhecer e reduzir aspectos ambientais: nos métodos, nas matérias-primas e nos materiais usados, nos produtos e no descarte dos produtos.

Na configuração de qualquer trabalho, não se pode esquecer que ele deve ser, preferencialmente, adaptado ao ser humano. Por isso, o livro trata de cultura empresarial, segurança no posto de trabalho, cargas no trabalho e proteção da saúde. Nesta segunda edição, o capítulo 3 foi reestruturado e incluído o item Análise de riscos.

Os alunos ainda têm pouco interesse nesses assuntos. Mas, para o desenvolvimento profissional deles, tais temas são de grande importância e devem merecer toda atenção em qualificações orientadas por áreas e com abordagem holística.

Os métodos e modos de trabalho na gestão da qualidade e na gestão ambiental independem do setor em que são aplicados, podendo este livro ser utilizado na qualificação em muitas áreas. O livro contém uma série de exemplos, exercícios, fotos e gráficos, o que facilita o aprendizado. Os exercícios tratam de tarefas e ocorrências na fabricação, o que deve ser de interesse na qualificação e no aperfeiçoamento em profissões da indústria manufatureira.

outono 2008

Dietmar Schmid

Conteúdo

1	**Gestão da qualidade (GQ)**	**7**

1.1	**Desenvolvimento da gestão da qualidade (GQ)**	**7**
1.1.1	Qualidade	8
1.1.1.1	Característicos de qualidade	9
1.1.1.2	Defeitos	9
1.1.2	Objetivos da GQ	10
1.1.3	Círculo da qualidade e pirâmide da qualidade	12

1.2	**Funções parciais da gestão da qualidade**	**12**
1.2.1	Planejamento da qualidade	13
1.2.2	Inspeção de qualidade	14
1.2.2.1	Planejamento da inspeção	14
1.2.2.2	Execução da inspeção	15
1.2.2.3	Frequência de inspeção	17
1.2.2.4	Tratamento de dados de inspeção	18
1.2.3	Controle da qualidade	18
1.2.4	Fomento da qualidade	19

1.3	**Norma NBR ISO 9000:2005 e seguintes**	**20**
1.3.1	As normas (resumo)	21
1.3.1.1	A estrutura das normas	22
1.3.1.2	A possibilidade de exclusão	23
1.3.1.3	A orientação por processos	23
1.3.1.4	Requisitos da documentação	24
1.3.2	O sistema de gestão da qualidade	25
1.3.2.1	Requisitos da documentação – generalidades	25
1.3.2.2	Manual de gestão da qualidade	26
1.3.2.3	Controle de documentos	27
1.3.3	Responsabilidade da direção	28
1.3.4	Gestão de recursos	32
1.3.5	Realização do produto	34
1.3.5.1	Planejamento da realização do produto	34
1.3.5.2	Processos relacionados a clientes	34
1.3.5.3	Projeto e desenvolvimento	37
1.3.5.4	Aquisição	40
1.3.5.5	Produção e fornecimento de serviços	42
1.3.5.6	Controle de dispositivos de medição e monitoramento	45
1.3.6	Medição, análise e melhoria	46
1.3.6.1	Generalidades	46
1.3.6.2	Monitoramento e medição	46
1.3.6.3	Controle de produto não conforme	48
1.3.6.4	Análise de dados	49
1.3.6.5	Melhoria	50

1.4	**A certificação de uma empresa**	**51**
1.4.1	Observações iniciais	51
1.4.1.1	O que caracteriza uma empresa certificada?	51
1.4.1.2	Qual a norma certa de gestão da qualidade?	51
1.4.1.3	Para que uma gestão da qualidade certificada?	53
1.4.2	Manual de gestão da qualidade	54
1.4.2.1	Preparativos para documentação	54
1.4.2.2	Documentação	54
1.4.2.3	Tornar conhecido e atualizar	55
1.4.3	Verificação de documentos e auditoria prévia	56
1.4.4	Auditoria do sistema e auditoria para certificação	57
1.4.4.1	Planejamento da auditoria para certificação	57
1.4.4.2	Realização da auditoria para certificação	59
1.4.4.3	Avaliação	60
1.4.4.4	Reunião final e relatório	62
1.4.5	Reauditoria e auditoria interna	63
1.4.6	Tipos de auditoria	64
1.4.6.1	Auditoria da qualidade	64
1.4.6.2	Auditoria de segunda parte (*Second Part Audit*) e auditoria de processo	65

1.5	**Gestão da qualidade total (*Total Quality Management* – TQM)**	**67**
1.5.1	Introdução	67
1.5.2	Modelo TQM para Europa (EFQM)	69
1.5.3	Característicos da gestão da qualidade total (TQM)	71
1.5.4	Seis sigma	74

1.6	**Ferramentas da gestão da qualidade total (TQM)**	**82**
1.6.1	7 Ferramentas	82
1.6.2	QFD – *Quality Function Deployment*	87
1.6.3	FMEA – *Failure Mode and Effects Analysis*	89
1.6.4	Controle estatístico de processos	92
1.6.4.1	Introdução	92
1.6.4.2	Representar e analisar dados de inspeção	94
1.6.4.3	Modelos matemáticos para descrição de eventos aleatórios	99
1.6.4.4	Análise estatística de séries de medidas na rede de probabilidades	105
1.6.4.5	Cartas de controle de qualidade	108
1.6.4.6	Capacidade de máquina e de processo	112
1.7	Aprofundamento sobre controle estatístico de processos (CEP)	113

Conteúdo

1.7.1	Generalidades sobre verificação de capacidades	113
1.7.2	Capacidade de meios de medição	118
1.7.3	Capacidade de máquinas	124
1.7.4	Exercício sobre capacidade de máquina	125
1.7.5	Elaboração e manutenção de uma carta de controle da qualidade	133
1.8	**KAIZEN**	**139**
1.8.1	Conceito e princípio	139
1.8.2	Inovação e KAIZEN	140
1.8.3	Funcionamento de KAIZEN	140

2 Manutenção 141

2.1	**Conceitos**	**141**
2.2	**Serviços de conservação**	**144**
2.3	**Inspeção**	**148**
2.4	**Conserto**	**150**
2.5	**Pôr em funcionamento (início)**	**151**
2.6	**Procura de defeitos**	**153**
2.7	**Recuperação/restauração**	**154**

3 Segurança do trabalho 155

3.1	**O homem como referencial**	**155**
3.1.1	Participação dos trabalhadores	156
3.1.2	Cultura empresarial	156
3.2	**Gestão da segurança do trabalho**	**157**
3.2.1	Generalidades	157
3.2.2	Lei de segurança do trabalho	158
3.3	Análise de riscos e melhorias	160
3.3.1	Perigos mecânicos	160
3.3.1.1	Peças móveis e partes de máquinas	160
3.3.1.2	Riscos devidos a superfícies perigosas	163
3.3.1.3	Riscos no transporte e por peças móveis	163
3.3.2	Riscos elétricos	164
3.3.3	Materiais perigosos	170
3.3.4	Riscos de incêndio e de explosão	172
3.3.5	Materiais quentes e frios	174
3.3.6	Clima no posto de trabalho	175
3.3.7	Ruído	176
3.3.7.1	Fundamentos físicos	176
3.3.7.2	Emissão e imissão de ruído	179
3.3.7.3	Medidas contra o ruído	179
3.3.7.4	Ruído e saúde	180
3.3.8	Vibrações e impactos	181

3.3.9	Radiação	182
3.3.9.1	Radiação não ionizante	182
3.3.9.2	Radiação ionizante	185
3.4	Luz no posto de trabalho	186
3.5	**Percepção de sinais e característicos de processo**	**188**
3.6	**Cargas no trabalho**	**190**
3.6.1	Trabalho pesado	190
3.6.2	Solicitações e sobrecargas	191
3.6.3	Posto de trabalho adequado do corpo humano	192
3.6.4	Cargas psíquicas e mentais	194
3.6.5	Cargas devidas à organização do trabalho	195
3.7	Sinais de segurança	196
3.8	Vestuário e equipamentos de proteção individual (EPIs) no posto de trabalho	198
3.9	Posto de trabalho com PC	200

4 Diretriz para máquinas da União Europeia (UE) 202

4.1	**Medidas de precaução**	**202**
4.2	**Identificação e recomendações de operação**	**204**
4.3	**Normas europeias de segurança**	**205**

5 Gestão ambiental (GA) 207

5.1	**Proteção ambiental em empresas**	**207**
5.2	**Gestão empresarial orientada para o ambiente**	**208**
5.3	**Sistema de gestão ambiental segundo NBR ISO 14001:2004**	**209**
5.4	**Da política ambiental ao programa ambiental**	**211**
5.5	**Implementação da norma**	**212**
5.6	**Projeto de implementação**	**214**
5.7	**Análise das entradas e saídas – Balanço**	**216**
5.8	**Auditoria ambiental**	**217**
5.9	**Lei sobre economia de ciclo fechado e resíduos (extrato)**	**225**

Glossário **229**

Índice remissivo 235

Referências **241**

Gestão integrada
Gestão da qualidade, gestão ambiental, gestão da segurança do trabalho

Desafios como grande flexibilidade, mercados dinâmicos, pressão crescente sobre os custos e maior globalização dos mercados levaram a grandes mudanças no supersistema das empresas, o que exigiu delas rápidas adequações na estrutura e na organização. Por isso, é necessário criar uma moldura que mantenha a unidade da empresa, apesar da grande flexibilidade e crescente descentralização. Os sistemas de gestão constituem tal moldura. O estabelecimento de estruturas e a descrição de procedimentos fomentam a execução eficiente de processos e tarefas de trabalho.

Sistemas de gestão, que colocam os clientes, os processos de produção e o trabalho no centro de suas abordagens, fornecem contribuição significativa para o aumento do valor da empresa. Frequentemente citam-se os perigos da burocracia, os custos, a pequena aceitação interna e a grande quantidade de documentos como argumentos contra sistemas de gestão; contudo, tudo isso pode ser mantido sob controle com determinação, engajamento e integração inteligente dos sistemas de gestão.

Com sistemas de gestão é possível aplicar racionalmente os recursos, sobretudo em empresas pequenas e médias, perseguindo o crescimento do valor da empresa. Tal crescimento só pode ser atingido com clientes satisfeitos, trabalhadores sadios e motivados, e defesa do ambiente. Doravante será difícil vender bons produtos que resultem de processos de fabricação agressivos ao ambiente, com riscos para o ambiente e para os trabalhadores. A implementação de um sistema integrado de gestão já se justificaria se o objetivo fosse apenas cumprir a legislação e os outros requisitos – padrões mínimos prescritos.

A integração dos sistemas de gestão da qualidade, ambiental e da segurança do trabalho numa unidade elimina as desvantagens de sistemas de gestão paralelos e fornece as condições para uma organização enxuta, almejando aproveitar sinergias, reduzir custos e dispêndios.

1 Gestão da qualidade (GQ)

1.1 Desenvolvimento da gestão da qualidade (GQ)

O desenvolvimento da gestão da qualidade iniciou com a crescente divisão das tarefas de trabalho no início do século passado e foi cunhado, fortemente, por ideias e avanços nas diversas etapas. Até o início daquele século, as diversas tarefas na produção industrial de um produto – como na manufatura antes da Revolução Industrial – ficavam a cargo de um trabalhador especializado, que também inspecionava a qualidade de seu trabalho.

A crescente procura por bens de todos os tipos no início do século XX demandava novas estratégias de produção. Para aumentar as quantidades produzidas nas fábricas, grupos de trabalhadores, sob a liderança de um mestre, especializavam-se em alguns passos do processo de fabricação. A inspeção da qualidade era efetuada pelo mestre, o responsável pela qualidade do trabalho realizado sob sua supervisão.

Só na época da Primeira Guerra Mundial passou-se a ter inspetores da qualidade em tempo integral. Segundo ideias do engenheiro Frederick W. Taylor[1] e a concepção para a produção do automóvel modelo T (Tin Lizzy) de Henry Ford[2], os processos de fabricação foram elementarizados, e os diversos passos, atribuídos a trabalhadores adequados (fig. 1). Com essa forma de organização do trabalho, as empresas tinham na linha de montagem apenas trabalhadores pouco qualificados, incapazes de executar a inspeção da qualidade dos produtos altamente técnicos. Surgiram então seções de inspeção de qualidade, responsáveis somente pelo controle da qualidade dos produtos (fig. 2).

Os princípios de Taylor para a organização do trabalho foram largamente aceitos até meados da década de 1950. Com a instituição da produção em massa, ficou cada vez mais claro que o controle de 100% dos produtos fabricados é caro demais. Esse controle foi substituído por um controle parcial baseado em procedimentos estatísticos, para aumentar a capacidade de desempenho e o fluxo nas seções de inspeção.

---
[1] Frederick W. Taylor (1856-1915), engenheiro norte-americano.
[2] Henry Ford (1863-1947), fabricante de automóveis norte-americano.

Fig. 1: Trabalho em linha de montagem: Ford Modelo T, 1920

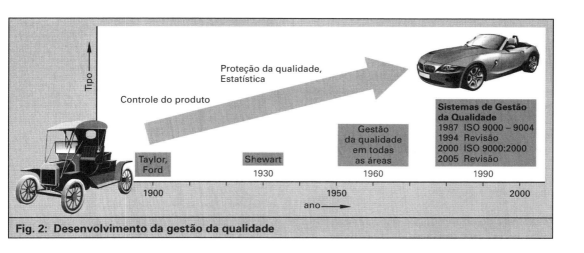

Fig. 2: Desenvolvimento da gestão da qualidade

8   1 Gestão da qualidade (GQ)

O know-how estatístico necessário estava disponível desde o início do século XX, mas na indústria só foi introduzido a partir de 1930. Em 1924 foram desenvolvidos métodos de acompanhamento de processos e avaliação com base estatística (cartas de controle, cartas para controle de processos). A partir das décadas de 1960 e 1970, a crescente complexidade dos produtos e processos de fabricação levou à maior integração da gestão da qualidade[1] nos processos de desenvolvimento de produtos e de fabricação.

O objetivo dessa maior integração foi e continua sendo a identificação e eliminação dos defeitos lá onde eles ocorrem e não muito depois, pois, quanto mais tarde um defeito for identificado, maior o custo de sua correção. Medidas puras de controle são, com isso, preteridas. As mudanças mais significativas que ocorreram na gestão da qualidade nos últimos 20 anos podem ser resumidas em 5 pontos principais (tab. 1).

Tab.1: Aplicação total da gestão da qualidade
• Fortalecimento do planejamento da qualidade com o objetivo de, *a priori*, identificar fontes de defeitos e eliminá-las com medidas correspondentes;
• Alocação de inspeções da qualidade no início dos processos com o objetivo de evitar refugo e retrabalho posterior;
• Uso mais intenso de procedimentos estatísticos no planejamento e no controle da qualidade;
• Crescente automação da gestão da qualidade e introdução de técnicas de medição, inspeção, cálculo e representação auxiliadas por computador;
• Obtenção de dados de referência para a avaliação rápida de processos críticos.

1.1.1   Qualidade

> Qualidade é o grau em que um conjunto de características inerentes atende a requisitos (ISO 9009: 2005).

Os requisitos de qualidade são especificados pelo cliente ou pela sociedade, em forma de expectativas e desejos.

Qualidade é o atendimento de exigências e expectativas de clientes.

O cliente espera, por exemplo, função ótima, alta segurança e confiabilidade, boa assessoria e acompanhamento, e deseja uma boa aparência do produto. Em estreita relação com isso estão também um preço máximo e um prazo de entrega aceitáveis. Para os fornecedores, os requisitos de qualidade geram custos que nem sempre são compatibilizáveis com as expectativas de preço dos clientes.

A natureza de um produto é determinada pela totalidade dos características de qualidade.

Tab. 2: Características de qualidade

Tipo de característico		Distintivo	Exemplo
Quantitativo	Característico contínuo	Valor contínuo, medível	Diâmetro de um eixo **Valor do característico:** p. ex., 20,05 mm, 20,1 mm ou 20,02 mm
	Característico discreto	Contável (0, 1, 2, ...)	Pontos de solda **Valor do característico:** p. ex., 23, 24 ou 20 pontos de solda
Qualitativo	Característico ordinal	Emissão de juízo com relação de ordem	Aparência de uma superfície **Valor do característico:** p. ex., muito boa, boa, adequada, ruim, muito ruim
	Característico nominal	Emissão de juízo sem relação de ordem	Direção das ranhuras em uma superfície esmerilada **Valor do característico:** p. ex., cruzada, inclinada, longitudinal à peça

---

[1] Até 1993 usava-se em países de língua alemã o termo proteção da qualidade. Para uma uniformização ao termo usado internacionalmente, a DIN 55 350 alterou-o para gestão da qualidade.

1.1 Desenvolvimento da gestão da qualidade (GQ)

1.1.1.1 Característicos de qualidade

Os característicos de qualidade se evidenciam de diferentes maneiras. Por isso, nós os separamos em diferentes tipos. Com os tipos de característicos fixam-se também os valores deles (tab. 2, página anterior).

Como os valores dos característicos quantitativos na fabricação apresentam, reconhecidamente, uma dispersão, os valores divergentes do ideal (valor objetivo) – mas aceitáveis – são limitados por um valor-limite mínimo e outro, máximo. Em medidas de comprimento, esses limites chamam-se medida mínima e máxima. A diferença entre eles é a tolerância.

O valor de um característico de qualidade será adequado se ele oscilar dentro da tolerância. Se atingir o valor objetivo, sua qualidade será a mais alta. Nas proximidades dos limites de tolerância, a qualidade é reduzida, porém ainda aceitável (fig. 1).

Ao se observar os efeitos disso no decurso progressivo da fabricação, constatam-se mais problemas com característicos cujos valores se afastam do valor objetivo do que com aqueles que sempre estão próximos desse valor. Por exemplo, o encaixe de duas peças na montagem só pode ser executado com retrabalho ou com o uso de ferramentas especiais. Isso gera custos e aumenta as perdas. Essa relação é evidenciada pela função-perda de Taguchi[1] (fig. 2).

Então, o objetivo da produção deve ser aproximar o valor do característico ao valor objetivo com a menor dispersão possível.

1.1.1.2 Defeitos

Se um requisito de qualidade não for atendido, tem-se um defeito. Defeitos ocorrem se o valor de um característico estiver fora dos limites de tolerância ou se faltar um atributo requerido.

> **Segundo suas consequências, os defeitos são subdivididos em classes:**
> 1. **Defeito crítico** (defeito com consequências críticas) – A consequência do defeito é um perigo para as pessoas que utilizam o produto, fazem sua manutenção ou dependem dele de alguma forma. Um defeito crítico também é aquele que compromete o funcionamento de instalações importantes. Como exemplos, citam-se a perda da propulsão em navios, a parada de um sistema de computadores e o não funcionamento de um satélite na comunicação.
> 2. **Defeito importante** (defeito com consequências bastante perturbadoras) – É um defeito não crítico que compromete totalmente a usabilidade do produto (não realização da função ou perda – defeito principal A) ou reduz sensivelmente a usabilidade para a finalidade prevista (defeito principal B). Nesse tipo de defeito classificam-se o não funcionamento do *flash* automático numa máquina fotográfica ou do motor num aspirador de pó.
> 3. **Defeito secundário** (defeitos com consequências não essenciais) – Trata-se de um defeito que não reduz sensivelmente a usabilidade do produto para sua finalidade pretendida, ou um defeito que influencia pouco no uso ou no funcionamento do produto (defeito secundário A) ou não influencia a usabilidade (defeito secundário B). Exemplos destes defeitos seriam uma trinca na tampa do farol traseiro de um carro ou um defeito na pintura de uma peça.

---

[1] Genichi Taguchi, cientista japonês.

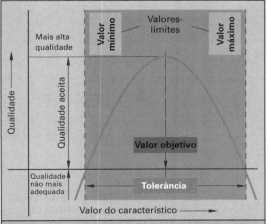

Fig. 1: Qualidade dos valores de um característico

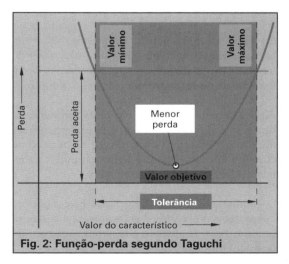

Fig. 2: Função-perda segundo Taguchi

1.1.2 Objetivos da GQ

Orientado para o cliente

Ao comprarmos um produto, esperamos que atenda aos nossos requisitos de forma confiável. Se ele não atender a um ou mais requisitos, ficamos insatisfeitos. Havendo danos materiais ou a pessoas, responsabilizamos o fabricante. Evitaremos a compra deste produto e nossa má experiência com ele será compartilhada com outros. As consequências são queda no faturamento e custos com indenizações por perdas e danos, por causa da responsabilidade civil do fabricante. O uso de capacidades produtivas e o lucro da empresa diminuem, trabalhadores serão despedidos.

Melhorias na qualidade do produto e do processo de produção levam à melhoria da produtividade. As medidas para isso implicam, muitas vezes, um aumento de custos a curto prazo, mas, se aplicadas de forma sensata, levam, a longo prazo, à redução de custos e, com isso, à possibilidade de redução dos preços. A fatia de mercado tende a aumentar, garantindo a posição da empresa e os empregos (fig. 1 e fig. 2).

> O objetivo maior da gestão da qualidade deve ser o atendimento ótimo dos requisitos dos clientes. Cada trabalhador na empresa deve dar a sua contribuição para isso.

O modelo de Kano

Para ajustar os característicos de seus produtos aos requisitos dos clientes, a empresa levanta e analisa continuamente esses requisitos e os redefine. É da natureza do ser humano criar novas necessidades.

Os requisitos dos clientes a um produto decorrentes de suas necessidades mudam com o passar do tempo. Além disso, os clientes priorizam diferentemente os diversos característicos do produto.

Alguns característicos em produtos são considerados óbvios ou primários, outros podem não ser imprescindíveis, mas importantes na decisão de compra. Por tendências e ações de publicidade, tais quesitos podem ser reforçados.

O cientista japonês Noriaki Kano investigou os diferentes significados dos característicos de um produto para os clientes e resumiu seus resultados num modelo.

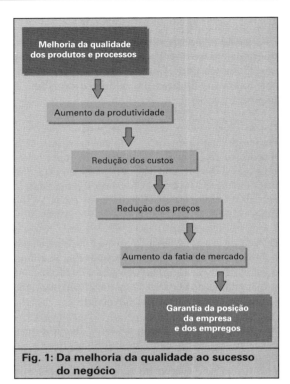

Fig. 1: Da melhoria da qualidade ao sucesso do negócio

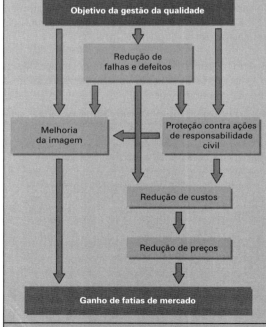

Fig. 2: Os objetivos mais importantes da gestão da qualidade

1.1 Desenvolvimento da gestão da qualidade (GQ)

Kano classifica os requisitos dos clientes a um produto em 3 categorias:

A) Requisitos básicos
Esses requisitos são óbvios, o cliente parte do princípio de que em todo produto comparável estejam realizados. Num automóvel isso seria, por exemplo, cintos de segurança retráteis, freio a disco e assentos ajustáveis. O atendimento em alto grau dos requisitos básicos, por exemplo, com mudanças significativas no produto, não necessariamente leva à maior satisfação do cliente. Trata-se de quesitos óbvios, primários e o cliente não dá muita atenção a eles na compra.

B) Requisitos de rendimento/desempenho
São requisitos especialmente importantes para o cliente e são também por ele explicitamente citados. Numa comparação entre concorrentes, estes requisitos têm papel preponderante. Num automóvel, poderiam ser, por exemplo, *airbag* para o motorista e o passageiro da frente, coluna de direção ajustável na altura e trava central. Os requisitos de rendimento influenciam diretamente os clientes e o grau de atendimento deles tem a maior influência sobre a decisão de compra.

C) Requisitos de fascinação
Esses requisitos os clientes ainda não esperam. Pode tratar-se, por exemplo, de novidades técnicas ainda pouco conhecidas. Se os clientes descobrem tal característica especial em produtos, ficam entusiasmados e, dependendo do grau de atendimento ao requisito, isso pode contribuir significativamente para a decisão de compra. Num automóvel, poderiam ser, por exemplo, *airbags* laterais, limpador de para-brisa automático e controle remoto para abertura de portas.

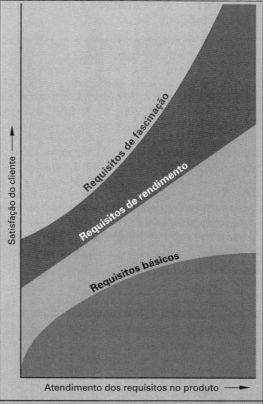

Fig. 1: Modelo de Kano

A figura 1 mostra a representação gráfica do modelo de Kano. As três categorias de requisitos estão representadas em relação ao grau de atendimento dos requisitos e à satisfação dos clientes. Se um requisito de fascinação faz sucesso entre os clientes, os concorrentes também irão adequar seus produtos a esse novo requisito. Depois de certo tempo, quando todos os produtos concorrentes atenderem aos mesmo requisitos, os de fascinação podem vir a ser de rendimento e estes, básicos. Se uma empresa quer que seus produtos permaneçam no mercado, terá de, continuamente, introduzir melhorias para despertar novos requisitos de fascinação e de rendimento.

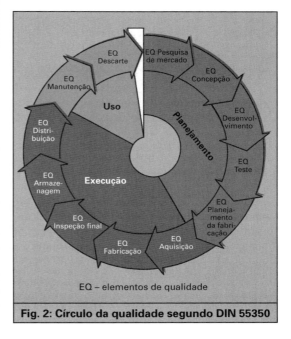

Fig. 2: Círculo da qualidade segundo DIN 55350

1.1.3 Círculo da qualidade e pirâmide da qualidade

Ao se pensar sobre a qualidade de um automóvel, constata-se que a qualidade global é constituída de uma quantidade de elementos. A organização dos elementos e suas relações podem ser entendidas com ajuda de dois modelos utilizados na gestão da qualidade: o círculo da qualidade e a pirâmide da qualidade.

Círculo da qualidade – No círculo da qualidade (fig. 2, página anterior) são listados todos os elementos de qualidade no decorrer do ciclo do produto, da ideia ao descarte. Cada elemento constitui um tijolo de construção na qualidade global do produto. Por exemplo, se a pesquisa de mercado chegar a um resultado incorreto ou forem comprados componentes mais baratos e de menor valor, a qualidade do produto cai.
Fomento da qualidade deve ser um objetivo de todas as áreas da empresa.

> Pelo desenvolvimento continuado do produto, o círculo de qualidade começa sempre de novo.

Pirâmide da qualidade – A qualidade global de um produto é resultante dos característicos dos grupos construtivos individuais. A qualidade destes depende dos característicos das peças e da qualidade das matérias-primas. Por outro lado, pode-se concluir que, ao se esperar certo nível de qualidade de um produto, os grupos construtivos, as peças e as matérias-primas terão de atender a certos requisitos. Nos casos em que grupos e peças são comprados, é preciso garantir que atendam aos requisitos de qualidade esperados.

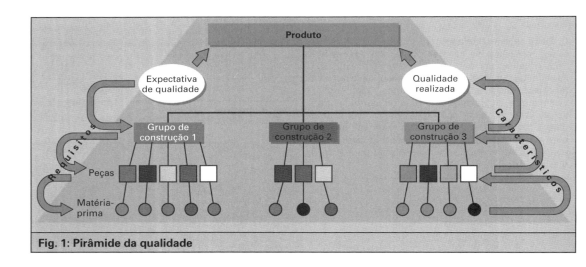

Fig. 1: Pirâmide da qualidade

1.2 Funções parciais da gestão da qualidade

Medidas para atingir ou melhorar a qualidade desejada de produtos podem ser encontradas em todas as áreas. Elas acompanham o produto ao longo do seu ciclo de vida, da geração do produto até seu uso pelo cliente.

As funções da gestão da qualidade são subdivididas em 4 funções parciais (fig. 2).

Fig. 2: Funções parciais da gestão da qualidade (GQ)

1.2 Funções parciais da gestão da qualidade

1.2.1 Planejamento da qualidade

> Definição segundo DIN ISO 8402:
> Por planejamento da qualidade entendem-se as atividades que estabelecem os objetivos, os requisitos de qualidade e os requisitos para a aplicação dos elementos da gestão da qualidade.

Planejamento da qualidade abrange todas as atividades de planejar anteriores ao início da produção. Nesta fase, a qualidade é determinada, em sua essência, por três grandezas de influência:
- as características do produto fixadas e derivadas dos requisitos dos clientes;
- a possibilidade de realização técnica das características do produto;
- os recursos materiais, pessoais e financeiros da empresa.

> Planejamento da qualidade referente a um produto:
> Identificar, classificar e ponderar os característicos de qualidade, assim como fixar os objetivos, os requisitos de qualidade e as condições restritivas.

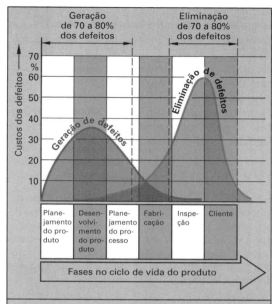

Fig. 1: Geração de defeitos e eliminação de defeitos

Em muitas pesquisas constatou-se, diversas vezes, que em sua maioria os defeitos são gerados na fase de planejamento do produto. E a eliminação dos defeitos ocorreu frequentemente após o início da produção ou depois de o produto já ter sido entregue ao cliente (fig. 1).

Planejamentos deficientes e custos decorrentes
Quanto mais tarde um defeito é constatado e eliminado, tanto maiores os custos dessa eliminação. Se o defeito for constatado apenas depois da entrega do produto, a imagem da empresa também sofre danos.
Da experiência, tem-se que os custos decorrentes de defeitos crescem de acordo com a "regra dos dez" tanto mais quanto mais tarde forem descobertos. Segundo essa regra, os custos crescem de fase a fase do ciclo de vida do produto num fator 10 (fig. 2). A regra pôde ser confirmada, nos últimos anos, por ações de revocação (*recall*) da indústria automobilística amplamente divulgadas pela mídia, que custaram dezenas ou centenas de milhões.

Objetivos do planejamento da qualidade
Um bom planejamento da qualidade tem como objetivo otimizar o produto e seus processos de obtenção e de distribuição. Como a qualidade de um produto é determinada pelos seus característicos (veja característicos de qualidade), con-

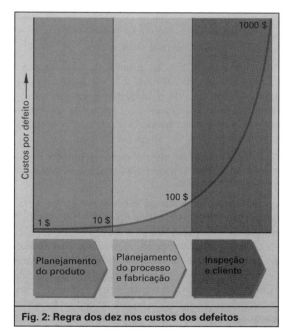

Fig. 2: Regra dos dez nos custos dos defeitos

vém fixá-los de forma ótima. Em consequência, compete às áreas planejamento e desenvolvimento de produtos derivar os característicos dos requisitos do cliente e fixar as tolerâncias. Como também outros defeitos podem ser gerados nos processos de produção e distribuição, convém, além disso, otimizar estes processos. Isso se alcança, por um lado, pela escolha dos processos adequados e, por outro, pelo controle continuado deles. Para isso, o planejamento da qualidade dispõe de diversas ferramentas (veja ferramentas da gestão da qualidade total). Elas contribuem para o reconhecimento *a priori* de defeitos para que eles não venham a ser gerados. Por isso, são classificadas como recursos auxiliares preventivos, também por reduzirem a necessidade de medidas caras de eliminação de defeitos.

1.2.2 Inspeção de qualidade

É tarefa da inspeção de qualidade, inicialmente, determinar como inspecionar os característicos do produto (planejamento da inspeção), quando, onde e por quem a inspeção deve ser realizada (execução da inspeção), e como devem ser tratados os dados obtidos na inspeção (tratamento dos dados da inspeção).

> Na inspeção de qualidade, constata-se até que ponto uma unidade atende aos requisitos de qualidade (fig. 1).

1.2.2.1 Planejamento da inspeção

Se os característicos de qualidade tiverem sido fixados no planejamento da qualidade, planeja-se agora a inspeção da qualidade para todo o processo de produção, do recebimento de materiais até a expedição do produto. Todas as inspeções serão documentadas no plano de inspeção.

Tudo o que deve ser especificado no plano de inspeção pode ser extraído das respostas a 8 perguntas (tab. 1).

Inicialmente, são listados os característicos a serem inspecionados com os valores-limites requisitados. Depois, escolhe-se o método de inspeção com os meios adequados. A precisão dos meios de inspeção deve ser compatível com as tolerâncias, caso contrário, os resultados da medição não podem ser determinados de forma confiável. Por isso, meios de inspeção são testados quanto à sua adequação.

A quantidade a ser inspecionada deve ser determinada de modo a se detectar todas as peças defeituosas. Apesar disso, a inspeção deve ser econômica, de baixo custo. Quer dizer, pretende-se inspecionar somente o necessário. Se os processos de produção estiverem sob controle, então basta inspecionar uma amostra em intervalos maiores. Com igual sensibilidade, convém sele-

cionar também o inspetor e o local de inspeção. Obtidos os dados de inspeção, é preciso refletir sobre o seu tratamento. Além da constatação de que o produto foi classificado como "bom", quer-se conhecer os processos de fabricação. Tratamento e arquivamento dos dados devem ser fixados tendo em vista os objetivos.

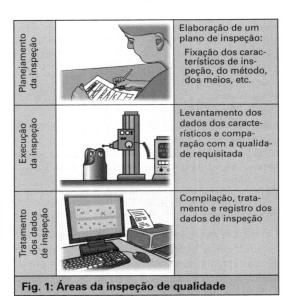

Fig. 1: Áreas da inspeção de qualidade

Tab. 1: Oito perguntas para o plano de inspeção

Perguntas	Explicação
O quê?	Descrição dos característicos de inspeção, p. ex., medida de comprimento, redondeza, dureza, cor
Como?	Fixação do método de inspeção, p. ex., inspeção por atributos ou por variáveis
Com quê?	Seleção dos meios de inspeção, p. ex., aparelho de medição vertical, aparelho digital, aparelho de medição de dureza Rockwell
Quanto?	Fixação do volume de inspeção, p. ex., inspeção por amostragem ou de 100%
Quando	Fixação do momento de inspeção, p. ex., na entrada, no decorrer ou no fim do processo
Quem?	Seleção da pessoa que inspeciona, p. ex., operador ou especialista da área de gestão da qualidade
Onde?	Fixação do local de inspeção, p. ex., na máquina, na área de medição e teste
O que ocorre com os dados de inspeção?	Tratamento e documentação dos dados de inspeção, p. ex., tratamento estatístico, extensão e forma dos registros

1.2 Funções parciais da gestão da qualidade

Na VDI/VDE/referência DGQ 2619 é descrito o procedimento para a elaboração de um plano de inspeção (fig. 1). Como exemplo, há na página 16 o plano de inspeção de hastes tubulares.

1.2.2.2 Execução da inspeção

Na execução da inspeção, constata-se se e em que medida os produtos ou serviços prestados atendem aos requisitos de qualidade formulados. Para isso, os valores obtidos são comparados com os fixados no plano de inspeção. Ao se constatar desvios, espera-se encontrar rapidamente as causas deles, e medidas corretivas devem ser logo introduzidas.

Isso pode ter como consequência que peças em processo sejam retidas e que se cogite a possibilidade de retrabalho ou se é necessário refugá-las. Uma investigação precisa das causas dos defeitos fundamenta a introdução de melhorias no processo de fabricação com o objetivo de reduzir defeitos ou tornar sua ocorrência extremamente remota.

No processo de obtenção dos produtos, diferenciam-se 3 tipos de inspeção:

A) A inspeção na entrada
Deve garantir que um produto recebido não seja utilizado ou instalado antes de se constatar se ele atende aos requisitos de qualidade.

B) A inspeção durante o processo
No decorrer da fabricação, constata-se a qualidade requerida foi atingida nos diversos passos do processo antes de as peças serem liberadas para processos posteriores. Com essa inspeção, pretende-se conhecer melhor os diferentes processos de fabricação, para o que se usam, frequentemente, procedimentos estatísticos (veja controle da qualidade nos processos).

C) A inspeção final
Essa inspeção é aplicada para produtos prontos. Antes de armazenar produtos ou enviá-los para os clientes, os valores dos característicos fabricados são comparados com os prescritos. Em sistemas completos, isso requer a realização de amplos testes das funções.

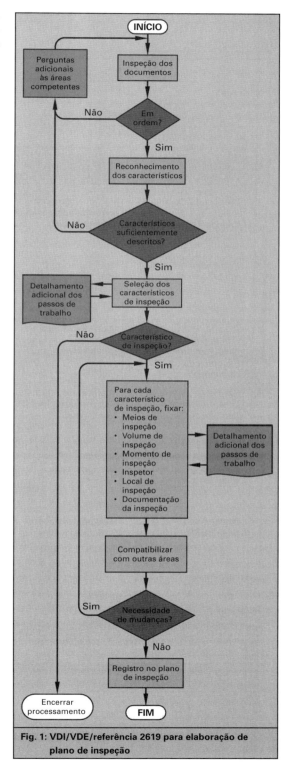

Fig. 1: VDI/VDE/referência 2619 para elaboração de plano de inspeção

Plano de inspeção		N. documento	Q-PO-160297-2/97
		Página	1 de 1

N. identificação	3107
N. desenho	3107-1
Nome	Haste tubular 40
N. plano de inspeção	3107-P

N.	Característico de inspeção	Meio de inspeção	Volume de inspeção	Método de inspeção	Momento de inspeção	Documentação da inspeção
1	Comprimento total 54 ± 0,2 Pesquisa da capacidade da máquina	Medidor corrediço com mostrador digital e sistema CEP	n = 50	2/V	Início da série	Protocolo de inspeção (sistema CEP)
2	Comprimento total 54 ± 0,2	Medidor corrediço com mostrador digital e sistema CEP	n = 5	1/V	100 unidades	Sistema CEP, cartas de controle
3	Diâmetro interno 36 F8 Limite superior = 36,064 Limite inferior = 36,025 Pesquisa da capacidade da máquina	Micrômetro interno autocentrador, digital 35 a 50 mm	n = 50	2/V	Início da série	Protocolo de inspeção (sistema CEP)
4	Diâmetro interno 36 F8 Limite superior = 36,064 Limite inferior = 36,025	Micrômetro interno autocentrador, digital 35 a 50 mm	n = 5	1/V	100 unidades	Sistema CEP, cartas de controle
5	Rugosidade superficial Furação interna Rz = 6,3 (diâmetro 36 F8)	Medidor de rugosidade	n = 5	1/V	100 unidades	Sistema CEP, cartas de controle
6	Dureza 58 + 2 HRC	Medidor de dureza Rockwell	n = 1	3/V	2 unidades por carregamento	Protocolo de inspeção

Método de inspeção:
1 = inspeção pelo operador
2 = inspeção pelo setor "Qualidade"
3 = inspeção na sala de medição e testes
4 = inspeção no laboratório

V = variável (levantamento quantitativo)
A = atributo (levantamento qualitativo)
n = volume de inspeção (número de peças do lote total)

Elaborado por:	*Baumann*	Data:	*22.10.2000*
Liberado por:	*Schlipf*	Data:	*28.10.2000*

Alterações:	*28.01.2001*					
Distribuidor:	*Bm/Sf/Ro*					

1.2.2.3 Frequência de inspeção

Na frequência de inspeção, diferenciam-se a inspeção de 100%, a inspeção por amostragem e a inspeção por amostragem dinamizada.

Inspeção de 100%
Todas as peças fabricadas são inspecionadas tendo em vista os requisitos de qualidade. Como é muito demorada e cara, só é usada em peças muito críticas.

Inspeção por amostragem
Do número total de peças N é tomada uma amostra de tamanho n (n < N); as n peças são inspecionadas. Essa inspeção é aplicada no recebimento de materiais e mercadorias para aceitação de lotes de tamanho N. Para reduzir o volume de inspeção nos processos da fabricação em série, faz-se também inspeção por amostragem. As amostras podem ser retiradas após certo número de peças fabricadas ou em intervalos de tempo predeterminados. Importante para a introdução da inspeção por amostragem é um conhecimento acurado da característica do processo. Para isso, faz-se, em certos intervalos, uma investigação das capacidades de máquinas específicas e dos processos.

Inspeção por amostragem dinamizada
Se uma inspeção por amostragem mostrar bons resultados por um período maior, reduz-se o volume e/ou a frequência de inspeção. Havendo piora dos resultados, volta-se à inspeção mais rigorosa. Isso será explicado melhor com um exemplo da inspeção no recebimento de mercadorias: Para o eixo de transmissão da junta cardânica, um fabricante de vedação de lábios de borracha fornece em lotes de 500 unidades (N = 500). Para avaliação e julgamento dos lotes, é retirada de cada uma amostra de 20 vedações. Se essas 20 forem sem defeitos, o lote será aceito. Havendo vedações com defeitos, o lote será rejeitado e do próximo lote será retirada uma amostra de n = 50 (inspeção mais rigorosa). Se nos próximos 5 lotes não forem encontradas vedações com defeitos, volta-se à inspeção normal (n = 20). Uma nova sequência de 5 lotes sem vedações defeituosas implica a redução do volume de inspeção para n =10 (inspeção reduzida). Com mais uma sequência de 5 lotes sem peças defeituosas, inspecionam-se 10 peças de um lote e aceita-se o seguinte sem inspeção, alternadamente (*Skip* – inspeção "pula lote"). Encontrada uma peça com defeito, o rigor da inspeção sobe ao próximo nível. A figura 2 esclarece essa inspeção com diferentes níveis de rigor.

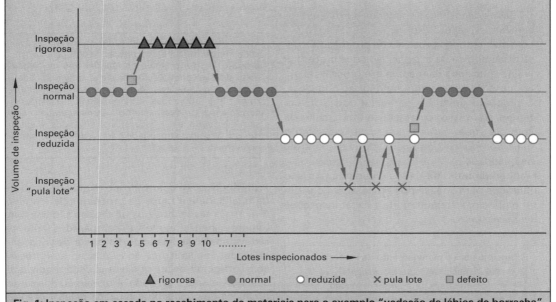

Fig. 1: Inspeção em escada no recebimento de materiais para o exemplo "vedação de lábios de borracha"

1.2.2.4 Tratamento de dados de inspeção

Dados de inspeção são coletados por duas razões:
1. Pelo arquivamento dos dados de inspeção, pode-se rastrear depois quando e com que resultados as peças, os grupos de peças e produtos percorreram os processos de fabricação. Se um produto falhar precocemente no seu uso por causa de algum defeito cuja origem está no processo produtivo, é possível constatar se o defeito só ocorreu numa unidade ou se toda a série foi atingida. Com ações de *recall* pode-se, então, evitar outros casos de falha.

Frequentemente, também, os clientes requerem um arquivamento dos dados de inspeção do fabricante para que, em caso de danos e responsabilidade civil, seja possível rastrear o percurso do item em questão. Além disso, se os dados de inspeção acompanham as remessas, o cliente pode dispensar uma inspeção volumosa e cara no recebimento. Em especial, as vantagens do *just-in-time* na produção seriam neutralizadas pela inspeção na aceitação das mercadorias.

O tipo e o volume da documentação são especificados no plano de inspeção. Se os processos estiverem suficientemente sob controle, basta, em geral, arquivar dados comprimidos, como médias e desvios padrões em processos com distribuição normal ou mesmo dados de inspeção por amostragem.

2. Os dados de inspeção coletados permitem tirar conclusões valiosas sobre a qualidade e o desenvolvimento do processo de produção. Pode-se dizer algo sobre a capacidade dos processos (veja capacidade de máquinas e processos) ou, em caso de aparecerem tendências negativas, o processo pode ser parado e corrigido em tempo. Com isso, completa-se um circuito de controle, que garante um desenvolvimento mais homogêneo da qualidade (veja controle da qualidade).

Frequentemente, os dados coletados não são utilizados para análise dos processos. Considerar o princípio a seguir ajuda a evitar inspeções desnecessárias.

Princípio para o planejamento da inspeção:
Só inspecionar o que documentar,
só documentar o que também avaliar,
só avaliar se for tirar conclusões disso!

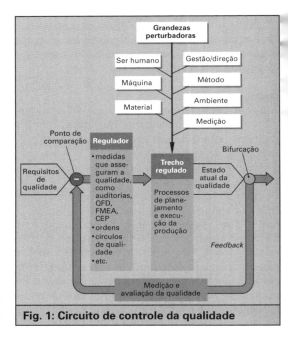

Fig. 1: Circuito de controle da qualidade

1.2.3 Controle da qualidade

No controle da qualidade, o domínio do processo é primordial. O objetivo maior é evitar defeitos. No estado final desejado, todos os processos da empresa serão dominados e a ocorrência de defeitos se torna impossível. Segundo DIN ISO 8402, controle da qualidade é descrito somo segue:

Controle da qualidade inclui todas as atividades preventivas, de controle e corretivas na obtenção de um produto, com o objetivo de atender aos requisitos de qualidade, com aplicação de técnicas da qualidade. Controle da qualidade engloba todas as técnicas de trabalho e atividades cuja finalidade é tanto o controle dos processos como a eliminação das causas de resultados não satisfatórios em todos os estadios do círculo de qualidade para alcançar eficiência econômica.

A partir disso, vale introduzir circuitos de controle de qualidade em todos os processos da empresa (fig. 1). Os resultados dos processos são constantemente inspecionados e comparados com os requisitos de qualidade. Em caso de desvios, são aplicados mecanismos de regulação aos processos, corrigindo-os até que a qualidade requisitada seja novamente alcançada. A dispersão dos característicos de qualidade é causada pelas 7 grandezas perturbadoras.

1.2 Funções parciais da gestão da qualidade

As 7 grandezas perturbadoras com exemplos:

Ser humano	Qualificação, consciência de dever, engajamento, motivação, condição, senso de responsabilidade	Gestão/direção	Importância da qualidade, política e objetivos da qualidade, função exemplar
Máquina	Rendimento, rigidez, exatidão de regulagem, estado de desgaste, natureza das ferramentas, vibração	Método	Processos de fabricação, métodos de inspeção, passos de trabalho
		Ambiente	Influências do ambiente, como temperatura, umidade, iluminação, características do solo ou do piso
Material	Dureza, tensões, estrutura, dimensões, exatidão de forma, homogeneidade	Medição	Possibilidade de inspecionar os característicos de qualidade, possibilidades e qualidade dos meios de inspeção, capacidade dos meios de inspeção

O controle da qualidade tem como objetivo minimizar e manter em níveis aceitáveis a dispersão dos característicos da qualidade devida às grandezas perturbadoras. Isso tem efeitos positivos sobre a melhoria da qualidade e da vida útil.

É, portanto, tarefa de uma direção empresarial moderna introduzir circuitos de controle da qualidade em todas as áreas da empresa, mantê-los e testá-los quanto à sua efetividade. Só assim uma empresa pode, atualmente, reagir às rápidas mudanças na estrutura das necessidades dos clientes, não sucumbir à concorrência e, com isso, garantir a sua capacidade de concorrer.

A motivação dos trabalhadores pode ser aumentada com as seguintes medidas:
- Agir de modo correto e justo nas relações com eles,
- Encorajamento dos trabalhadores,
- Fomento da confiança por transparência e abertura,
- Informações sobre objetivos e decisões,
- Aconselhamento, ensino e aulas para os trabalhadores,
- Troca de experiências e conhecimentos,
- Participação dos trabalhadores na definição dos objetivos e na tomada de decisões.

1.2.4 Fomento da qualidade

Como pesquisas sobre defeitos e problemas em empresas mostram, as causas destes estão mais ligadas ao fator humano do que ao técnico ou tecno-organizacional. Por isso, o fomento da qualidade tem como objetivo levar todo trabalhador a um pensar e agir orientado para a qualidade. Ele precisa adquirir consciência de que sua tarefa constitui um importante "tijolo" na qualidade global do produto. Ele terá de ser motivado a ficar atento para que em seu posto de trabalho o padrão de qualidade seja melhorado, no mínimo, mantido. É preciso incentivar os trabalhadores a darem sugestões de melhorias, e estas devem ser consideradas e valorizadas, por exemplo, por um sistema de prêmios.

Fomento da qualidade pode ser iniciado por dois caminhos (fig. 1):

1. Fomento da qualidade no produto e/ou do serviço,
2. Fomento da qualidade através do ser humano.

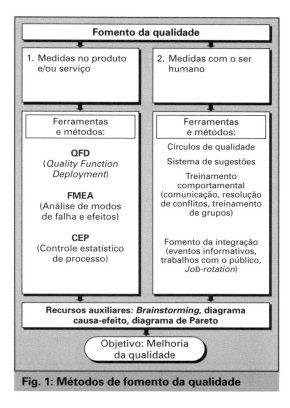

Fig. 1: Métodos de fomento da qualidade

1.3 Norma NBR ISO 9000:2005 e seguintes

Nos últimos anos, a implementação de um sistema de gestão da qualidade tornou-se realidade em muitas empresas. O estímulo para isso veio, em geral, do cliente ou porque a empresa queria se apresentar interna e externamente como detentora de consciência de qualidade.

O cliente passou a exigir do fornecedor garantias de que suas remessas atendem a padrões de qualidade. Para uniformizar os requisitos dos sistemas de gestão de qualidade e torná-los mais transparentes, no final dos anos 1980, as normas existentes foram aperfeiçoadas e, em 1994, foi publicada a família de normas NBR ISO 9000 e seguintes (tab. 1). De acordo com as diretrizes da ISO (*International Organization for Standardization*), todas as normas ISO devem ser reexaminadas em ciclos de 5 anos. O objetivo foi realizado com a apresentação da nova versão da família de normas NBR ISO 9000:2000 e seguintes no ano 2000, com um prazo de implantação de 3 anos. Em 2005 foi publicada nova revisão dessa norma.

A língua oficial dos textos originais da ISO é o inglês. As normas NBR ISO são traduções para o português.

São 3 as normas que tratam de sistemas de gestão da qualidade (fig. 1):

- NBR ISO 9000:2005 – Fundamentos e conceitos,
- NBR ISO 9001:2005 – Requisitos,
- NBR ISO 9004:2005 – Diretrizes para melhoria do desempenho.

A norma ISO 9001 traz os requisitos que um sistema de gestão de qualidade terá de atender para que possa ser certificado, enquanto a ISO 9004 pode ser vista como diretriz para implementar um sistema de gestão da qualidade abrangente em direção à gestão da qualidade total (*TQM = Total Quality Management*, fig. 1, p. 21).

Os característicos da nova ISO 9001 são:
- Orientação por processos,
- Orientação para o cliente,
- Estrutura de acordo com a cadeia de fornecedores,
- Melhoria contínua,
- Prevenção,
- Uma só norma para qualquer tipo de organização,
- ISO 9004 faz a ponte para TQM,
- Compatível com normas de gestão ambiental,
- Auditorias internas e autoavaliação são fortalecidas.

Da velha norma de gestão da qualidade permaneceram:
- Ritmo de auditoria anual por parte de auditor acreditado,
- Auditorias internas com avaliação dos resultados,
- Medição do grau de alcance dos objetivos da qualidade.

Tab. 1: Desenvolvimento das normas de gestão da qualidade

Ano	Normas	N.
1987	Primeira publicação da série NBR ISO 9000-9004	5
1994	Publicação da série de normas NBR ISO 9000-9004 revisada	5
2000	Publicação da série de normas NBR ISO 9000:2000 e seguintes revisada	3
2005	Publicação da série de normas NBR ISO 9000:2005 e seguintes revisadas	3

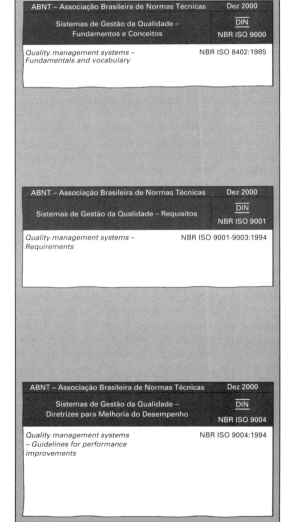

Fig. 1: Série de normas NBR ISO 9000:2005 e seguintes

1.3 Norma NBR ISO 9000:2005 e seguintes

1.3.1 As normas (resumo)

Estrutura das normas ISO 9000 a 9004

ISO 9001 fala do cliente, ISO 9004, de grupos de interesse (pessoas ou grupos interessados no sucesso da organização, como acionistas, fornecedores, bancos, ou sociedade).

A estrutura da velha norma (1994) se orientava por funções ou por elementos do sistema de gestão da qualidade (20 capítulos). A nova norma é orientada por processos e para os clientes (tab. 1).

A estrutura por processos inicia no cliente e termina nele, com o objetivo de alcançar alto índice de satisfação. Os conteúdos têm uma sequência lógica (fig. 1).

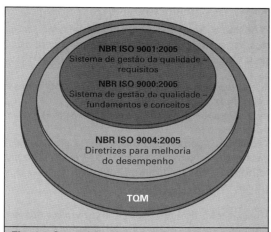

Fig. 1: Conteúdos estruturados dos sistemas de gestão da qualidade

Tab. 1: Capítulos principais das normas ISO 9001 e 9004

Capítulo	Título na norma	Capítulo	Título na norma
1	Área de aplicação		6.3 infraestrutura,
			6.4 ambiente de trabalho,
2	Referências normativas		6.5 informações (só ISO 9004),
			6.6 fornecedores e parcerias (só ISO 9004),
3	Conceitos		6.7 recursos naturais (só ISO 9004),
			6.8 recursos financeiros (só ISO 9004).
4	Sistema de gestão da qualidade 4.1 requisitos gerais, 4.2 requisitos à documentação, 4.3 aplicação dos princípios básicos da gestão da qualidade (só ISO 9004).	7	**Realização do produto** 7.1 planejamento da realização do produto, 7.1 diretrizes gerais (só ISO 9004), 7.2 processos relacionados a clientes,
5	**Responsabilidade da direção** 5.1 comprometimento da direção, 5.1 diretrizes gerais (só ISO 9004), 5.2 orientação para o cliente, 5.2 exigências e expectativas de grupos de interesse (só ISO 9004), 5.3 política de qualidade, 5.4 planejamento, 5.5 responsabilidade, competência e comunicação, 5.6 avaliação da gestão.		7.2 processos de acordo com grupos de interesse (só ISO 9004), 7.3 desenvolvimento, 7.4 aquisição, 7.5 produção e execução de serviços, 7.6 controle de meios de monitoramento e medição.
		8	**Medição, análise e melhoria** 8.1 generalidades, 8.1 diretrizes gerais (só ISO 9004), 8.2 monitoramento e medição, 8.3 controle de produto não conforme, 8.3 controle de defeitos (só ISO 9004), 8.4 análise de dados, 8.5 melhorias.
6	**Gestão de recursos** 6.1 provisão de recursos, 6.1 diretrizes gerais (só ISO 9004), 6.2 recursos humanos, 6.2 pessoal (só ISO 9004),		

1.3.1.1 A estrutura das normas

A gestão e os processos de apoio determinam os decursos dentro das empresas e são cunhados pelo requisito da "melhoria contínua" (fig. 1).

A estrutura da norma esclarece os efeitos interdependentes dos processos individuais, descritos pelas entradas, pelos processos em si e pelas saídas.

A diferenciação entre processos de gestão, processos principais e de apoio não é requisitada pela norma, mas facilita a primeira ordenação dos processos principais (fig. 2).

A realização dos produtos é subdividida nos seguintes processos principais: desenvolvimento, aquisição, produção, prestação de serviços e processos relativos ao cliente.

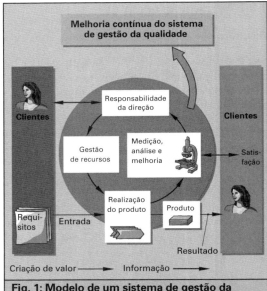

Fig. 1: Modelo de um sistema de gestão da qualidade segundo a ISO 9001:2005

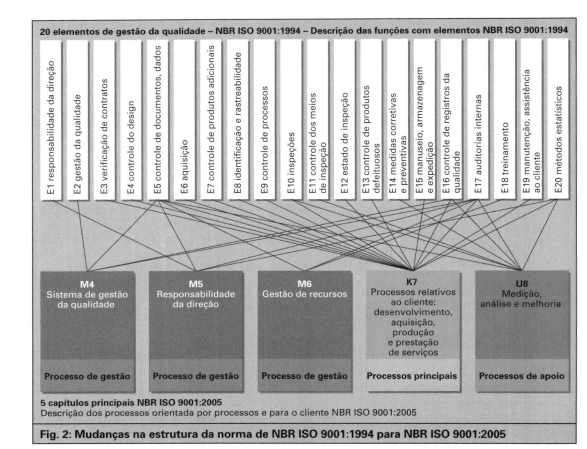

Fig. 2: Mudanças na estrutura da norma de NBR ISO 9001:1994 para NBR ISO 9001:2005

1.3 Norma NBR ISO 9000:2005 e seguintes

No circuito de controle PDCA da gestão da qualidade (fig. 1) (*Plan-Do-Check-Act* – veja também *Kaizen*), a realização do produto corresponde ao *do* (*do* = executar).
Os outros elementos do circuito se encontram nas categorias do sistema de gestão da qualidade, responsabilidade da direção, gestão de recursos (*plan* = planejar; *act* = agir) e medição, análise e melhoria (*check* = inspecionar, verificar). Esses 4 elementos do circuito de controle constituem a base do modelo ISO e geram os 5 capítulos principais da norma.

1.3.1.2 A possibilidade de exclusão

Empresas que não executam atividades de desenvolvimento tiveram, no passado, sua conformidade testada segundo a ISO 9002:1994. Essa norma foi cancelada e substituída pela possibilidade de exclusão deste processo na nova norma.
Exclusões só são permitidas no capítulo 7, que trata da realização do produto. A capacidade e a responsabilidade de uma organização para fornecer produtos que atendam aos requisitos dos clientes e dos órgãos públicos precisam ser garantidas.

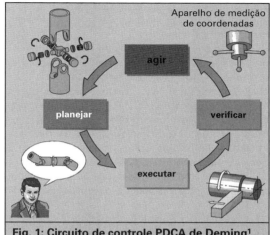

Fig. 1: Circuito de controle PDCA de Deming[1]

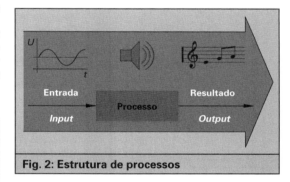

Fig. 2: Estrutura de processos

Exemplo:
Em vez da empresa, o próprio cliente decide sobre a configuração do produto e assume a responsabilidade por ele. A empresa recebe as especificações do produto a ser fornecido, independentemente se hardware, software ou serviço. Neste caso, os requisitos do sistema no item 7.3 (desenvolvimento) da nova norma ISO 9001:2005 podem ser excluídos para este produto. A possibilidade de exclusão pode ser diferente de produto a produto.

1.3.1.3 A orientação por processos

A nova norma entende uma empresa como a soma de diferentes processos estruturados de forma semelhante. Todo processo consiste de uma entrada (*input*), o processo de modificação em si e o resultado disso (*output*) (fig. 2).
Toda atividade que transforma uma entrada num resultado pode ser vista como processo. A própria empresa pode ser representada como processo em que o resultado pode ser um serviço prestado (p. ex., transporte), um software (p. ex., programa de computador), um hardware (p. ex., peça de motor) ou um produto técnico para processos (p. ex., lubrificante). Ao se ampliar esse modelo para uma empresa, pode-se complementá-lo generica-

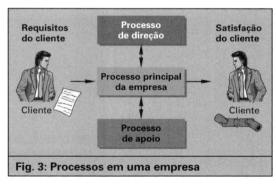

Fig. 3: Processos em uma empresa

mente com os processos de gestão e de apoio. Nessa representação, o cliente está nas duas testadas do processo da empresa, pois este tem como entrada os requisitos do cliente e como resultado um produto que deixa o cliente satisfeito (fig. 3).

---
[1] William Edwards Deming (1900-1993), cientista econômico norte-americano.

1.3.1.4 Requisitos da documentação

Processos

De acordo com os requisitos da norma, uma empresa deve documentar o sistema de gestão da qualidade. A forma de representá-lo não é prescrita. Pode-se usar texto, texto e gráficos ou somente representação gráfica (diagramas de fluxo). Na prática usa-se uma representação gráfica de todos os processos (fig. 1), o que fornece uma visualização global rápida dos processos documentados e de suas subdivisões. A classificação em processos de gestão, principais e de apoio, possibilita uma primeira associação dos processos individuais e segue a representação do modelo de um sistema de gestão da qualidade orientado por processos usado na norma.

O objetivo geral é facilitar o acesso à documentação e a instalação da manutenção dos conteúdos na rede de computadores da empresa.

A representação dos conteúdos do sistema de gestão da qualidade estruturada em forma de árvore é também aplicada e pode ser usada para a documentação com auxílio de *hyperlinks*. *Hyperlinks* relacionam documentos entre si, de forma que se possa percorrer a documentação dos processos interdependentes mediante o clicar do mouse (Excel, Word).

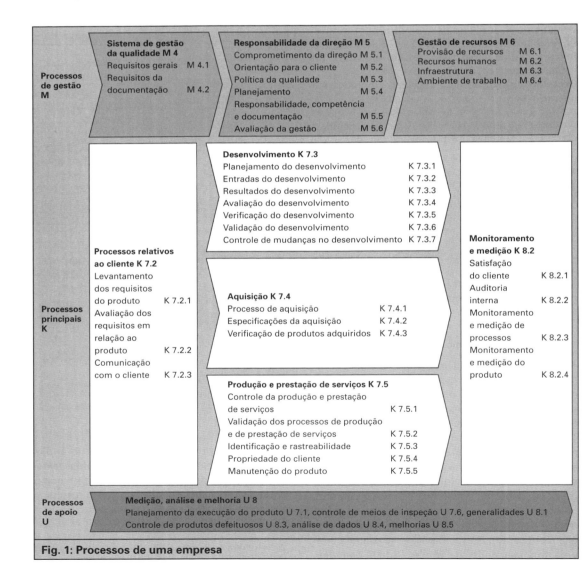

Fig. 1: Processos de uma empresa

1.3.2 O sistema de gestão da qualidade

Capítulo 4 da norma (fig. 1)

4. 1 Requisitos gerais
A organização deve estabelecer, documentar e manter um sistema de gestão da qualidade e melhorar continuamente a sua eficácia de acordo com os requisitos desta norma. A organização deve:
a) identificar os processos necessários para o sistema de gestão da qualidade e sua aplicação por toda a organização;
b) determinar a sequência e a interação desses processos[1];
c) determinar critérios e métodos necessários para assegurar que a operação e o controle desses processos sejam eficazes;
d) assegurar a disponibilidade de recursos e informações necessárias para apoiar a operação e o monitoramento desses processos;
e) monitorar, medir e analisar esses processos;
f) implementar ações necessárias para atingir os resultados planejados e a melhoria contínua desses processos.

Esses processos devem ser gerenciados pela organização de acordo com os requisitos desta norma. Quando uma organização optar por adquirir externamente algum processo que afete a conformidade do produto em relação aos requisitos, a organização deve assegurar o controle desses processos. O controle de tais processos deve ser identificado no sistema de gestão da qualidade.

Uma parte muito importante de um sistema de gestão da qualidade é a documentação das próprias prescrições, a descrição da execução dos processos e a avaliação dos resultados obtidos.

Para permitir o rastreio, é preciso documentar:
- Política da qualidade,
- Objetivos da qualidade da organização e suas unidades,
- Manual da gestão da qualidade,
- Controle de documentos (p. ex., exigências de processo),
- Controle de registros,
- Auditoria interna,
- Controle de produtos defeituosos,
- Medidas corretivas,
- Medidas preventivas.

Toda outra documentação de processos, decursos e avaliações a própria empresa determina. Mostrou-se que isso é mais fácil com o uso da estrutura da norma.

Também empresas muito pequenas têm os processos descritos na norma, mesmo que, às vezes, sejam representadas por uma só pessoa. A documentação dos efeitos cruzados dos processos (interfaces) melhora os fluxos na empresa.

1.3.2.1 Requisitos da documentação[2] – generalidades

A documentação do sistema de gestão da qualidade deve incluir:
a) declarações documentadas da política da qualidade e dos objetivos da qualidade;
b) manual da qualidade;
c) procedimentos documentados requeridos por esta norma;
d) documentos necessários à organização para assegurar o planejamento, a operação e o controle eficazes de seus processos;
e) registros requeridos por esta norma (ver controle de registros).

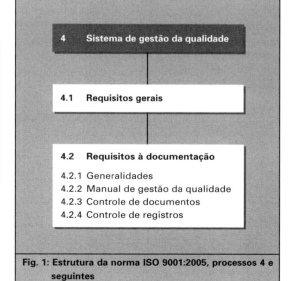

Fig. 1: Estrutura da norma ISO 9001:2005, processos 4 e seguintes

---

[1] Os processos necessários para o sistema de gestão da qualidade devem incluir processos para atividades de direção, provisão de recursos, realização de produtos e medição.

[2] Quando em norma ISO é usado o termo "procedimento documentado", significa que o procedimento deve ser estabelecido, documentado, implementado e mantido.

26   1 Gestão da qualidade (GQ)

1.3.2.2   Manual de gestão da qualidade

A organização deve estabelecer e manter um manual de gestão da qualidade que inclua:

a) o escopo do sistema de gestão da qualidade, incluindo detalhes e justificativas para quaisquer exclusões (ver 1.2);

b) os procedimentos documentados estabelecidos para o sistema de gestão da qualidade, ou referência e eles;

c) a descrição da interação entre processos do sistema de gestão da qualidade.

O sumário do manual de gestão da qualidade reflete a estrutura orientada por processos da norma, explica eventuais exclusões e descreve os efeitos cruzados dos processos no sistema de gestão da qualidade.

No exemplo extraído de um manual de gestão da qualidade (auditoria interna[1]), podem-se observar bem os efeitos cruzados dos processos, especialmente na matriz entrada X resultados. Além disso, usa-se a possibilidade de representação das competências pelos processos individuais (fig. 1).

Fábrica de eixos articulados MOBE GmbH		
DIN EN ISO 9001:2005 Manual de gestão da qualidade Processo 8.2.2	Medição, análise e melhoria **Auditoria interna**	Página 1 de 1 Edição: 1.0 Estado: 30.07.2002

1. Finalidade
A efetividade de sistemas de gestão da qualidade é verificada em auditorias internas e, caso necessário, melhorada. Auditorias internas são realizadas em todas as unidades da organização, cujas atividades têm significado para a qualidade dos produtos.

2. Área de aplicação
Toda a empresa.

3. Descrição do processo
3.1 Planejamento de auditorias internas
A frequência e os pontos importantes de uma auditoria interna da qualidade são determinados tendo em vista a função e o significado dos produtos em questão e a importância de atividades e processos. O planejamento leva em conta que todas as unidades afetadas da organização e todos os processos deste manual de gestão da qualidade sejam avaliados, no mínimo, uma vez por ano. O responsável pela gestão da qualidade elabora e distribui um plano anual de auditorias, em que as datas, as áreas a serem auditadas e os auditores são fixados.

3.2 Realização de auditorias internas
Para a realização são usadas perguntas de auditoria ou protocolos, preparados pelo responsável. Os resultados obtidos pelo auditor são documentados no protocolo da auditoria. Desvios constatados constituem objeto de relatório de auditoria e as áreas correspondentes são notificadas do fato. No relatório da auditoria, o responsável faz sugestão de medidas para eliminação dos desvios e/ou estas são acordadas com as áreas afetadas e depois, determinadas. A área afetada executa as medidas corretivas no prazo previsto e notifica isso. A efetividade da medida de melhoria é avaliada e acompanhada por algum tempo.

3.3 Auditorias não planejadas
Ocorrendo problemas sérios de qualidade na execução de um pedido, cujos significados vão muito além do diário e/ou levam a posições diferentes dos responsáveis pela qualidade e pela produção, o responsável pela qualidade pode convocar auditorias não planejadas nas áreas em questão, com a participação dos responsáveis por elas. Nestas conversações são tomadas decisões para a detecção de causas e posterior eliminação dos problemas de qualidade. Os resultados e a avaliação deles são colocados em relatório e utilizados para a avaliação da efetividade do sistema de gestão da qualidade.

3.4 Relato e documentação
O responsável pela qualidade faz, com regularidade, relatos sobre os resultados das auditorias internas e os apresenta à direção e aos responsáveis pela área. A documentação a ser elaborada abrange o plano anual de auditorias e, de cada auditoria, o plano, o protocolo e o relatório. Medidas corretivas e preventivas e sua execução (responsável, prazo) estão documentadas no relatório da auditoria.

3.5 Competências (extrato)

Entrada	Decurso	Resultado	Direção da empresa	Responsável pela gestão da qualidade	Chefe da área/setor
Auditoria interna	Elaborar plano anual de auditoria	Plano anual de auditoria		D	
Plano anual de auditoria	Aprovar	Plano anual de auditoria aprovado	G		
Plano anual de auditoria aprovado	Informar as áreas afetadas	Chefes das áreas informados		D	M
Convite para auditoria interna	Acertar datas e detalhes com auditores, planejar auditoria	Plano de auditoria		D	M
Plano de auditoria	Executar auditoria, documentar e avaliar	Protocolo e relato da auditoria		D	M
Protocolo e relato da auditoria	Derivar medidas corretivas e preventivas	Plano de melhoria		D	M

G = aprovado, D = execução, M = participação

Fig. 1: Exemplo de uma descrição de processo no manual de gestão da qualidade

---

[1]   Auditoria, do inglês *audit*, significa verificação, inspeção inesperada; do latim *audito*, significa ouvir.

1.3 Norma NBR ISO 9000:2005 e seguintes

1.3.2.3 Controle de documentos

> Os documentos requisitados pelo sistema de gestão da qualidade devem ser controlados. Registros constituem um tipo especial de documento e precisam ser controlados de acordo com os requisitos mencionados no item 4.2.4.
> É preciso implementar um procedimento documentado para determinar as medidas de controle necessárias, para
> a) aprovar documentos quanto à sua adequação antes de sua utilização;
> b) avaliar documentos e, caso necessário, atualizá-los e aprová-los novamente;
> c) garantir que alterações e a situação da revisão sejam identificadas;
> d) garantir que as versões válidas dos documentos estejam disponíveis nos locais de aplicação deles;
> e) assegurar que os documentos permaneçam legíveis e prontamente identificáveis;
> f) garantir que documentos externos sejam assinalados e que sua distribuição seja controlada;
> g) evitar o uso de documentos obsoletos e identificá-los de forma adequada, se forem preservados.

Com auxílio de um desenho para fabricação, pode-se mostrar a necessidade de controlar documentos. Da elaboração, identificação, verificação, liberação, distribuição e modificação até o arquivamento, o documento precisa ser conduzido pelas instâncias, de acordo com a descrição do processo. O objetivo é disponibilizar o desenho verificado e identificado com a modificação atual na hora certa e no local certo e arquivá-lo depois do uso. É preciso impedir o uso, por engano, de algum desenho desatualizado. O mesmo vale para um programa CNC, uma descrição de processo ou de teste e todos os demais documentos encontrados numa empresa. A norma diferencia entre documentos e registros. Exemplos de documentos são:
– Manual de gestão da qualidade,
– Especificações e
– Planos de trabalho.

Controle de registros

> Registros precisam ser feitos e mantidos, por serem provas da conformidade com os requisitos e do funcionamento efetivo do sistema de gestão da qualidade. Registros precisam ser legíveis, facilmente identificados e recuperados. É preciso elaborar um procedimento documentado para a definição das medidas de controle necessárias para identificação, guarda, proteção, recuperação, tempo de retenção e descarte dos registros.

Registros são controlados como documentos. Eles só se diferenciam quanto ao momento de sua elaboração. De forma simplificada, isso significa que documentos prescrevem o processo e registros documentam os resultados. O manual de gestão da qualidade é um documento; o relatório de uma auditoria é um registro. Documentos que fornecem provas objetivas sobre tarefas executadas ou resultados obtidos são chamados de registros.

Processo M 4.2.3 Processo M 4.2.4 ISO 9001:2005	Manual de gestão da qualidade **Controle de documentos** **Lista M 4.2.3.01**					Página: 1 de 2 Edição: 1.1 Estado: 14.09.2003			
Dok = documento; Auf = registro; QM = gestão da qualidade; QMB = responsável pela gestão da qualidade; QMH = manual de gestão da qualidade; GF = direção									
QM Dok.	QM Auf.	Nome/procedimento	Identificação	Elaboração Modificação	Verificação Liberação	Distribuidor	Arquivamento	Onde	Duração Anos
x		Política da qualidade	M 4.2.1.01	GF/QMB	GF/QMB	Cartaz	QMH	QMB	5
x		Objetivos gerais da qualidade	M 4.2.1.02	GF/QMB	GF/QMB	Cartaz	QMH	QMB	5
x		Objetivos quantitativos da qualidade	M 4.2.1.03	GF/QMB	GF/QMB	Setores, lista de distribuição			
x		Manual de gestão da qualidade	QMH M4 ff.	GF/QMB	GF/QMB	Setores, lista de distribuição	QMH	QMB	Sempre
	x	Lista de distribuição (manual)	M 4.2.3.04	GF/QMB	GF/QMB	Setores	QMH	QMB	5
	x	Lista de documentos + registros	M 4.2.3.01	QMB	QMB	Setores	QMH	QMB	Sempre
x		Oferta	K 7.2.1.02	Distribuição	GF	Cliente	Distribuição	Projeto	5

Fig. 1: Controle de documentos

1.3.3 Responsabilidade da direção

> Capítulo 5 da norma (fig. 1)
> **5.1 Comprometimento da direção**
> A alta direção deve fornecer evidência do seu comprometimento com o desenvolvimento e com a implementação do sistema de gestão da qualidade e com a melhoria contínua e sua eficácia mediante:
> a) a comunicação à organização da importância em atender aos requisitos dos clientes, como também aos requisitos regulamentares e estatutários;
> b) o estabelecimento da política da qualidade;
> c) a garantia de que são estabelecidos os objetivos da qualidade;
> d) a condução de análises críticas pela alta administração;
> e) a garantia da disponibilidade de recursos.

Todos os requisitos do capítulo 5 da norma dizem respeito à alta administração da organização. Em todo conjunto de atividades mencionado, a alta administração terá de entrar em ação pessoalmente e de comprovar isso ou, ao menos, garantir que as coisas requisitadas sejam feitas.

Orientação para o cliente

Na nova norma, a orientação para o cliente é vista a partir da direção e aprofundada nos requisitos dos processos relacionados com o cliente (7.2) e satisfação do cliente (8.2.1). A norma requer que a alta administração garanta que os requisitos dos clientes sejam pesquisados e atendidos com o objetivo de aumentar a satisfação dos clientes (veja 7.2.1 e 8.2.1).

Política da qualidade

> A alta administração deve assegurar que a política da qualidade:
> a) seja apropriada ao propósito da organização;
> b) inclua um comprometimento com o atendimento aos requisitos e com a melhoria contínua da eficácia do sistema de gestão da qualidade;
> c) proporcione uma estrutura para o estabelecimento e a análise crítica dos objetivos da qualidade;
> d) seja comunicada e entendida por toda a organização;
> e) seja analisada criticamente para manutenção de sua adequação.

Planejamento

> **5.4.1 Objetivos da qualidade**
> A alta administração deve assegurar que os objetivos da qualidade, incluindo aqueles necessários para atender aos requisitos do produto (ver 7.1 a), sejam estabelecidos nas funções e nos níveis pertinentes da organização. Os objetivos da qualidade devem ser mensuráveis e coerentes com a política da qualidade.

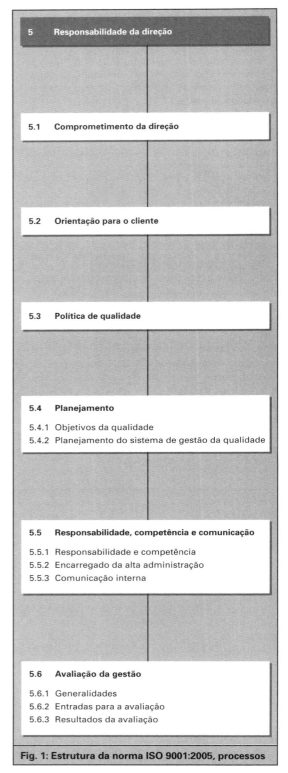

Fig. 1: Estrutura da norma ISO 9001:2005, processos

1.3 Norma NBR ISO 9000:2005 e seguintes

Objetivos da qualidade podem ser subdivididos em 3 grupos:
1. Objetivos de longo prazo
Exemplo: a aquisição e implantação de um novo sistema de planejamento, a aquisição de uma máquina moderna para produção, o desenvolvimento de novos produtos, a abertura de novos mercados.
2. Objetivos de médio prazo
Exemplo: a redução da variedade de produtos, a instalação de uma estação de medição com compilação e avaliação eletrônica, a automatização de um passo de trabalho na montagem.
3. Objetivos de curto prazo
Exemplo: melhoria de processos de trabalho instáveis, introdução de novos meios auxiliares de comunicação, melhoria dos processos de limpeza, uso de internet (tab. 1).

Planejamento do sistema de gestão da qualidade – O sistema de gestão da qualidade precisa ser planejado e realizado para que se possa atender aos requisitos da qualidade e haja condições de alcançar os objetivos da qualidade. Mudanças no sistema de gestão da qualidade precisam ser planejadas e introduzidas de forma controlada.

Responsabilidade, competência e comunicação

> Capítulo 5.5 da norma
> **Responsabilidade, competência e comunicação**
> A alta administração deve assegurar que as responsabilidades e autoridades sejam definidas e comunicadas na organização.

Esse requisito é atendido com diagramas organizacionais (fig. 1), documentação das decisões, participação e responsabilidade pelas decisões no manual de gestão da qualidade e na descrição das tarefas. Para auxiliar, pode-se descrever responsabilidades em instruções de processos.

Encarregado da alta administração – A alta administração deve designar um membro da direção que, independente de outras responsabilidades, tem a responsabilidade e a competência de realizar o sistema de gestão da qualidade, mantê-lo, relatar sobre o sistema à alta administração e introduzir melhorias (fig. 2). O encarregado pelo sistema de gestão da qualidade terá de garantir que em toda a organização haja consciência sobre o atendimento dos requisitos do cliente.

Tab. 1: Objetivos da qualidade

Exemplos de objetivos da qualidade
Objetivos de longo prazo: – Aumento da área de produção, – Aquisição e integração de um medidor, – Introdução das atividades de melhoria contínua, – Trabalho em grupos.
Objetivos de médio prazo: – Otimização das ferramentas, – Introdução de portadores universais de ferramentas, – Realização de auditorias internas, anualmente, em todas as áreas, – Redução dos custos de retrabalho.
Objetivos de curto prazo: – Melhoria da gestão de reclamações, – Introdução de novas técnicas de embalagem, – Ampliação do diagnóstico *on-line* de perturbações, – Uso do código de barras como portador de informações.

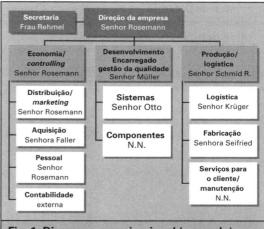

Fig. 1: Diagrama organizacional (exemplo)

O encarregado pela gestão da qualidade é responsável pela realização do sistema de gestão da qualidade e relata à alta administração sobre ele.

Fig. 2: Encarregado da alta administração

5.5.3 Comunicação interna
A alta administração deve assegurar que sejam estabelecidos na organização os processos de comunicação apropriados e que seja realizada comunicação relativa à eficácia do sistema de gestão da qualidade.

Fig. 1: Comunicação interna

A realização da comunicação interna pressupõe a disponibilidade de instalações modernas adequadas. É necessário haver comunicação sobre a efetividade do sistema de gestão da qualidade. A comunicação interna pode ser utilizada na transposição de interfaces (fig. 1) para:
– Assegurar que a política da qualidade seja compreendida em todos os níveis da organização,
– Solucionar problemas segundo procedimentos prescritos,
– Tratar de produtos defeituosos e informar as áreas envolvidas (exemplo 1),
– Tratar de reclamações de clientes e de relatos sobre defeitos em produtos,
– Retroinformar sobre medidas implementadas.

Exemplo 1: Comunicação interna – processo de controle de produtos defeituosos
Defeitos na fabricação e no teste:
Caso sejam detectados defeitos em produtos na fabricação ou nos testes, então:
• Os produtos são retidos e identificados como tal nos formulários que os acompanham e o defeito será documentado;
• A ordem de fabricação em questão não segue adiante no fluxo;
• É tomada uma decisão sobre o uso do produto ou a eliminação de seus defeitos;
• De acordo com a decisão, os produtos são liberados para seguir o fluxo de fabricação ou para serem retrabalhados ou sucateados;
• Peças compradas são devolvidas para o fornecedor;
• Lotes com produtos defeituosos não são desfeitos até que os defeitos sejam eliminados.

Eliminação de defeitos:
Defeitos em produtos que não podem ser tolerados são eliminados com retrabalho ou reparos, de modo que correspondam às especificações originais (caso necessário, a especificações adicionais). Antes de serem aprovados para seguir pelo fluxo normal de produção, os produtos retrabalhados devem ser novamente submetidos aos testes.

Obtenção de autorizações necessárias:
As decisões sobre o que fazer com produtos com defeitos (aceitar, eliminar defeitos, sucatear) são tomadas pela área técnica, eventualmente com a participação de outras áreas envolvidas. Um aceite por parte dos clientes deve ser documentado pela distribuição.

Ocorrendo produtos com defeitos, todos os trabalhadores dos depósitos são responsáveis por:
• Separá-los e marcá-los com um adesivo "interditado",
• Colocá-los em depósito para produtos interditados,
• Documentar os defeitos e comunicar ao controle de materiais,
• Devolver ou sucatear os produtos de acordo com instrução do controle de materiais.

Ocorrendo produtos com defeitos, todos os trabalhadores da produção são responsáveis por:
• Interromper imediatamente a produção e comunicar o fato ao chefe imediato,
• Decidir sobre o retrabalho do produto, de acordo com o parecer da área técnica,
• Retrabalhar o produto e fazer novos testes,
• Separar produtos defeituosos que não podem ser retrabalhados e enviar para depósito,
• Documentar a ocorrência dos defeitos nos documentos da produção.

Todos os trabalhadores da área técnica participam de:
• Decisões sobre a possibilidade de retrabalho ou descarte,
• Aprovações especiais em consonância com a distribuição.

Todos os trabalhadores do controle de materiais têm competência para:
• Esclarecer a devolução com o cliente,
• Fazer estatísticas sobre os produtos defeituosos com base nos documentos de produção e remessa.

Todos os trabalhadores da distribuição têm competência para esclarecer aprovações especiais com os clientes e devem documentar o adicionalmente acordado.

1.3 Norma NBR ISO 9000:2005 e seguintes

Avaliação crítica pela direção

> **Capítulo 5.6 da norma**
> **5.6.1 Generalidades**
> A alta administração deve avaliar criticamente o sistema de gestão da qualidade da organização, a intervalos planejados, para assegurar sua contínua pertinência, adequação e eficácia. Essa avaliação crítica deve incluir a avaliação de oportunidades para melhoria e necessidade de mudanças no sistema de gestão da qualidade, incluindo a política da qualidade e os objetivos da qualidade. Devem ser mantidos registros dessas avaliações críticas.

Definir, perseguir e avaliar objetivos[1] é um pressuposto básico para toda empresa. Frequentemente esses objetivos não são escritos ou são esquecidos na rotina diária (fig. 1). Uma avaliação da gestão da qualidade unifica uma revisão com um planejamento do futuro. Dirigir significa dar ordens, mas só quem verifica a realização delas tem sucesso.

Fig. 1: Reunião diária protocolada

> **5.6.2 Entradas para a avaliação**
> As entradas para a avaliação crítica pela direção devem incluir informações sobre:
> a) resultados de auditorias;
> b) realimentação de clientes;
> c) desempenho de processos e conformidade de produtos;
> d) situação das ações corretivas e preventivas,
> e) acompanhamento das ações oriundas de avaliações anteriores pela direção;
> f) mudanças que possam afetar o sistema de gestão da qualidade;
> g) recomendações para melhoria.

> **5.6.3 Resultados da avaliação**
> Os resultados[2] da avaliação crítica pela direção devem incluir quaisquer decisões e ações relacionadas à:
> a) melhoria da eficácia do sistema de gestão da qualidade e de seus processos;
> b) melhoria do produto em relação aos requisitos do cliente;
> c) necessidade de recursos.

Fig. 2: Avaliação da gestão

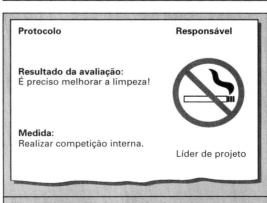

Fig. 3: Avaliação dos resultados

---

[1] As empresas definem, juntamente com seus trabalhadores, objetivos claros e mensuráveis. Além disso, são definidos e perseguidos objetivos empresariais de curta e de longa duração. A condução dos processos e a conformidade dos produtos são a base para as observações. Também são avaliadas sugestões de melhorias. A documentação sensata das ocorrências diárias serve de base para a avaliação da gestão da qualidade.

[2] A norma exige que a alta administração avalie de tempos em tempos o sistema de gestão da qualidade. Os resultados dessa avaliação precisam ser registrados.

1.3.4 Gestão de recursos

> Capítulo 6 da norma

Provisão de recursos

A norma requer a provisão de recursos. Isso se refere a capacidades de trabalhadores que realizam, mantêm e melhoram o sistema de gestão da qualidade. Também compreende o requisito do aumento da satisfação do cliente pelo atendimento dos seus requisitos.

O responsável pela gestão da qualidade lidera o aprimoramento do sistema de gestão da qualidade. A distribuição é o primeiro interlocutor do cliente e realiza a avaliação da satisfação do cliente (veja também capítulo 8.2.1 da norma – medição da satisfação do cliente).

Nos documentos de admissão dos trabalhadores estão documentadas sua formação, suas capacidades e sua experiência. No contrato de trabalho, faz-se uma descrição sucinta da tarefa, o que pode ser suficiente. A empresa pode verificar se há necessidade de uma descrição da tarefa. A norma não a requer como obrigatória.

A nova norma reúne todos os aspectos da antiga e a associa com os 5 requisitos dos processos (a, b, ..., e). É necessário garantir que os trabalhadores conheçam os aspectos da qualidade de suas tarefas e que a direção tenha comprovantes da sua escolaridade, experiência e qualificação (exemplo 1). Os trabalhadores devem ser ensinados e treinados para a execução de suas tarefas. Pela avaliação da efetividade dos treinamentos, torna-se possível fazer um controle do desenvolvimento deles. Formação e treinamentos têm como objetivo melhorar a qualificação, o que é útil para a empresa e o empregado, e melhora os resultados.

Recursos humanos

> **6.2.1 Generalidades**
> O pessoal que executa atividades que afetam a qualidade do produto deve ser competente, com base em educação, treinamento, habilidade e experiência apropriados.

> **6.2.2 Competência, conscientização e treinamento**
> A organização deve:
> a) determinar as competências necessárias para o pessoal que executa atividades que afetam a qualidade do produto;
> b) fornecer treinamento ou tomar outras ações para satisfazer essas necessidades de competência;
> c) avaliar a eficácia das ações executadas;
> d) assegurar que o seu pessoal está consciente quanto à pertinência e importância de suas atividades e de como elas contribuem para atingir os objetivos da qualidade;
> e) manter registros apropriados de educação, treinamento, habilidade e experiência (ver 4.2.4).

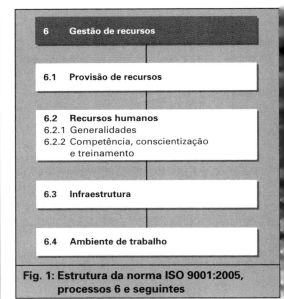

Fig. 1: Estrutura da norma ISO 9001:2005, processos 6 e seguintes

Exemplo 1: Matriz da qualificação como base para a formação continuada dos trabalhadores da pintura

Qualificação	Retificar	Injetar enchimento	Pintura uma camada	Pintura mais camadas	Polir	Controle final	Pintura com chumbo	Embalar	Trabalhar em carroçarias
Trabalhador	XXX	–	–	–	–	XX	–	XX	–
Nome de pessoas	XXX	–	–	–	–	XX			

xxx: trabalhador pode realizar trabalho sozinho; xx: trabalhador precisa de instruções; x: trabalhador pode ajudar; –: trabalhador não pode realizar trabalho.

1.3 Norma NBR ISO 9000:2005 e seguintes

Infraestrutura

> A organização deve determinar, prover e manter a infraestrutura necessária para alcançar a conformidade com os requisitos do produto. A infraestrutura inclui, quando aplicável:
> a) edifícios, espaços de trabalho e instalações associadas;
> b) equipamentos de processo (tanto materiais e equipamentos quanto programas de computador);
> c) serviços de apoio, tais como transporte e comunicação.

Fig. 1: Provisão de ferramentas

É requerida a provisão de instalações de produção, montagem e manutenção adequadas, bem como a manutenção adequada das instalações, para garantir a capacidade dos processos constantemente (fig. 1).

Ambiente de trabalho – A organização terá de determinar, conduzir e controlar o ambiente de trabalho necessário para o alcance da conformidade com os requisitos do produto.

Para poder conduzir e controlar o processo, é necessário, antes, investigar que fatores do ambiente de trabalho têm influência sobre a qualidade (fig. 2). Ambiente de trabalho refere-se ao pavilhão fabril, mas também a um entorno maior na prestação de serviços.

Fig. 2: Possibilitar boa postura no trabalho

Os fatores com efeitos sobre a qualidade podem ser:
- Método de trabalho,
- Iluminação,
- Limpeza,
- Temperatura (fig. 3),
- Clima (umidade do ar, gases),
- Ruído.

Nas observações do ambiente de trabalho, podem ser considerados ainda outros fatores:
- Proteção da saúde,
- Segurança do trabalho,
- Condições ambientais especiais,
- Trabalho em turnos,
- Benefícios sociais.

A ética do trabalho oferece um bom potencial de desenvolvimento e pode ser aqui documentada e avaliada, por exemplo,
- Crítica e reconhecimento,
- Satisfação dos trabalhadores,
- Motivação dos trabalhadores,
- Cultura empresarial.

Fig. 3: Temperatura nos ambientes

1.3.5 Realização do produto

> Capítulo 7 da norma (fig. 1)

1.3.5.1 Planejamento da realização do produto

> A organização deve planejar e desenvolver os processos necessários para a realização do produto. O planejamento da realização do produto deve ser coerente com os requisitos de outros processos do sistema de gestão da qualidade (ver 4.1). Ao planejar a realização do produto, a organização deve determinar o seguinte, quando apropriado:
> a) objetivos da qualidade e requisitos do produto;
> b) a necessidade de estabelecer processos e documentos[1] e prover recursos específicos para o produto;
> c) verificação, validação, monitoramento, inspeção e atividades de ensaios requeridos, específicos para o produto, bem como os critérios para a aceitação do produto;
> d) registros necessários para fornecer evidência de que os processos de realização e o produto resultante atendem aos requisitos (ver 4.2.4).
>
> O resultado (saída) deste planejamento deve ter forma adequada[2] ao método de operação da organização.

De acordo com as finalidades da empresa, a realização dessa tarefa pode ser bem diversa. O planejamento da realização do produto compreende todos os processos entre cliente na função de solicitante e cliente na função de recebedor do produto ou serviço. Pontos importantes podem ser:
- Rápido atendimento de pedidos de produtos do mix de produção,
- Desenvolvimento de novos produtos, do protótipo ao produto em série,
- Fabricação do lote unitário até séries grandes,
- Realização dos serviços desejados pelo cliente em tempo curto e/ou continuamente (24 horas).

1.3.5.2 Processos relacionados a clientes

> **Determinação dos requisitos do produto**
> A organização deve determinar:
> a) os requisitos especificados pelo cliente, incluindo os requisitos para entrega e para atividades de pós-entrega;
> b) os requisitos não declarados pelo cliente, mas necessários para o uso especificado ou intencional, onde conhecido;
> c) requisitos estatutários e regulamentares relacionados ao produto;
> d) quaisquer requisitos adicionais determinados pela organização.

Um produto ou serviço pode ser desenvolvido sem que haja um pedido concreto ou para atender a uma solicitação especial por parte de um cliente. A ênfase a ser dada à determinação dos requisitos vai depender da situação.
Em todo caso, é necessário considerar 4 categorias de requisitos do produto:
a) Requisitos formulados pelo cliente,
b) Requisitos não formulados pelo cliente,
c) Requisitos legais e estatutários válidos,
d) Requisitos fixados pela organização.

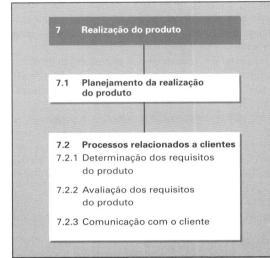

Fig. 1: Estrutura da norma ISO 9001:2005, processo 7 até 7.2

> **Exemplo 1: Requisitos legais e/ou estatutários**
> - Automóvel: (requisitos de segurança de operação),
> - Alimentos: (requisitos de higiene),
> - Calefação: (requisitos às emissões),
> - Robôs: (requisitos de segurança de instalação),
> - Água: (requisitos de qualidade),
> - Medicamentos: (requisitos aos testes de aplicação),
> - Televisor: (requisitos à segurança de operação e à radiação).

---

[1] Chama-se plano de gestão da qualidade a um documento que fixa os processos do sistema de gestão da qualidade (incluindo os processos para a realização do produto) e os recursos a serem aplicados para um dado produto, projeto ou contrato.

[2] A organização também pode aplicar os requisitos mencionados em 7.3 (desenvolvimento) no desenvolvimento de processos para a execução dos produtos.

1.3 Norma NBR ISO 9000:2005 e seguintes

Avaliação dos requisitos do produto

A organização deve avaliar[1] criticamente os requisitos relacionados ao produto. Essa avaliação deve ser realizada antes da organização assumir o compromisso de fornecer um produto para o cliente (por exemplo, apresentação de propostas, aceitação de contratos ou pedidos, aceitação de alterações em contratos ou pedidos) e deve assegurar que:
a) os requisitos do produto estejam definidos;
b) os requisitos de contrato ou pedido que difiram daqueles previamente manifestados estejam resolvidos;
c) a organização tem capacidade para atender aos requisitos definidos.
Devem ser mantidos registros dos resultados da avaliação crítica e das ações resultantes dessa avaliação (ver 4.2.4).

Quando o cliente não apresentar requisitos documentados, é preciso confirmar os supostos requisitos dos clientes mediante uma oferta (fig. 1, p. 36). A organização precisa garantir que, quando os requisitos dos clientes se alteram, os documentos correspondentes sejam também alterados e o pessoal responsável tome ciência dessas alterações.

A tarefa de informar o cliente é do marketing. O cliente recebe informações sobre os produtos e serviços oferecidos de diversas formas (exemplo 1). A forma é selecionada de acordo com o grupo-alvo a ser atingido. No item b são requeridos decursos prefixados para o processamento comercial dos pedidos dos clientes.

As interfaces entre as áreas dentro da empresa devem ser descritas para garantir um fluxo livre de atritos dos pedidos dos clientes. A distribuição é a área interlocutora com o cliente e precisa dispor do pedido deste na sua forma atual. Em caso de perturbações no decurso planejado ou de reclamações, a área responsável decide sobre as medidas a realizar para a eliminação das perturbações, com o que também fixa os gastos a serem efetuados, e continua a comunicação com o cliente.

Comunicação com o cliente

A organização deve determinar e tomar providências eficazes para se comunicar com os clientes em relação a:
a) informações sobre o produto;
b) tratamento de consultas, contratos ou pedidos, incluindo emendas;
c) realimentação do cliente, incluindo suas reclamações.

Exemplo 1: Possibilidades de comunicar sobre o produto

Atividades	Produtos
– Feiras	– Expor
– Eventos para venda	– Apresentar
– Visita a representantes	– Apresentar
– Remessa de mostruário	– Experimentar
– Propaganda na mídia e na internet	– Tornar conhecido
– Publicidade direta	– Oferecer
– Catálogos	– Oferecer

Recapitulação e aprofundamento

1. Mencione a série de normas NBR ISO 9000:2005.

2. O que é prescrito na norma NBR ISO 9004:2005?

3. Com que formulação é requerida a constante mudança dos processos de gestão da qualidade?

4. Em que 3 tipos de processos a norma pode ser estruturada?

5. A que processo principal se refere a possibilidade de exclusão da descrição do processo?

6. Em que documento os processos de gestão da qualidade são documentados?

7. Quem é responsável pela realização do sistema de gestão da qualidade?

8. Por quais critérios planejados se orienta a avaliação da gestão?

9. Em que processo é requerida a formação continuada dos trabalhadores?

10. Em quantos processos individuais foi subdividido o desenvolvimento?

---

[1] Observação:
Em alguns casos, por exemplo, na venda pela internet, não é praticável avaliar cada pedido individualmente. Em vez disso, a avaliação pode referir-se a informações pertinentes sobre os produtos em catálogos e material de propaganda.

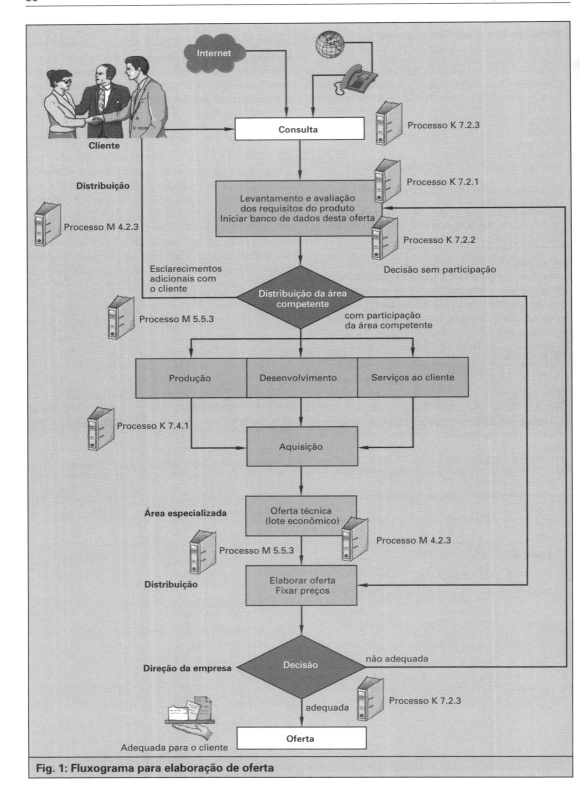

Fig. 1: Fluxograma para elaboração de oferta

1.3.5.3 Projeto e desenvolvimento

> Capítulo 7.3 da norma (fig. 1)

Na nova norma, o processo cerne desenvolvimento é subdividido em mais processos individuais do que na velha. As entradas e os resultados dos processos individuais subdivididos na sequência correta devem ser documentados de forma verificável e separados uns dos outros de forma inequívoca. O objetivo é fazer as atividades de desenvolvimento – da ideia do produto até a remessa dele pronto – de forma transparente, bem definida e verificável. O desencadear de um desenvolvimento pode ser motivado pelo cliente ou pelo cliente interno (marketing, distribuição), de acordo com uma análise de mercado.

Planejamento do projeto e desenvolvimento

A organização deve planejar e controlar o projeto e desenvolvimento do produto. Durante o planejamento do projeto e desenvolvimento a organização deve determinar:
a) estágios do projeto e desenvolvimento;
b) a análise crítica, verificação e validação que sejam apropriadas para cada fase do projeto e desenvolvimento;
c) as responsabilidades e autoridades para projeto e desenvolvimento.
A organização deve gerenciar as interfaces entre diferentes grupos envolvidos no projeto e desenvolvimento, para assegurar a comunicação eficaz e a designação clara de responsabilidades. Os resultados do planejamento devem ser atualizados apropriadamente, à medida que o projeto e o desenvolvimento progridem.

O planejamento do projeto e desenvolvimento deve ser visto como o planejamento de um projeto. Para a tarefa de projeto e desenvolvimento, são necessárias entradas claras. Como exemplos: finalidade, função, condições de contorno, legislação, normas, prescrições e recomendações a serem observadas, conformidade ambiental e concepção do descarte. Os limites técnicos, econômicos e tem-

Entradas de projeto e desenvolvimento

Entradas relativas a requisitos de produto devem ser determinadas e registros devem ser mantidos (ver 4.2.4). Essas entradas devem incluir:
a) requisitos de funcionamento e desempenho;
b) requisitos estatutários e regulamentares aplicáveis;
c) onde aplicável, informações originadas de projetos anteriores semelhantes;
d) outros requisitos essenciais para projeto e desenvolvimento.
Essas entradas precisam ser avaliadas criticamente quanto à adequação. Requisitos devem ser completos, sem ambiguidade e não conflitantes entre si.

7.3 Desenvolvimento

7.3.1 Planejamento do projeto
e desenvolvimento
7.3.2 Entradas de projeto
e desenvolvimento
7.3.3 Resultados (saídas) de projeto
e desenvolvimento
7.3.4 Avaliação crítica de projeto
e desenvolvimento
7.3.5 Verificação de projeto
e desenvolvimento
7.3.6 Validação do projeto
e desenvolvimento
7.3.7 Controle de alterações (modificações) de projeto e desenvolvimento

Fig. 1: Estrutura da norma ISO 9001:2005, processos 7.3

---

porais também devem ser fixados no planejamento do desenvolvimento.

Em muitos casos, já há produtos concorrentes no mercado. Já na determinação, as entradas para o desenvolvimento devem diferenciar-se positivamente do realizado nos produtos dos concorrentes, para o que os fortes e fracos destes devem ser conhecidos. Os fortes planejados para o produto da empresa são os principais argumentos de venda para o marketing. As entradas do desenvolvimento são realizadas numa tarefa de desenvolvimento na empresa (exemplo 1).

> Já na fase de planejamento deve ser introduzido no desenvolvimento todo o conhecimento da organização para manter pequenos os riscos na segurança funcional e de produção.

Exemplo 1: Diferentes tipos de ordens de desenvolvimento
Ordens de desenvolvimento:
– produto novo até protótipo (hardware, software ou serviço),
– produto novo do protótipo à produção em série,
– produto modificado – implementação,
– produto modificado para execução das funções com condições de contorno modificadas,
– produto especial – encomenda específica.

Resultados (saídas) de projeto e desenvolvimento

As saídas de projeto e desenvolvimento devem ser apresentadas de forma que possibilitem a verificação em relação às entradas de projeto e desenvolvimento e devem ser aprovadas antes de serem liberadas. As saídas de projeto e desenvolvimento devem:
a) atender aos requisitos de entrada para projeto e desenvolvimento;
b) fornecer informações apropriadas para aquisição, produção e para fornecimento de serviço;
c) conter ou referenciar critérios de aceitação do produto;
d) especificar os característicos do produto que são essenciais para seu uso seguro e adequado.

Os produtos podem ser planejados em sua estrutura básica, mas, em muitos casos, o resultado final só pode ser reconhecido e estabelecido com experimentos (fig. 1). Por isso, a comparação entre o planejado e o obtido nem sempre é possível. O resultado final do desenvolvimento deve ser aprovado pelas áreas envolvidas.

Avaliação crítica de projeto e desenvolvimento

Devem ser realizadas, em fases apropriadas, avaliações críticas sistemáticas do projeto e desenvolvimento, de acordo com disposições planejadas (ver 7.3.1) para:
a) avaliar a capacidade dos resultados do projeto e desenvolvimento em atender aos requisitos;
b) identificar qualquer problema e propor as ações necessárias.
Entre os participantes dessas avaliações críticas devem estar incluídos representantes das funções envolvidas com o(s) estágio(s) do projeto e desenvolvimento que está(ão) sendo avaliado(s) criticamente. Devem ser mantidos registros dos resultados das avaliações críticas e de quaisquer ações necessárias (ver 4.2.4).

A avaliação do desenvolvimento é feita em grupo. É preciso avaliar se os problemas que ocorreram no desenvolvimento foram solucionados a contento, se o resultado é adequado, se os requisitos dos clientes foram atendidos e se a produção econômica pode ser realizada.

Verificação de projeto e desenvolvimento

A verificação deve ser realizada conforme disposições planejadas (ver 7.3.1), para assegurar que as saídas do projeto e desenvolvimento estejam atendendo aos requisitos de entrada do projeto e desenvolvimento. Devem ser mantidos registros dos resultados da verificação e de quaisquer ações necessárias (ver 4.2.4).

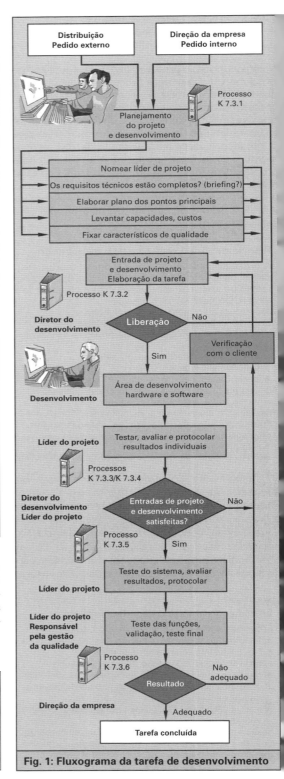

Fig. 1: Fluxograma da tarefa de desenvolvimento

1.3 Norma NBR ISO 9000:2005 e seguintes

Validação do desenvolvimento

Uma validação do desenvolvimento deve ser realizada de acordo com regras planejadas (veja planejamento do projeto e desenvolvimento), para garantir que o produto resultante esteja em condições de atender aos requisitos da aplicação e do uso predefinidos. Se possível, a validação (tab. 1) deve estar concluída antes da remessa do produto ou sua introdução no mercado. É preciso fazer registros sobre os resultados da validação e sobre medidas de ajuste necessárias.

Convém diferenciar entre produtos desenvolvidos para atender aos desejos dos clientes e os desenvolvidos para atender aos requisitos do mercado. Modificações do desenvolvimento são documentadas em forma de ordens de modificação com a anuência das áreas envolvidas (fig. 1). O solicitante da modificação precisa justificar a modificação e descrever os seus efeitos.

Controle de alterações (modificações) de projeto e desenvolvimento

Alterações de projeto e desenvolvimento devem ser identificadas e registros devem ser mantidos. As alterações devem ser avaliadas criticamente, verificadas e validadas, como apropriado, e aprovadas antes de sua implementação. A avaliação crítica das alterações de projeto e desenvolvimento deve incluir a avaliação do efeito das alterações em partes componentes e no produto já entregue. Devem ser mantidos registros dos resultados da avaliação crítica de alterações e de quaisquer ações necessárias (ver 4.2.4).

Fig. 1: Pedido de modificação de um engenheiro mecânico

Tab. 1: Definição de termos

Termo	Definição
Organização	Grupo de pessoas e instalações com uma rede de responsabilidades, competências e relações, por exemplo: companhias, sociedades anônimas, corporações, empresas, instituições, organizações de utilidade pública, associações, etc.
Processo	Série de atividades com relações cruzadas e interdependentes que transformam entradas em resultados.
Produto	Resultado de um ou mais processos. Há 4 categorias reconhecidas de produtos: serviços, hardware, software e produtos técnicos.
Projeto	Processo único, que consiste de um conjunto de atividades acordadas com data de início e de fim, realizado para alcançar um objetivo que atenda a requisitos específicos, em que estão incluídos limitações de tempo, custos e demais recursos.
Verificação	É a confirmação, por uma prova objetiva, de que os requisitos fixados foram atendidos.
Validação	É a confirmação, com uma prova objetiva, de que os requisitos para um uso específico foram atendidos.

1.3.5.4 Aquisição

> Capítulo 7.4 da norma

O capítulo aquisição (fig. 1) é subdivido em 3 áreas, como na norma antiga. A novidade consiste de uma aplicação modificada dos termos. A cadeia de fornecimento consiste de

Fornecedor → organização → cliente (fig. 2).

Nos requisitos dos clientes ao produto, é preciso considerar também as matérias-primas, os materiais, os elementos comprados e os processos executados externamente. Na avaliação e decisão sobre a aplicabilidade de tais pré-produtos e componentes, é necessário considerar as expectativas do cliente, da distribuição e da produção (fig. 1, página 41).

Os diferentes tipos de produtos – produtos em série, unitários, especiais ou comerciais – requerem diferentes níveis de especificações para encomenda e também de controles das remessas (lotes). Essas especificações dos produtos a serem comprados são fixadas pela área de desenvolvimento ou de prestação de serviços. Elas precisam ser verificadas e aprovadas.

Os requisitos básicos dos produtos são determinados pelas especificações das aquisições. Os testes para verificação devem ser adequados e são influenciados pelos resultados de testes anteriormente realizados. O resultado é usado na avaliação dos fornecedores. Uma relação estreita entre entrada de materiais (recebimento) e compras torna a realização dessa tarefa mais eficiente.

Processo de aquisição
A organização deve assegurar que o produto adquirido está conforme com os requisitos especificados de aquisição. O tipo e extensão do controle aplicado ao fornecedor e ao produto adquirido devem depender do efeito do produto adquirido na realização subsequente do produto ou no produto final.
A organização deve avaliar e selecionar fornecedores com base na sua capacidade de fornecer produtos de acordo com os requisitos da organização. Critérios para seleção, avaliação e reavaliação devem ser estabelecidos. Devem ser mantidos registros dos resultados e de quaisquer ações necessárias, oriundas da avaliação (ver 4.2.4).

Informações de aquisição
As informações de aquisição devem descrever o produto a ser adquirido e incluir, onde apropriado, requisitos para:
a) aprovação de produtos, procedimentos, processos e equipamentos;
b) qualificação de pessoal;
c) sistema de gestão da qualidade.
A organização deve assegurar a adequação dos requisitos de aquisição especificados antes da comunicação destes ao fornecedor.

Verificação do produto adquirido
A organização deve estabelecer e implementar inspeção ou outras atividades necessárias para assegurar que o produto adquirido atende aos requisitos de aquisição especificados.
Quando a organização ou seu cliente pretender executar a verificação nas instalações do fornecedor, a organização deve declarar nas informações de aquisição as providências de verificação pretendidas e o método de liberação do produto.

7.4 Aquisição

7.4.1 Processo de aquisição
7.4.2 Informações de aquisição
7.4.3 Verificação do produto adquirido

Fig. 1: Estrutura da norma ISO 9001:2005, processo 7.4

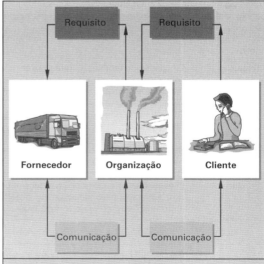

Fig. 2: Cadeia de fornecimento

1.3 Norma NBR ISO 9000:2005 e seguintes

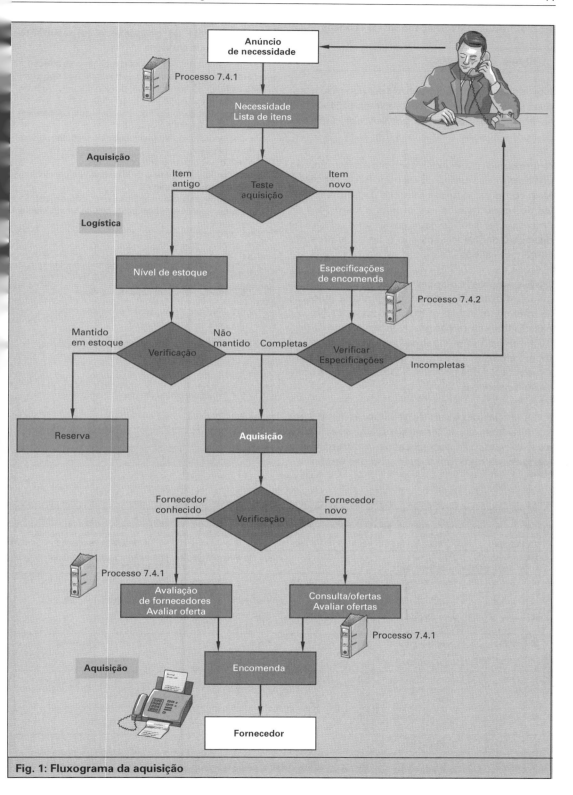

Fig. 1: Fluxograma da aquisição

1.3.5.5 Produção e fornecimento de serviços

> Capítulo 7.5 da norma

A produção e o fornecimento de serviços são tratados como finalidade de existência da organização na nova norma orientada por processos, e suas componentes são destacadas (fig. 1).

A norma não requer explicitamente a determinação por escrito das ordens e instruções de processo. Mas, como os decursos internos da empresa são, via de regra, fixados nas ordens e instruções de processo, faz sentido estabelecer uma relação na descrição dos processos sob o título "outros documentos válidos".

Muitas empresas dispõem sobre listas de peças, planos de trabalho, desenhos técnicos, guias de acompanhamento e outros documentos (fig. 2). Esses documentos são associados à ordem de produção de forma manual ou com auxílio de tratamento eletrônico de dados e servem de guia para a preparação dos pedidos, a fabricação ou a prestação de serviços.

A sequência dos passos de trabalho, as instalações produtivas a utilizar, testes e trabalho executados externamente são especificados, e o trabalhador responsável confirma a realização das tarefas.

7.5.1 Controle de produção e fornecimento (prestação) de serviços

A organização deve planejar e realizar a produção e o fornecimento de serviços sob condições controladas. Condições controladas devem incluir, quando aplicável:
a) a disponibilidade de informações que descrevam as características do produto;
b) a disponibilidade de instruções de trabalho, quando necessário;
c) o uso de equipamentos adequados;
d) a disponibilidade e uso de dispositivos para monitoramento e medição;
e) a implementação de medição e monitoramento;
f) a implementação da liberação, entrega e atividades pós-entrega.

7.5 Produção e execução de serviços

7.5.1 Controle de produção e fornecimento prestação de serviço

7.5.2 Validação dos processos de produção e fornecimento de serviço

7.5.3 Identificação e rastreabilidade

7.5.4 Propriedade do cliente

7.5.5 Preservação do produto

Fig. 1: Estrutura da norma ISO 9001:2005, processo 7.5

Eletrônica GmbH				Plano de fabricação							
Data: 27.11.2006			Início 260	Fim 310		Quantidade 250		N. lote 0	N. ident.	N. da ordem/n. do produto LP-KRP01-05402-003	
Denominação Cabo de adaptador – posto de teste							Data modificação		Folha n. 1/1	Data elaboração 03.10.2006	Planejador KiA
ptr n.	Centro de custos	APL n.	Passo de trabalho	tr (min)	te (min)	Código	Tempo para ordem min	N. peças/ retrabalho		Fabri-cação	Garantia da qualidade	Observação, documento, modificação
10	L100		Ler e verificar ordem	2,0	25,0		25,0					
20	P210		Fazer cabo, cortar no comprimento, isolar, estanhar	2,0	0,9		225,0					Desenho KRP01- 05402-000
30	P210		Montar adaptador no cabo segundo plano	5,0	3,2		800,0					Plano de circuito KRP01-05401-000
40	K320		Teste com vibrador	1,0	0,2		50,0					
50	K330		Controle final									

Fig. 2: Plano de fabricação (ptr = passo de trabalho; tr = tempo de preparação; te = tempo de execução)

1.3 Norma NBR ISO 9000:2005 e seguintes

A norma requer que os processos de produção e de prestação de serviços levem, comprovadamente, aos bons resultados planejados e reproduzíveis, sobretudo dos processos que não podem ser controlados por observação e medições no produto pronto.

Para poder avaliar isso, fazem-se comparações entre o real e o planejado. Em caso de desvios de processo, é preciso ajustar a continuação dos procedimentos para que se possa ainda obter um resultado aceitável, também pela inclusão de passos adicionais (retrabalho) (fig. 1, página 44).

Internamente, a identificação dos produtos semiacabados e acabados é feita com auxílio das anotações nos documentos que os acompanham no fluxo. O passo de trabalho realizado a contento é assinalado como tal nos documentos, ou sua conclusão é anunciada num sistema de coleta de dados. Um rastreio do produto final só é necessário se isso for um requisito especificado pelo cliente, pela empresa, pelo mercado ou por dispositivo legal.

O rastreio também pode abranger matérias-primas, carregamentos, lotes e receitas.

As propriedades do cliente podem incluir, além de materiais a serem trabalhados (peças brutas, semiacabadas, meadas, etc.), peças a serem instaladas e ferramentas e meios para testes disponibilizados. O cliente também pode ter disponibilizado informações e conhecimentos em desenhos, descrições de processos ou softwares, propriedades a proteger igualmente. Isso também inclui produtos encomendados e entregues em lotes subsequentes.

Cada componente requer um tratamento adequado pelos processos – do recebimento até o seu local de destino definitivo, da peça individual até o produto final – para evitar trocas, perdas e avarias.

7.5.2 Validação dos processos de produção e fornecimento de serviço

A organização deve validar quaisquer processos de produção e fornecimento de serviços onde a saída resultante não possa ser verificada por monitoramento ou medição subsequente. Isso inclui quaisquer processos onde as deficiências só fiquem aparentes depois que o produto esteja em uso ou o serviço tenha sido entregue.

A validação deve demonstrar a capacidade desses processos de alcançar os resultados planejados. A organização deve tomar as providências necessárias para esses processos, incluindo, quando aplicável:
a) critérios definidos para a análise crítica e aprovação dos processos;
b) aprovação de equipamento e qualificação de pessoal;
c) uso de métodos e procedimentos específicos;
d) requisitos para registros (ver 4.2.4);
e) revalidação.

7.5.3 Identificação e rastreabilidade

Quando apropriado, a organização deve identificar o produto por meios adequados ao longo da realização dele. A organização deve identificar[1] a situação do produto no que se refere aos requisitos de monitoramento e de medição. Quando a rastreabilidade é um requisito, a organização deve controlar e registrar a identificação única do produto (ver 4.2.4).

7.5.4 Propriedade do cliente

A organização deve ter cuidado com a propriedade[2] do cliente quando estiver sob o controle da organização ou sendo usada por ela. A organização deve identificar, verificar, proteger e salvaguardar a propriedade do cliente fornecida para uso ou incorporação no produto. Se qualquer propriedade do cliente for perdida, danificada ou considerada inadequada para uso, isso deve ser informado ao cliente e devem ser mantidos registros (ver 4.2.4).

7.5.5 Preservação do produto

A organização deve preservar a conformidade do produto durante processo interno e entrega no destino pretendido. Esta preservação deve incluir identificação, manuseio, embalagem, armazenamento e proteção. A preservação também deve ser aplicada às partes constituintes de um produto.

---

[1] Em alguns setores da economia, faz-se gestão da configuração como meio de garantir a identificação e a rastreabilidade.

[2] Propriedade do cliente pode incluir propriedade intelectual.

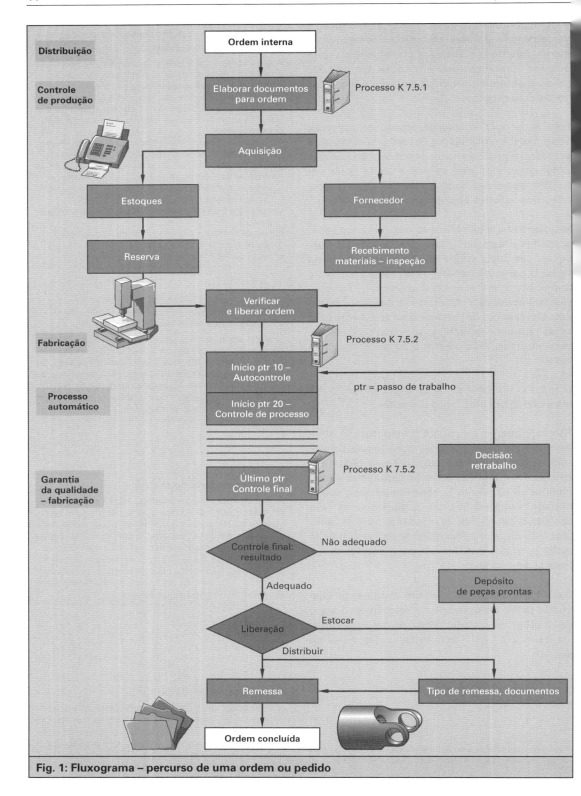

Fig. 1: Fluxograma – percurso de uma ordem ou pedido

1.3.5.6 Controle de dispositivos de medição e monitoramento

Capítulo 7.6 da norma (fig. 1)

A organização deve determinar as medições e os monitoramentos a serem realizados e os dispositivos de medição e monitoramento necessários para evidenciar a conformidade do produto com os requisitos determinados (ver 7.2.1). A organização deve estabelecer processos para assegurar que medição e monitoramento possam ser realizados e são executados de uma maneira coerente com os requisitos de medição e monitoramento. Quando for necessário assegurar resultados válidos, o dispositivo de medição deve ser:
a) calibrado ou verificado a intervalos especificados e antes do uso, contra padrões de medição rastreáveis a padrões de medição internacionais ou nacionais; quando esse padrão não existir, a base usada para calibração ou verificação deve ser registrada;
b) ajustado ou reajustado, quando necessário;
c) identificado para possibilitar que a situação da calibração seja determinada;
d) protegido contra ajustes que possam invalidar o resultado da medição;
e) protegido de dano e deterioração durante o manuseio, manutenção e armazenamento.

Adicionalmente, a organização deve avaliar e registrar a validade dos resultados de medições anteriores quando constatar que o dispositivo não está conforme com os requisitos. A organização deve tomar ação apropriada no dispositivo e em qualquer produto afetado. Registros dos resultados de calibração e verificação devem ser mantidos (ver 4.2.4).

Quando usado sistema computacional na medição e monitoramento de requisitos especificados, deve ser confirmada a adequação do software para satisfazer a aplicação pretendida. Isso deve ser feito antes do uso inicial e reconfirmado, se necessário.

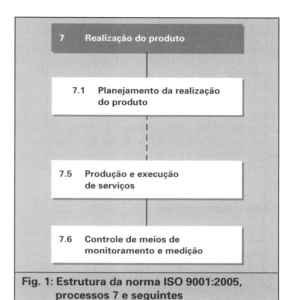

Fig. 1: Estrutura da norma ISO 9001:2005, processos 7 e seguintes

Exemplo 1: Oferta de prestação de serviço de um laboratório de calibração de meios de medição

Nossos serviços:
- A devolução de seus meios de medição ocorre na data acordada.
- Caso desejado, calibramos também em cerca de um dia útil anteriormente acordado ou durante suas férias coletivas. Seus meios de medição são limpos, temperados e, depois da calibração, conservados adequadamente.
- A calibração é feita em dispositivos de medição cuja insegurança de medição é tecnicamente ajustada à tarefa de medição, em ambiente climatizado e por técnicos qualificados na área de medições precisas.
- Calibramos orientados pelas diretrizes da VDI/VDE/DGQ 2618. Havendo necessidades também são usadas outras recomendações DIN ou normas empresariais específicas.
- Os resultados das medições são adequadamente protocolados e depois arquivados em nosso banco de dados.
- Todos os meios de medição – após calibrados – podem ser identificados gratuitamente com uma plaqueta em que se inscreve a data de vencimento da próxima calibração. Podemos usar também seus símbolos de identificação.
- Decorrido o intervalo de validade da calibração, podemos requerer, no mês de vencimento, os meios de medição para nova calibração.
- Damos consultoria em todas as questões de compra e manutenção de meios de medição, por exemplo, na determinação de intervalos de calibração, na identificação ou em normas necessárias, etc.

Como na velha norma, precisam ser identificados, calibrados, etc. somente os dispositivos de medição que afetam diretamente a qualidade do produto.
Os dispositivos de medição utilizados para testar a conformidade de produtos com um requisito fixo só precisam estar calibrados para esse valor. Isso simplifica as coisas para o trabalhador: ele só observa a diferença entre o real e o que deve ser e percebe logo quando estiver usando o dispositivo errado. Para o controle dos dispositivos de medição e teste, muitas empresas fazem uso da calibração externa documentada (exemplo 1).

1.3.6 Medição, análise e melhoria

> Capítulo 8 da norma (fig. 1)

Esse capítulo descreve requisitos gerais para os processos de monitoramento, medição, análise e melhoria da organização. Na nova norma, todas essas atividades são agrupadas. Isso tem efeitos sobre o sistema de gestão da qualidade, sobre os processos de realização dos produtos e também sobre os próprios produtos e serviços. Com os processos de monitoramento, medição, análise e melhoria requeridos, almejam-se a comprovação da conformidade do produto, a garantia da conformidade do sistema de gestão da qualidade e a melhoria contínua de ambos.

1.3.6.1 Generalidades

> A organização deve planejar e implementar os processos necessários de monitoramento, medição, análise e melhoria para:
> a) demonstrar a conformidade do produto;
> b) assegurar a conformidade do sistema de gestão da qualidade;
> c) melhorar continuamente a eficácia do sistema de gestão da qualidade.
> Isso deve incluir a determinação de métodos aplicáveis, incluindo técnicas estatísticas, e a extensão de seu uso.

O aspecto da melhoria contínua é novo na norma. O circuito de controle que se fecha com a melhoria contínua é fortalecido na medida em que os resultados dos monitoramentos, medições, análises e melhorias entram como *input* da avaliação da gestão.

1.3.6.2 Monitoramento e medição

Nos monitoramentos e medições da satisfação dos clientes, dos decursos internos, dos processos individuais e da conformidade do produto, confrontam-se os valores obtidos com os planejados. A avaliação das diferenças constitui base segura para a introdução de medidas que conduzem a melhorias (fig. 2).

> **Satisfação dos clientes**
> Como uma das medições do desempenho do sistema de gestão da qualidade, a organização deve monitorar informações relativas à percepção do cliente sobre se a organização atendeu aos requisitos do cliente. Os métodos para obtenção e uso dessas informações devem ser determinados.

Como medida do desempenho do sistema de gestão da qualidade, vale o monitoramento da satisfação do cliente (exemplo 1). Somente a oferta que satisfaz o cliente conduz a pedidos. Também a apresentação do produto que desperta interesse gera clientes. Em muitas empresas, a satisfação do cliente é menosprezada; supõe-se que tudo foi benfeito se o produto está sendo vendido. Isso pode ser um engano; talvez se pudesse vender muito mais.

> **Exemplo 1: Medição da satisfação do cliente**
> A organização tem diversos clientes comerciais, identificáveis individualmente, que compram regularmente produtos da empresa. O desenvolvimento do faturamento é observado e as informações são colocadas à disposição da direção em forma gráfica. O desenvolvimento do faturamento vale como indicador da satisfação do cliente. Avaliação do auditor: o requisito da norma está totalmente atendido.

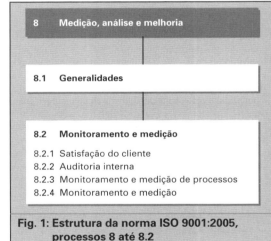

Fig. 1: Estrutura da norma ISO 9001:2005, processos 8 até 8.2

Fig. 2: Satisfação do cliente

1.3 Norma NBR ISO 9000:2005 e seguintes

Auditoria interna (fig. 1)

A organização deve executar auditorias internas a intervalos planejados para determinar se o sistema de gestão da qualidade:
a) está conforme com as disposições planejadas (ver 7.1), com os requisitos desta norma e com os requisitos do sistema de gestão da qualidade estabelecidos pela organização;
b) está mantido e implementado eficazmente.
Um programa de auditoria deve ser planejado levando em consideração a situação e a importância dos processos e áreas a serem auditadas, bem como os resultados de auditorias anteriores. Os critérios da auditoria, escopo, frequência e métodos devem ser definidos. A seleção dos auditores e a execução das auditorias devem assegurar objetividade e imparcialidade do processo de auditoria. Os auditores não devem auditar seu próprio trabalho. As responsabilidades e os requisitos para planejamento e para execução de auditorias e para relatar os resultados e manutenção dos registros (ver 4.2.4) devem ser definidos em um procedimento documentado. O responsável pela área a ser auditada deve assegurar que as ações sejam executadas, sem demora indevida, para eliminar não conformidades detectadas e suas causas. As atividades de acompanhamento devem incluir a verificação das ações executadas e o relato dos resultados de verificação (ver 8.5.2).

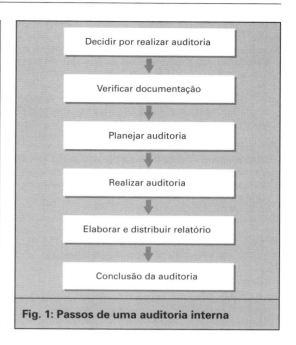

Fig. 1: Passos de uma auditoria interna

Auditorias internas da qualidade servem para a verificação do sistema de gestão da qualidade e constatam se o sistema foi implementado de forma eficaz (fig. 2). No que diz respeito aos auditores, a nova norma vem ao encontro da difícil situação encontrada em pequenas empresas, em que a total independência dos auditores é praticamente impossível, requerendo tão somente que sejam objetivos, sem partidarismo e que não auditem seu próprio trabalho.
Para a eliminação de defeitos e suas causas, são necessárias medidas corretivas a serem realizadas sem demora (fig. 3).

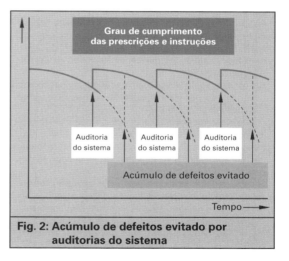

Fig. 2: Acúmulo de defeitos evitado por auditorias do sistema

Controle e medição de processos

A organização deve aplicar métodos adequados para monitoramento e, quando aplicável, para medição dos processos do sistema de gestão da qualidade. Esses métodos devem demonstrar a capacidade dos processos em alcançar os resultados planejados. Quando os resultados planejados não são alcançados, devem ser efetuadas as correções e executadas as ações corretivas, como apropriado, para assegurar a conformidade do produto.

Fig. 3: Circuito de controle: auditoria – medidas corretivas

Controle e medição (fig. 1)

A organização deve medir e monitorar os características do produto para verificar se os requisitos do produto têm sido atendidos. Isso deve ser realizado em estágios apropriados do processo de realização do produto, de acordo com as providências planejadas (ver 7.1). A evidência de conformidade com os critérios de aceitação deve ser mantida. Os registros devem indicar a(s) pessoa(s) autorizada(s) a liberar o produto (ver 4.2.4). A liberação do produto e a entrega do serviço não devem prosseguir até que todas as providências planejadas (ver 7.1) tenham sido satisfatoriamente concluídas, a menos que aprovado de outra maneira por uma autoridade pertinente e, quando aplicável, pelo cliente.

1.3.6.3 Controle de produto não conforme

Controle de produto não conforme (fig. 2)

A organização deve assegurar que produtos que não estejam conformes com os requisitos do produto sejam identificados e controlados para evitar seu uso ou entrega não intencional. Os controles e as responsabilidades e autoridades relacionadas para lidar com produtos não conformes devem ser definidos em um procedimento documentado. A organização deve tratar os produtos não conformes por uma ou mais das seguintes formas:
a) execução de ações para eliminar a não conformidade detectada;
b) autorização do seu uso, liberação ou aceitação sob concessão por uma autoridade pertinente e, onde aplicável, pelo cliente;
c) execução de ação para impedir o seu uso pretendido ou aplicação originais.

Devem ser mantidos registros sobre a natureza das não conformidades e quaisquer ações subsequentes executadas, incluindo concessões obtidas (ver 4.2.4). Quando o produto não conforme for corrigido, ele deve ser verificado novamente para demonstrar conformidade com os requisitos. Quando a não conformidade do produto for detectada após a entrega ou início de seu uso, a organização deve tomar as ações apropriadas em relação aos efeitos ou potenciais efeitos da não conformidade.

Além dos produtos finais, é preciso inspecionar também os antecedentes, como materiais, peças, grupos de montagem, processos realizados externamente e serviços comprados. Tudo precisa contribuir para alcançar os objetivos da qualidade do produto final, razão pela qual tudo precisa ser inspecionado. O tipo de inspeção e os registros a serem mantidos (fig. 1) são determinados pela empresa, tendo em vista os requisitos a serem atendidos.

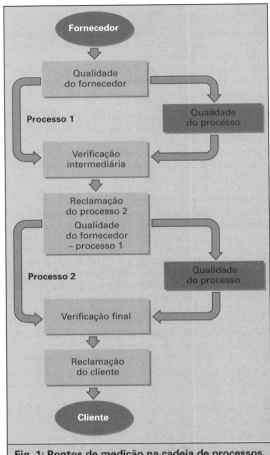

Fig. 1: Pontos de medição na cadeia de processos

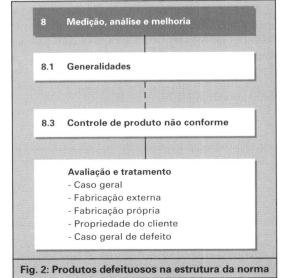

Fig. 2: Produtos defeituosos na estrutura da norma

1.3 Norma NBR ISO 9000:2005 e seguintes

Na detecção de produtos com defeitos, objetiva-se evitar que sejam utilizados ou remetidos ao cliente (exemplo 1). É preciso constatar as causas dos defeitos, não basta administrá-los. Defeitos perturbam os decursos e aumentam custos.
A norma também se refere a medidas corretivas quando o produto já está no mercado, incluindo ações de *recall*.
A norma define defeito como o não atendimento a um requisito. É preciso diferenciar entre defeito e falta ou deficiência ou insuficiência; essa última é definida como o não atendimento de um requisito relacionado com o uso pretendido do produto. Na Alemanha, o termo insuficiência tem significado legal e deve ser usado com reservas.

> **Exemplo 1: Controle de produtos não conformes**
> Um fabricante de produtos pequenos e leves de hardware tem um procedimento para comunicar a existência de produto não conforme em formulário. Ele guarda todas as peças classificadas como defeituosas num depósito de "interditados". Enquanto as peças defeituosas estiverem na fabricação, são guardadas em contêineres vermelhos para tal finalidade. De acordo com o manual de gestão da qualidade, o chefe da área da qualidade é responsável pela disposição de produtos defeituosos (avaliação 1).
> Numa auditoria, foi comunicada a existência de uma peça defeituosa no formulário. O responsável decidiu-se por um retrabalho, anotando a decisão no formulário. O retrabalho foi realizado (avaliação 1), contudo não houve registro disso nem da realização de novos testes (avaliação 3).
> Avaliação 1: requisito da norma foi atendido,
> Avaliação 3: requisito da norma foi parcialmente atendido, o grau de atendimento não é aceitável. Há um desvio.

1.3.6.4 Análise de dados

> A organização deve determinar, coletar e analisar dados apropriados para demonstrar a adequação e eficácia do sistema de gestão da qualidade e para avaliar onde melhorias contínuas da eficácia do sistema de gestão da qualidade podem ser realizadas. Isso deve incluir dados gerados como resultado do monitoramento e das medições e de outras fontes pertinentes.
> A análise de dados deve fornecer informações relativas a:
> a) satisfação de clientes (ver 8.2.1);
> b) conformidade com os requisitos do produto (ver 7.2.1);
> c) características e tendências dos processos e produtos, incluindo oportunidades para ações preventivas;
> d) fornecedores.

A análise se baseia em dados importantes oriundos dos processos determinantes da qualidade obtidos por medição e monitoramento (fig. 1). A análise gera o *output* requerido dos processos de:
- auditoria interna,
- controle de produtos não conformes,
- medidas corretivas,
- medidas preventivas.

Com isso, podem ser verificadas a adequação e a eficácia do sistema de gestão da qualidade e as possibilidades de melhorias. Também é necessário analisar dados sobre a satisfação do cliente, o que inclui a avaliação das reclamações, suas causas e a introdução de medidas para eliminá-las.

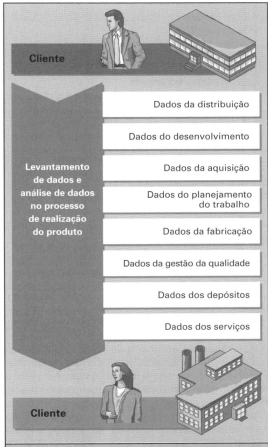

Fig. 1: Levantamento de dados no processo de realização do produto

1.3.6.5 Melhoria

> **8.5.1 Melhoria contínua (fig. 1)**
>
> A organização deve continuamente melhorar a eficácia do sistema de gestão da qualidade por meio do uso de política da qualidade, objetivos da qualidade, resultados de auditorias, análise de dados, ações corretivas e preventivas, e avaliação crítica pela direção.

Esse processo dinamiza a gestão da qualidade em empresas de pequeno e médio porte. Uma correção consiste em eliminar um defeito; uma medida corretiva trata de eliminar as causas de um defeito ou insuficiência, e uma medida preventiva procura evitar a ocorrência de defeitos. Sugestões de melhorias, auditorias internas e qualificação são medidas preventivas. Para a implementação da melhoria contínua, convém esclarecer:
– Quem é responsável?
– Quem executa?
– Até quando?

> **8.5.2 Medidas corretivas**
>
> A organização deve executar ações corretivas para eliminar as causas de não conformidades, de forma a evitar sua repetição. As ações corretivas devem ser apropriadas aos efeitos das não conformidades encontradas. Um procedimento documentado deve ser estabelecido para definir os requisitos para:
> a) avaliação crítica de não conformidades, incluindo reclamações de clientes;
> b) determinação das causas de não conformidades;
> c) avaliação da necessidade de ações para assegurar que aquelas não conformidades não ocorrerão novamente;
> d) determinação e implementação de ações necessárias;
> e) registro dos resultados de ações executadas (ver 4.2.4);
> f) avaliação crítica de ações corretivas executadas.

A norma requer a tomada de medidas corretivas para eliminar as causas de defeitos constatados. É preciso impedir que tais defeitos tornem a ocorrer. As medidas corretivas precisam ser adequadas e executadas segundo um procedimento documentado. A norma também requer a tomada de medidas preventivas para eliminação de causas de possíveis defeitos ainda não ocorridos. Os resultados de medidas preventivas tomadas devem ser registrados.

> **8.5.3 Medidas preventivas**
>
> A organização deve definir ações para eliminar as causas de não conformidades potenciais, de forma a evitar sua ocorrência. As ações preventivas devem ser apropriadas aos efeitos dos problemas potenciais. Um procedimento documentado deve ser estabelecido para definir os requisitos para:
> a) definição de não conformidades potenciais e suas causas;
> b) avaliação da necessidade de ações para evitar a ocorrência de não conformidades;
> c) definição e implementação de ações necessárias;
> d) registros de resultados de ações executadas (ver 4.2.4);
> e) avaliação crítica de ações preventivas executadas.

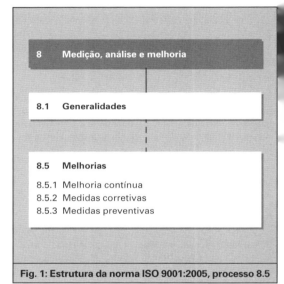

Fig. 1: Estrutura da norma ISO 9001:2005, processo 8.5

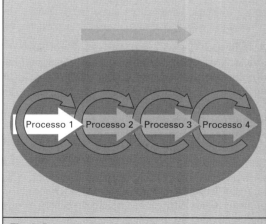

Fig. 2: Processos de melhoria grandes e pequenos

1.4 A certificação de uma empresa

1.4.1 Observações iniciais

1.4.1.1 O que caracteriza uma empresa certificada?

Com a certificação, uma empresa prova que seus processos são realizados segundo uma certa norma. A verificação dos processos mais importantes na empresa é feita por um agente externo e neutro e confirmada com um certificado (fig. 1). Os certificadores[1] alemães mais conhecidos são: DGQ, DEKRA e TÜV.

Fig. 1: A empresa certificada

A norma NBR ISO 9001:2005 sobre gestão da qualidade estabelece os requisitos e é a referência mais importante. Os principais requisitos dessa norma precisam ser atendidos com prova documental:

- A direção da empresa é responsável pela implementação e manutenção dos requisitos da norma.
- A empresa define objetivos de qualidade, conhecidos e perseguidos por todos na organização.
- O cliente e a sua satisfação estão firmemente ancorados na norma.
- Um objetivo obrigatório para toda empresa é a melhoria contínua de seu sistema de gestão da qualidade.
- A verificação regular dos processos reais é feita mediante auditorias internas.
- Depois de cada ano, um auditor externo acreditado realiza nova auditoria.

Um cliente comercial certificado tem grande interesse em comprar de empresas também certificadas. As empresas certificadas mostram visivelmente que se comprometeram com a qualidade de seus processos e a satisfação do cliente.

Essa auto-obrigação de proceder com consciência de qualidade e orientada para o cliente, a manutenção das provas disso e o emprenho em analisar e melhorar seus processos e submetê-los à auditoria externa diferenciam empresas certificadas de não certificadas.

Fig. 2: Sinal de certificação da qualidade em papel ofício

1.4.1.2 Qual a norma certa de gestão da qualidade?

A norma central de gestão da qualidade é a norma internacional ISO 9001:2005. Com o prefixo NBR, comunica-se que ela vale como norma brasileira. Nela se baseiam as demais normas. Essa norma é aplicável em empresas que desenvolvem e produzem seus produtos ou apenas os produzem em empresas prestadoras de serviços e nas que executam ofícios práticos e têm outras empresas como clientes (fig. 1, p. 52). Para a indústria automobilística mundial, ela é insuficiente.

---

[1] Nota da tradutora: No Brasil, há diversos organismos de certificação acreditados pelo Inmetro. Por exemplo: ABNT, IQA, FCAV, Tecpar, IFI.

A norma NBR ISO 9004:2005 contém recomendações para a melhoria do desempenho da qualidade em relação à NBR ISO 9001:2005, sendo que não há o que certificar nesse caso. Ela serve para refinar o sistema de gestão da qualidade e preparar a empresa para o atendimento de requisitos mais restritivos de outras normas. A indústria automobilística mundial ampliou a norma NBR ISO 9001:2005 para suas aplicações específicas.

Os requisitos de gestão da qualidade da indústria automobilística alemã foram fixados em 18 volumes (VDE 1 a VDE 18). Os requisitos para certificação de uma empresa estão descritos no volume 6. Os produtores norte-americanos acordaram o padrão QS 9000[1] na década de 1990.

Uma aproximação entre QS 9000 e VDE 6 por consequência da globalização e o aprimoramento da norma ISO 9001 levaram ao desenvolvimento da especificação técnica ISO/TS 16949, precursora de uma nova norma internacional adequada para a indústria automobilística[2]. Ela se baseia na ISO 9001:2005 e amplia a norma para incluir os requisitos específicos dessa indústria (fig. 2).

[1] As normas mais importantes da série são:
– *Quality System Requirements* (requisitos do sistema de gestão da qualidade),
– *Advanced Product Quality Planning and Control Plan* (planejamento da qualidade do produto e plano de controle),
– *Production Part Approval Process* (procedimento para liberação de parte da produção),
– *Measurement Systems Analysis* (análise de sistemas de medição),
– *Statistical Process Control (SPC)* (controle estatístico de processos),
– *Potential Failure Mode and Effects Analysis (FMEA)* (análise de modos de falha e efeitos).

[2] Nota da tradutora: A indústria automobilística mundial constituiu uma força-tarefa *International Automotive Task Force* (IATF) e, com base na norma ISO 9001 e em normas e recomendações alemãs, italianas e francesas, foi acordada a especificação técnica ISO/TS 16949 (2ª edição – 2002), e os sistemas de gestão da qualidade dessa indústria – incluindo os fornecedores – podem/devem ser certificados segundo ela.

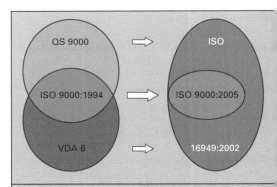

Fig. 2: Desenvolvimento das normas sobre gestão da qualidade

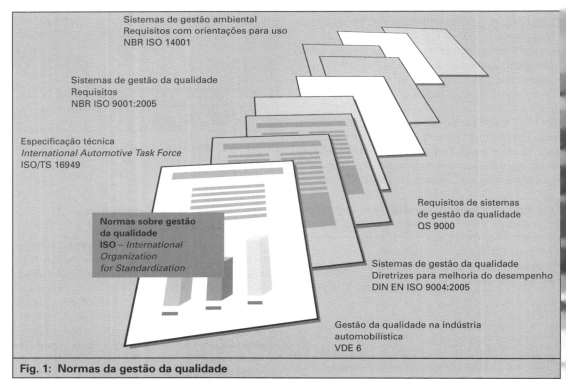

Fig. 1: Normas da gestão da qualidade

1.4 A certificação de uma empresa

Gestão ambiental

A norma NBR ISO 14001:2004 Gestão ambiental – requisitos com orientações para uso – tem estrutura e mecanismos semelhantes à norma ISO 9000 (fig. 1). Com ela a empresa objetiva evitar ou reduzir impactos ambientais.

Essa norma internacional é aplicável em toda empresa que pretende:
a) Implementar, manter e melhorar um sistema de gestão ambiental;
b) Assegurar conformidade com sua própria política ambiental;
c) Comprovar a conformidade;
d) Certificar seu sistema de gestão ambiental por auditor externo;
e) Autocontrole e autodeclaração de conformidade com esta norma.

Convém considerar os seguintes aspectos ambientais:
- Emissões atmosféricas,
- Emissões nos cursos d'água,
- Resíduos,
- Contaminação de solo,
- Uso de matérias-primas e recursos naturais,
- Outros desejos ambientais e sociais locais.

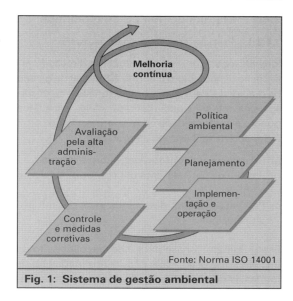

Fig. 1: Sistema de gestão ambiental

1.4.1.3 Para que uma gestão da qualidade certificada?

De um sistema de gestão da qualidade certificado decorrem mudanças significativas nos decursos e procedimentos internos e externos da empresa (fig. 2). Objetivos claros e prescrições definidos no manual de gestão da qualidade determinam os processos principais na empresa. Os processos são definidos com suas entradas e seus resultados (saídas) e orientados para a satisfação do cliente.

Com as auditorias internas, externas e do sistema garante-se que todos os processos são verificados e, se não conformes, redefinidos e adequados. A frase "Sempre fizemos isso assim!" não tem mais lugar na empresa.

Para a comunicação externa, é importante poder mencionar o certificado. Para a indústria fornecedora da automobilística, a certificação é pré-requisito para se tornar fornecedor. Em geral, requer-se desempenhos superiores aos requeridos pela norma ISO 9004:2005.

Fig. 2: Efeitos para dentro e para fora

1.4.2 Manual de gestão da qualidade

1.4.2.1 Preparativos para documentação

Para alcançar o primeiro patamar em direção à certificação, é necessário elaborar o manual de gestão da qualidade. Para isso, é preciso analisar os decursos existentes e a documentação deles e testá-los quanto à conformidade com a norma. Como resultado, obtêm-se 3 grupos de processos:

a) Processos em conformidade com a norma,
b) Processos parcialmente em conformidade com a norma,
c) Processos requeridos, ainda não descritos e introduzidos.

Esse resultado é base para o desenvolvimento de um plano de ação. Nele são determinados quais tarefas as diferentes áreas da empresa têm a executar e em que prazo, até que toda a documentação esteja pronta para ser inserida no manual (fig. 1). A aceitação por parte de afetados obtém-se mais facilmente com o envolvimento deles desde os preparativos.

1.4.2.2 Documentação

A forma da documentação do sistema de gestão da qualidade é livre. Pode-se usar texto ou representação gráfica (fluxogramas, fig. 2).

Resultado da análise da situação presente

Processos estão em conformidade com a norma?

Não conforme	Conforme	Parcialmente conforme

Lista de ações

Unidade funcional	Ação/tarefa
Direção	Nomear responsável pela gestão da qualidade
Distribuição	Definir códigos para os clientes
Desenvolvimento	Introduzir planos de acompanhamento de projetos e monitorá-los
Aquisição	Estabelecer critérios para devolução de compras
Produção	Reformular ordens de trabalho com lugar para nome do executor e garantia da qualidade
Chefias	Levantar necessidade de qualificação continuada

Fig. 1: Elaborar lista de ações

Exemplo:
A documentação do sistema de gestão da qualidade ocorre numa conexão entre o sumário de um texto informativo e a representação gráfica dos decursos dos processos com suas unidades funcionais. Na representação, há conexões com outros processos participantes que podem ser acessados. Todo o sistema de documentação está na rede interna da empresa ou pode ser acessado pela internet. Direitos de acesso e de modificação dependem do usuário.

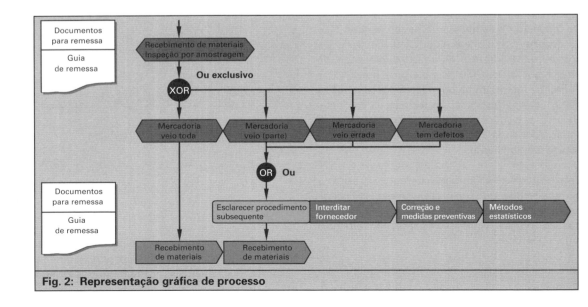

Fig. 2: Representação gráfica de processo

1.4 A certificação de uma empresa

A definição dos conteúdos dos documentos sobre os processos é feita pelos responsáveis pela gestão da qualidade e pela unidade funcional.

Para esclarecer os efeitos cruzados com o entorno, é útil mencionar ou representar o fornecedor – no caso, o processo anterior – e o cliente – no caso, o processo subsequente. Convém definir a unidade funcional responsável, a executora e a participante. Referências cruzadas a documentos igualmente válidos (p. ex., orientações de processo) completam a documentação dos processos.

No cabeçalho da descrição do processo vão o nome, o número e a data da última modificação do processo (fig. 1). No sumário tem-se toda a documentação do manual de gestão da qualidade comprimida, e ela pode ser liberada pela direção da empresa.

1.4.2.3 Tornar conhecido e atualizar

Uma obrigação adicional da direção é tornar o sentido, a finalidade, o conteúdo e os objetivos da qualidade conhecidos por seus trabalhadores. Numa empresa que almeja a certificação, é imprescindível qualificar os trabalhadores. Os objetivos do sistema de gestão da qualidade e outras determinações no manual de gestão da qualidade devem orientar o proceder dos trabalhadores (fig. 2).

O manual de gestão da qualidade descreve responsabilidades, interfaces, decursos e resultados das ações conjuntas das unidades funcionais na empresa, orientadas por objetivos prefixados. Com o desenvolvimento da empresa, desenvolve-se também a documentação do manual do sistema de gestão da qualidade.

Ao menos uma vez por ano, o manual deve ser atualizado. Mudanças na organização e os novos objetivos anuais devem ser acrescentados. De acordo com o tipo de representação do manual de gestão da qualidade, é preciso garantir que os documentos com as modificações foram entregues onde necessário, e não haja documentos obsoletos em uso na empresa.

Fig. 2: Formação em gestão da qualidade

Processo K 7.5.4 EN ISO 9001:2005	Manual de gestão da qualidade **Propriedade do cliente**	Página: 2 de 2 Versão: 1.0 Revisão: **07 junho 2006**

5.0 Descrição de processo e responsabilidades

Input	Decurso da tarefa	*Output*	Produção	Logística	Administração
Guia de remessa do cliente	Comparar peças brutas com guia de remessa, confirmar quantidades	Guia + mercadoria em ordem		D	
Guia + mercadoria em ordem	Armazenar temporariamente peças brutas até início da fabricação	Armazenagem de peças brutas		D	
Peças brutas armazenadas	Liberar peças brutas para revestimento e suspender em dispositivo	Revestimento	D		
Revestimento	Fazer inspeção final, comparar quantidade recebida com a remetida e documentar	Comparação real X desejado	D		
Comparação real X almejado	Escrever guia de remessa	Mercadoria pronta para remessa		M	D

D = execução; V = responsável; G = liberação; P = inspeção; E = decisão; M = participação; IE = entrada de informação; IA = saída de informação

Fig. 1: Exemplo de descrição de processo

1.4.3 Verificação de documentos e auditoria prévia

Fase de implementação
A fase de implementação dos decursos dos processos da empresa precisa ser acompanhada com muita conversa entre as partes. Assim, pode-se resolver os conflitos e problemas que porventura venham a ocorrer.

Dessa forma também devem ser realizadas as ações da lista de ações, e como cada uma foi executada deve ser comunicado às partes. Essa fase de implementação dos requisitos da gestão da qualidade leva tempo e não deve ser atropelada. De acordo com o tamanho e a flexibilidade da empresa, são comuns períodos de 4 a 12 meses (fig. 1). Esse tempo pode ser utilizado para uma verificação do manual por parte de auditor externo. O manual é verificado quanto a estar completo e conforme com a norma da gestão da qualidade. O resultado é registrado em relatório, que traz também sugestões de melhorias a serem implementadas em seguida.

A empresa a ser certificada escolhe um organismo acreditado para certificação e celebra com ele um contrato para auditorias por 3 anos. Essa prestação de serviço abrange:
- Verificação dos documentos,
- Auditoria prévia (opcional),
- Auditoria para certificação,
- Repetição anual da auditoria (3x).

Decorridos os 3 anos, o contrato pode ser prolongado, para o que uma auditoria do sistema com resultado satisfatório é pré-requisito; caso contrário, o certificado perde a validade.

Auditoria prévia
A auditoria prévia é a prova geral para o sistema de gestão da qualidade. Depois de a empresa ter planejado tudo muito bem e realizado auditorias internas, marca-se a auditoria externa prévia.

A base para a auditoria prévia é o manual de gestão da qualidade conferido, atualizado e em uso (fig. 2). A duração da auditoria depende do número de trabalhadores da empresa. Com antecedência, todos os envolvidos devem ser informados sobre as datas e o procedimento de auditoria e convidados a participar.

O grupo de auditoria consiste de um auditor externo, uma pessoa de contato da empresa, o responsável pela gestão da qualidade e o responsável pela direção funcional da área a ser auditada.

O cerne da auditoria é a inspeção da implementação do manual de gestão da qualidade em todos os níveis da estrutura da empresa. Na caminhada pelas instalações, o auditor pergunta a operadores sobre seu trabalho, sobre auditoria e a razão dela.

Uma parte significativa da auditoria são as perguntas diretas aos trabalhadores responsáveis por tarefas de interesse. Seria importante obter a prova da veracidade das respostas. Numa conversa final no dia da auditoria, o auditor faz um resumo dos resultados e diferencia entre observações, recomendações e desvios.

Essa avaliação oral é documentada em um relatório da auditoria e enviada à empresa. Os desvios devem, obrigatoriamente, resultar em ações de melhoria, e seria bom se o mesmo se fizesse com as recomendações.

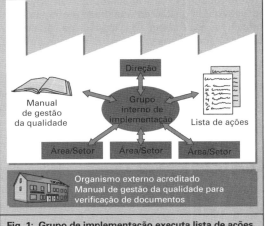

Fig. 1: Grupo de implementação executa lista de ações

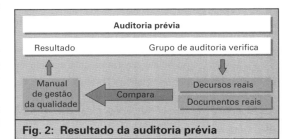

Fig. 2: Resultado da auditoria prévia

1.4.4 Auditoria do sistema e auditoria para certificação

A empresa determina se, antes da realização da auditoria para certificação, é realizada uma auditoria prévia ou uma auditoria do sistema. A auditoria prévia tem a vantagem de as pessoas envolvidas se conhecerem, uma vez que, em geral, o auditor externo que conduz a prévia faz também a auditoria para certificação. A auditoria do sistema tem o mesmo objetivo da prévia, porém é realizada por um grupo competente interno. Também os auditores internos fazem um relatório e sugerem ações de melhoria.

Os pré-requisitos para marcar a auditoria para certificação são:
- O manual do sistema de gestão da qualidade testado, liberado e tornado conhecido, juntamente com outros documentos igualmente válidos,
- O relatório da auditoria prévia ou do sistema,
- A prova das medidas de melhoria executadas.

A auditoria para certificação atinge todas as áreas da empresa, exceto finanças, *controlling* e contabilidade. A transformação de uma empresa em empresa certificada ocorre em passos, conforme um plano (fig. 1).

Auditorias para certificação só podem ser realizadas por organismos acreditados. Essas instituições que puderam comprovar sua competência, neutralidade, independência e integridade num processo de acreditação estão autorizadas a certificar. Por acreditação entende-se a verificação dos processos de auditoria executados pelos auditores, que com isso adquirem competência para realizar auditorias para certificação. Na Alemanha, a acreditação[1] é realizada por uma sociedade de acreditação que se reporta a um conselho de acreditação.

1.4.4.1 Planejamento da auditoria para certificação

O campo de aplicação da norma e, com isso, a área a ser certificada estão definidos claramente. Eventuais supressões são consideradas no planejamento da auditoria. De 4 a 6 semanas antes da auditoria, o auditor elabora o plano de auditoria, do que se depreende quando e em que sequência quais unidades funcionais serão auditadas.
O responsável pela gestão da qualidade da empresa completa o planejamento com o nome dos responsáveis funcionais e os convoca para a data e a hora planejadas (fig. 1, página 58).

---

[1] Nota da tradutora: No Brasil, o Inmetro tem uma Coordenação Geral de Acreditação, responsável pela acreditação de organismos de avaliação de conformidade.

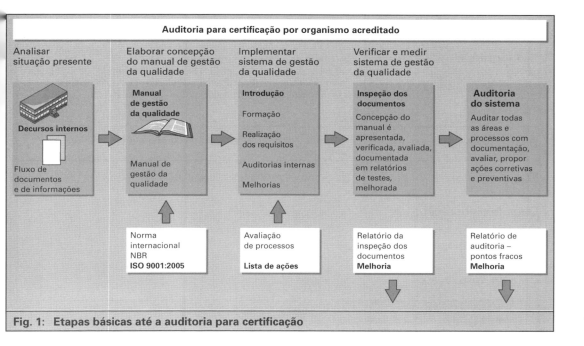

Fig. 1: Etapas básicas até a auditoria para certificação

Plano de auditoria

Plano de auditoria para unidade da organização:	*Compras*
Data da auditoria:	*31.07.2006*
Início:	*8h30min*
Fim:	*16h30min*
Abrangência da auditoria:	*Aquisição de materiais brutos, materiais comerciais, materiais auxiliares, materiais para consumo na produção*
Documentos de referência:	*Manual de gestão da qualidade* *Descrição de processos:* *• avaliação de fornecedores,* *• qualificação de fornecedores,* *• reclamação de fornecedores,* *• disposição.*
Responsabilidades:	
Auditados:	*Chefe de compras*
Auditores:	*Sr. Müller, Sra. Schulze*
Auditor (Endereço, sala)	*Sala de reuniões E30 com chefe de compras*
Cronograma:	*8h30min-9h – conversa introdutória* *9h-12h – realização da auditoria in loco – compras* *13h-13h30min – realização de auditoria in loco – disposição* *13h30min-16h30min – conversa final*
Distribuição:	*Direção, responsável pela gestão da qualidade, compras, auditores*
Elaborado por:	*Responsável pela gestão da qualidade – Sr. Schneider*
Data de elaboração:	*05.06.2006*
Aprovado por:	*GL*
Data de aprovação:	*10.06.2006*

Fig. 1: Formulário para plano de auditoria

1.4 A certificação de uma empresa

Os responsáveis pelas funções assumem tarefas importantes na auditoria (tab. 1). Convém conversar com os participantes da auditoria antes da chegada do auditor. As perguntas devem ser respondidas de forma construtiva e com objetividade e veracidade. Deve-se evitar "o sabe-tudo", as suposições e a procura por processos não existentes.

Se alguma pergunta não puder ser respondida imediatamente, será permitido esclarecer a questão e respondê-la depois. Caso sejam encontrados pontos fracos, é bom não perder tempo nas discussões e pensar logo em melhorias. No dia anterior à auditoria, pode-se ainda verificar os processos por amostragem e a validade dos documentos.

1.4.4.2 Realização da auditoria para certificação

A conversa inicial possibilita ao responsável apresentar a empresa com seus objetivos, produtos e atividades; o motivo da certificação também deveria ser colocado abertamente.

Pode-se abordar projetos em andamento, processos recém-introduzidos e modificações. Deve-se explicar o relatório da auditoria prévia e as medidas corretivas dele derivadas e implementadas. O auditor adquire uma visão geral da empresa e da situação do momento. O auditor, por sua vez, espera o aceite do plano – incluindo o cronograma – e resume os objetivos da auditoria.

Então, o grupo de auditoria inicia a análise e comparação da situação real com a almejada dos processos de acordo com o plano de auditoria. No questionamento sistemático, o auditor pode usar perguntas previamente definidas em catálogo. O catálogo deve ter perguntas derivadas dos requisitos da norma. Cada requisito pode originar uma ou mais perguntas, com o que se estabelece a resposta certa (tab. 2).

> Numa auditoria para certificação, o grupo de auditoria verifica a efetividade e a conformidade do sistema de gestão da qualidade. Nisso se avalia o grau de atendimento dos requisitos.

Tab. 1: Tarefas do gerente funcional

- Informar os trabalhadores sobre objetivos, datas e abrangência da auditoria planejada;
- Providenciar os recursos necessários para a auditoria;
- Apoiar o grupo de auditoria;
- Introduzir medidas emergenciais;
- Analisar e avaliar ações corretivas;
- Realizar ações corretivas.

Tab. 2: Exemplo de um catálogo de perguntas

Item da norma	Perguntas
7.4.3 Verificação de produtos comprados	1. A organização estabelece e realiza as inspeções e demais atividades necessárias com que se possa assegurar que o produto comprado atende aos requisitos para aquisição? 2. A organização estabelece nas especificações de aquisição as medidas de verificação e os métodos para liberação do produto caso ela ou seu cliente almejem realizar atividades de verificação no fornecedor?
7.5 Produção e fornecimento de serviço	A organização planeja a produção e o fornecimento de serviço sob condições controladas?
7.5.1 Controle da produção e do fornecimento de serviço	Condições controladas englobam, caso pertinente: 1. Estão disponíveis as especificações que descrevem os característicos do produto? 2. Estão disponíveis as instruções de trabalho necessárias? 3. Está incluído o uso de equipamentos e dispositivos adequados? 4. Estão disponíveis para uso meios de monitoramento e medição? 5. Está incluída a realização de monitoramentos e medições? 6. Está incluída a realização de tarefas de liberação e remessa, e de tarefas após remessa?

As respostas são documentadas e avaliadas. Na avaliação, um requisito pode receber desde o grau "atendido" até "não atendido". Requisitos não pertinentes também são documentados e recebem grau. Os processos estabelecidos no manual de gestão da qualidade devem ser bem descritos e efetivos na prática.

Aqui pode-se constatar que a descrição do processo está completa e certa, mas na prática ele não está sendo realizado assim, ou vice-versa. Nesse caso, na avaliação geral vai a média dos dois graus de atendimento determinados. Como durante a caminhada nas instalações só se pode fazer verificações de amostras, o auditor anota detalhes sobre ela.

Exemplo: No formulário n. 123467, que acompanha os produtos na fabricação, o executar do passo de trabalho anterior 40 confirmou, com sua rubrica, a execução correta dele. OU: no posto de medição "inspecionar eixo", todos os instrumentos de medição estavam aferidos e tinham um selo da calibração. Essas provas o auditor precisa para o relatório de auditoria que será verificado pelo organismo de acreditação.

1.4.4.3 Avaliação

Cada requisito da norma com sua implementação verificada na prática é ponderado com uma chave de avaliação, de modo a espelhar em que nível (quanto) o requisito foi atendido. Os níveis de avaliação são:

1º nível: O requisito foi atendido.

2º nível: O requisito foi parcialmente atendido, o grau de atendimento é aceitável.

3º nível: O requisito foi insuficientemente atendido, o grau de atendimento não é aceitável, trata-se de um caso de desvio.

4º nível: O requisito não foi atendido, é um caso de desvio.

5º nível: O requisito não é pertinente. Essa avaliação pode ser a de requisitos não pertinentes àquela organização, naquela situação.

Uma chave de avaliação é um sistema de identificação com que se expressa até que nível o requisito da norma em questão foi atendido pelo sistema de gestão da qualidade da organização auditada.

Exemplo:

Processo U 7.6 EN ISO 9001:2005	Manual de gestão da qualidade **Controle de meios de monitoramento e medição**	Página: 1 de 1 Versão: 1.0 Revisão: **30.01.2006**

1.0 Finalidade
Os meios de monitoramento estão sujeitos a uma inspeção planejada com vistas à sua insegurança de medição.

2.0 Aplicação
Todos os meios de monitoramento e medição na produção e logística.

3.0 Termos e abreviações (veja lista de abreviações)

4.0 Controle de meios de monitoramento e medição
No revestimento com pó, os meios de monitoramento e medição não são muitos. Os procedimentos de teste mais importantes são: controle da espessura do revestimento, testes de aderência do pó, inspeção visual (comparação) da estrutura da superfície e da cor.
O medidor da espessura do revestimento é calibrado com a espessura normal antes de qualquer controle.
No teste de aderência usa-se um procedimento de corte de um quadrado, acordado com o cliente. A localização do corte, a frequência do teste de aderência, a faca e a fita adesiva utilizadas são igualmente acordadas com o cliente.
Comparações de estrutura de superfície e de cor são controles visuais. Para esses controles, usam-se padrões tidos como normais e outros limítrofes. O cliente precisa dispor dos mesmos padrões.

1.4 A certificação de uma empresa

Exemplos de avaliação segundo o processo 7.5.1 da norma: Controle da produção e do fornecimento de serviço. O texto diz: A organização deve planejar e realizar a produção sob condições controladas. Condições controladas abrangem a disponibilidade de instruções de trabalho. Para esta norma, instruções de trabalho podem ser diferentes tipos de documentos, como por exemplo, guias de acompanhamento da mercadoria, ordens de produção, planos de trabalho, planos de testes. Eles servem para o controle da produção (exemplo 1). Frequentemente eles referenciam outros documentos válidos e especificam dispositivos, ferramentas e programas CNC a serem usados.

A norma NBR ISO 9004:2005 – Orientações para melhoria do desempenho – traz em seu anexo um procedimento para autoavaliação e uma tabela para o grau de desempenho com escala de valoração invertida: do grau 1 "sem abordagem formal" até o grau 5 para "melhor desempenho" (tab. 1). Para a autoavaliação, a norma também traz as perguntas gerais. Por exemplo, para o processo 7.5 produção e fornecimento de serviço, tais perguntas são:

Como a alta administração assegura que as entradas nos processos de execução consideram os requisitos dos clientes e de outras partes interessadas?

Como processos de execução são conduzidos e controlados das entradas até os resultados? Como são consideradas atividades de verificação[1] e validação[2] nos processos de execução?

As respostas obtidas na auditoria e os decursos nela constatados são então avaliados e recebem grau (nota), o que leva a uma classificação nas considerações finais.

Exemplo 1: Avaliação de um processo 7.5.1

- Um fabricante de hardware define o formulário de seu cartão que acompanha o produto na fabricação, segundo um procedimento predefinido. Com o uso desse formulário, o planejamento do trabalho entrega tal cartão para cada ordem de fabricação (avaliação* 1).

- No cartão, só em parte dos passos de fabricação e de testes há confirmação de que estes foram realizados corretamente (avaliação 3).

- Nos cartões não há indicação da necessidade e/ou não há espaço para tal confirmação (avaliação 4).

- A sequência dos passos de trabalho constante no cartão mostrou-se pouco praticável para diversos produtos. Os trabalhadores não a seguem, via de regra (avaliação 3). Os cartões precisam ser ajustados aos decursos de fabricação reais.

* Níveis de avaliação – página anterior.

---

[1] Verificação: confirmação por uma prova objetiva de que os requisitos fixados foram atendidos.
[2] Validação: confirmação por uma prova objetiva de que os requisitos fixados para uma aplicação específica foram atendidos.

Tab. 1: Graus de desempenho NBR ISO 9004:2005

Grau	Nível de desempenho	Explicação
1	Sem abordagem formal	Nenhuma abordagem sistemática reconhecível, nenhum resultado, resultados ruins ou não previsíveis
2	Abordagem reativa	Abordagem sistemática orientada por problemas ou correções; disponibilidade de dados mínimos para resultados melhores
3	Abordagem sistemática e formal estável	Abordagem sistemática baseada em processos, melhorias sistemáticas em estágio inicial, disponibilidade de dados sobre a manutenção de objetivos da qualidade, *trends* de melhorias existentes
4	Ênfase em melhoria contínua	Processo de melhoria implementado; bons resultados e *trends* de melhorias constantes
5	Melhor desempenho	Processo de melhoria integrado; comprovação do melhor desempenho por resultados de *Benchmark*

Nessa avaliação, o auditor esclarece as razões para os desvios de modo que o auditado possa reconhecê-los e aceitá-los facilmente. Convém tentar obter consenso sobre os pontos avaliados. Os pontos em que não foi possível obter o consenso devem ser protocolados.

Alguns procedimentos de auditoria são tão formalizados que a avaliação dos resultados da auditoria consiste numa tarefa de cálculo. Um bom exemplo para isso é o procedimento de auditoria da indústria automobilística VDA, que introduziu o sistema de auditoria VDA 6.1, baseando-se na ISO 9000:2005.

A cada pergunta de auditoria pode-se atribuir até 10 pontos, usando-se o esquema da tabela 1. Cada elemento da gestão da qualidade é avaliado à medida que as valorações de todas as perguntas desse processo são adicionadas e a soma é dividida pelo número máximo de pontos possíveis (tab. 2).

Depois de realizar diversas auditorias, pode ser útil fazer uma avaliação das tendências. O grau de atendimento pode ser colocado num diagrama de barras em função do tempo.

1.4.4.4 Reunião final e relatório

Antes da reunião final, o grupo de auditoria elabora os requisitos finais. Então são considerados todos os pontos e circunstâncias levantados na auditoria e, em caso de desvios em relação à norma, eles são inseridos nos requisitos finais.

No centro está a avaliação conclusiva das constatações da auditoria em relação ao objetivo da auditoria. Numa auditoria para certificação, a avaliação se resume à pergunta se o certificado pode ou não ser concedido. A não concessão do certificado se justifica pelo número e pela qualidade dos desvios. Se o número de desvios for grande demais (desvios significativos dos requisitos da norma), há a possibilidade de uma reauditoria. A empresa obtém uma segunda chance para eliminar as deficiências de seu sistema de gestão da qualidade e conseguir a certificação numa segunda tentativa.

Se o resultado da auditoria foi positivo, basta apresentar resumidamente em que áreas, em que

locais e segundo que aspectos de auditoria a conformidade foi constatada. Na falta de provas do desvios constatados, isso deve ser documentad para a conversa final.

Tab. 1: Esquema de avaliação das respostas

Objeto da pergunta	Avaliação das respostas				
Totalmente estabelecido no sistema de gestão da qualidade?	Sim	Não	Sim	Não	Sim/Não
Efetivamente comprovado na prática?	Sim	Sim	Preponderante*	Não	
Número de pontos	10	8	6	4	0

* Por preponderante entende-se que o atendimento a todos os requisitos pertinentes para mais de ¾ das aplicações foi efetivamente comprovado e não há risco especial.

Tab. 2: Pontos na avaliação

Pontos	Significado
10	Totalmente estabelecido no sistema de gestão da qualidade e comprovado efetivamente;
8	Não totalmente estabelecido no sistema de gestão da qualidade mas comprovado efetivamente;
6	Totalmente estabelecido no sistema de gestão da qualidade e, em sua maioria, comprovado efetivamente;
4	Não totalmente estabelecido no sistema de gestão da qualidade mas, em sua maioria, comprovado efetivamente;
0	Não comprovado efetivamente, independentemente do total estabelecimento no sistema de gestão da qualidade.

Na conversa final, o auditor apresenta ao auditado as constatações e os requisitos finais. Por exemplo, numa fabricação mecânica foram recentemente acrescentadas tarefas simples de montagem, como a colocação de uma capa de plástico. O plano de trabalho só documenta passos de trabalho da usinagem com remoção de cavacos. Em nenhum documento essa montagem adicional foi mencionada. Com outras amostras, esse tipo de defeito pôde ser constatado mais vezes.

.4 A certificação de uma empresa

esse resultado levou ao relato de uma constatação na reunião final e ao requisito de que, para controlo dos processos de fabricação, todos os passos de trabalho devem ser documentados (fig. 1). Deve-se tentar obter uma interpretação única dos resultados da auditoria. Para isso, podem ser necessárias discussões significativas e a visão da melhoria da empresa. Caso seja difícil obter consenso, é preciso protocolar as diferentes posições e acrescentá-las ao relatório de auditoria. Um ano depois, na auditoria seguinte, os mesmos pontos serão analisados e avaliados. Com a reunião final, inicia o processo de derivação e implementação de medidas e, então, a documentação do processo de melhoria.

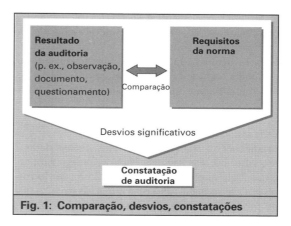

Fig. 1: Comparação, desvios, constatações

O relatório da auditoria deve apresentar uma documentação completa da auditoria, e incluir:

- Objetivos da auditoria,
- Abrangência da auditoria,
- Contratante da auditoria,
- Membros do grupo de auditoria,
- Critérios de auditoria,
- Constatações da auditoria,
- Conclusões da auditoria,
- Plano de auditoria,
- Representante da organização auditada,
- Resumo do processo de auditoria,
- Confirmação de que os objetivos da auditoria foram atingidos naquela abrangência,
- Posições diferentes, conflitantes do grupo de auditoria e da organização auditada,
- Recomendações de melhorias, se essas faziam parte dos objetivos da auditoria,
- Planos consensados para medidas subsequentes,
- Declaração de confidencialidade,
- Lista de distribuição.

.4.5 Reauditoria e auditoria interna

O certificado obtido vale por 3 anos, desde que se faça uma reauditoria anual com auditor externo. A reauditoria não é uma auditoria do sistema. Nela são verificados pontos centrais e importantes. A reauditoria tem por base as constatações feitas na auditoria de certificação e a avaliação das auditorias internas, incluindo-se nela mais algumas áreas.

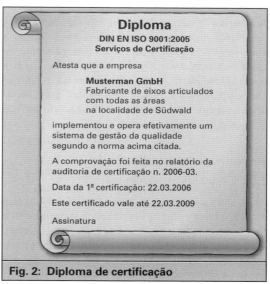

Fig. 2: Diploma de certificação

A execução, os resultados e as avaliações das auditorias internas deveriam ser abrangentes. Se a reauditoria foi realizada com bons resultados, a empresa continua certificada, e esse fato pode ser comunicado para fora dela (fig. 2).

Auditorias internas são ferramentas de gestão com que se analisam os decursos reais e, comparando-os com os desejáveis, pode-se constatar desvios. Auditorias internas são realizadas por um grupo de pessoas da empresa, devendo o auditor não ser da área a ser auditada. Com isso, garante-se certa objetividade, e o reconhecimento de desvios é mais provável.

Como em todas as outras auditorias, os resultados são documentados e transformados em ações de melhorias. O responsável pela gestão da qualidade elabora o plano de auditoria para o ano inteiro, nomeia o auditor e os demais membros do grupo. Ele também controla a execução correta e o acompanhamento da ação de melhoria.

Esse autocontrole dos processos internos torna as modificações transparentes, sua necessidade é reconhecida, elas são discutidas, feitas e documentadas. Pelo fato de o grupo de auditoria ser formado por pessoas de diferentes áreas, garante-se que as modificações de processos sejam abordadas tendo em vista toda a cadeia de processos.

Auditorias internas também são denominadas auditorias de primeira parte (*First Party Audit*) e abrangem a própria organização e seu sistema de gestão da qualidade (fig. 1). Auditorias de terceira parte (*Third Party Audit*) são realizadas por organismos externos e independentes, em geral, acreditados e que oferecem a certificação de acordo com os requisitos da norma.

1.4.6 Tipos de auditoria

1.4.6.1 Auditoria da qualidade

As questões sobre quem realiza a auditoria, o que será auditado e com que finalidade determinam o tipo de auditoria a ser realizado. Pode-se diferenciar entre auditorias internas e externas e, por outro lado, entre auditoria de produtos, de processos e do sistema (fig. 2).

O objetivo da auditoria interna foi tratado no item anterior. Numa auditoria externa, é julgada a capacidade de qualidade de uma empresa por um organismo estranho a ela. Na auditoria de fornecedores, o cliente avalia seus fornecedores atuais e futuros. Também a auditoria para certificação e reauditoria contam como auditorias externas em que se contrata um auditor externo acreditado.

A auditoria do sistema serve para julgar a efetividade do sistema de gestão da qualidade pela constatação de se o sistema consiste das partes necessárias. Para isso, são julgados os conhecimentos dos trabalhadores e a real aplicação prática dos processos do sistema de gestão da qualidade. A auditoria do sistema julga a empresa toda.

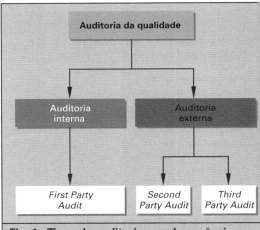

Fig. 1: Tipos de auditoria por abrangência

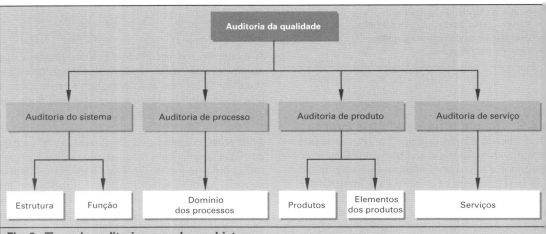

Fig. 2: Tipos de auditoria segundo os objetos

1.4 A certificação de uma empresa

O objetivo da auditoria de processo é encontrar possíveis pontos fracos em certos decursos, sequências de trabalho e procedimentos. Essa forma de auditoria é especialmente útil quando o processo transcende os limites de diferentes áreas responsáveis, uma vez que não são apenas analisados processos individuais, mas também reconhecidas "perdas por atrito" nas interfaces.

Na auditoria de produto, é julgada a efetividade dos processos cujos produtos foram fabricados dentro do sistema de gestão da qualidade. Nessa avaliação orientada por resultados, entra o atendimento às especificações pelo produto. A auditoria de serviço é aplicada quando o produto da empresa é um serviço. Nela valem as mesmas regras que na auditoria de produto.

1.4.6.2 Auditoria de segunda parte (*Second Party Audit*) e auditoria de processo

Além das auditorias para manutenção do certificado da empresa, há também um procedimento para inserir empresas ainda não certificadas. Essas empresas, mormente fornecedores, podem ser avaliadas pelos auditores do cliente (chamados *Second Party Audits*, fig. 1). Somente os processos necessários para a fabricação do produto a fornecer serão julgados. Na auditoria de processo, deve ser verificado se o fornecedor dispõe dos meios de produção, de teste e de pessoal adequados para realizar o produto a fornecer (fig. 2); faz sentido, então, proceder de forma sistemática, com auxílio de lista de perguntas.

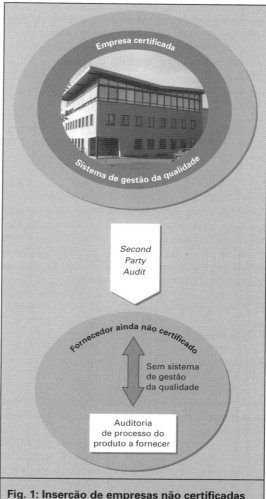

Fig. 1: Inserção de empresas não certificadas

Fig. 2: Auditoria de processo com relação a instalações de produção, procedimentos de teste e meios de medição

As perguntas devem ser adequadas ao tamanho e tipo de fornecedor. Objetos da auditoria de processo devem ser as instalações de produção, os testes durante os processos e sua documentação, bem como os meios de medição utilizados. O processo de inspeção de qualidade de materiais no recebimento e a inspeção final também devem ser verificados na auditoria do processo.

Além disso, devem ser olhados os registros da qualidade, como protocolos de medição, cartas de controle, avaliações estatísticas e medidas corretivas.

Deve-se controlar também o manuseio dos meios de medição. Na reunião final com a gerência do fornecedor, são tratados abertamente impressões positivas e negativas e os pontos fracos verificados. A partir dessa conversa será desenvolvido um plano de ações de melhoria com objetivos bem definidos. A avaliação da auditoria de processos ocorre como na auditoria de sistema.

Dos resultados obtém-se a classificação nas categorias:
- Fornecedor A1,
- Fornecedor A2,
- Fornecedor B1,
- Fornecedor B2 (fig. 1).

Se um fornecedor for classificado pior, não é capaz de fornecer, e a divisão de compras não deve fazer pedido a ele.

Caso ocorram deficiências no produto fornecido, o fornecedor deve logo procurar as causas e eliminá-las, documentar as ações e informar o cliente. Daí pode derivar a requisição de nova auditoria de processo.

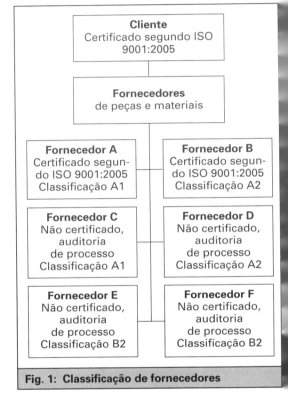

Fig. 1: **Classificação de fornecedores**

Recapitulação e aprofundamento

1. Por que é interessante para uma empresa deixar-se certificar por iniciativa própria?
2. Quem pode realizar a certificação e como será documentada uma certificação com sucesso?
3. Quais requisitos principais a empresa terá de atender e documentar para ser certificada?
4. Qual é a norma de gestão da qualidade mais importante?
5. A indústria automobilística tem normas de gestão da qualidade próprias. O que diferencia essas normas da NBR ISO 9001:2005?
6. Empresas de ofícios práticos e prestadoras de serviço também podem ser certificadas?
7. Há iniciativas para unificar a longo prazo a diversidade de normas de gestão da qualidade?
8. Onde são documentados os processos principais de uma empresa?
9. A documentação do sistema de gestão da qualidade está sujeita a um serviço de revisão?
10. O que se alcança com uma auditoria?
11. Quem executa uma auditoria e como ela é realizada?
12. Uma auditoria terá de ser documentada?
13. Como se pode avaliar os resultados da auditoria?
14. Há objetivos diversos para uma auditoria?

1.5 Gestão da qualidade total (*Total Quality Management* – TQM)

1.5.1 Introdução

Com o crescimento dos requisitos de clientes e condições de concorrência cada vez mais acirradas, juntamente com a crescente complexidade dos produtos e processos de fabricação, não basta mais almejar garantia da qualidade somente para o produto final. A qualidade inicia no planejamento empresarial e se estende por todos os processos de produção até os serviços prestados aos produtos vendidos.

O pressuposto básico dessa compreensão preventiva da qualidade é a consideração de que, no fim, vale mais a pena produzir qualidade desde o início do que evitar defeitos. Esse é o pressuposto da filosofia da gestão da qualidade total (TQM) aplicada desde os anos 1980 e entendida como tarefa de gestão de toda a empresa.

Nessa abordagem mais extensa da qualidade, acrescentam-se aos 3 característicos básicos – orientação para o cliente, orientação para os trabalhadores e orientação por processos – os seguintes princípios da TQM (fig. 1):

- Melhoria contínua,
- Comportamento preventivo,
- Abordagem abrangente da qualidade,
- Gestão da qualidade como tarefa da direção.

Com TQM pretende-se – com um efeito cruzado – alcançar uma garantia sustentável da empresa frente à turbulência dos mercados. Essa ofensiva cruzada deve ter efeitos por toda a empresa e fazer convergir todas as forças. Requer-se uma perseguição total da qualidade em todas as atividades e setores da empresa. Dessa forma, alcança-se com TQM uma nova orientação que afeta dirigentes e trabalhadores (fig. 2).

TQM é um método de gestão baseado na participação de todos os membros, que coloca a qualidade no centro e objetiva o sucesso e benefícios para os membros da organização e da sociedade a longo prazo, mediante a satisfação dos clientes.

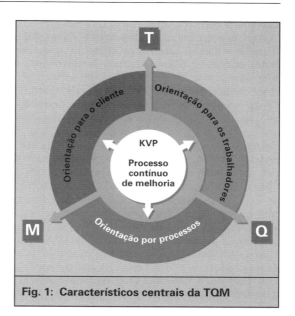

Fig. 1: Característicos centrais da TQM

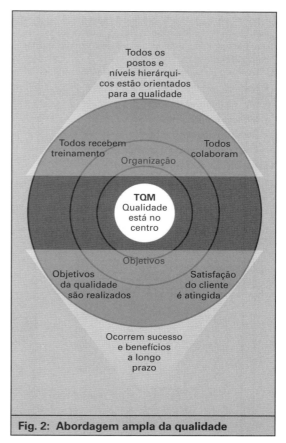

Fig. 2: Abordagem ampla da qualidade

Qualidade como objetivo maior da empresa

O atendimento dos requisitos da qualidade com o domínio e a avaliação dos processos na empresa reduz os custos! Essa colocação contrasta com a opinião corrente anterior de que um contínuo alto nível de qualidade freia a produtividade. Qualidade e produtividade são, na visão antiga, conflitantes (fig. 1).

Como se vê essa questão na atual gestão da qualidade? Com o alcance da qualidade planejada dos processos, reduzem-se o retrabalho, as objeções e reclamações e, sobretudo, os defeitos. Não se observa tão somente a qualidade dos produtos: mas toda a cadeia de processos de uma empresa terá de responder aos requisitos no sistema de gestão da qualidade. Qualidade excepcional significa alta capacidade de processo, processos robustos, pouco sensíveis a perturbações, sob controle estatístico, que não precisam de grandes reservas (fig. 2).

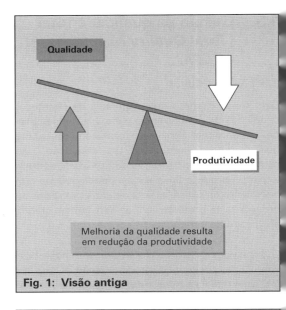

Fig. 1: Visão antiga

A chave para a produtividade é a perseguição da qualidade em todos os setores (fig. 3, cadeia de reações de Deming[1]). Qualidade de processo mais alta tem como efeitos:
- Melhor aproveitamento (carga) das máquinas,
- Material em fluxo por menos tempo,
- Menos material em depósito e em fluxo,
- Menos refugo e retrabalho,
- Redução dos desperdícios,
- Constantemente boa qualidade do produto.

Esses efeitos têm como consequências:
- Melhor funcionalidade e confiabilidade,
- Menores custos por concessões e atenção,
- Menores custos de eliminação de defeitos,
- Crescente satisfação do cliente.

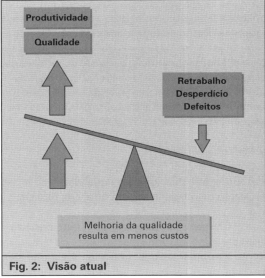

Fig. 2: Visão atual

---

[1] William Edwards Deming (1900-1993), cientista econômico norte-americano.

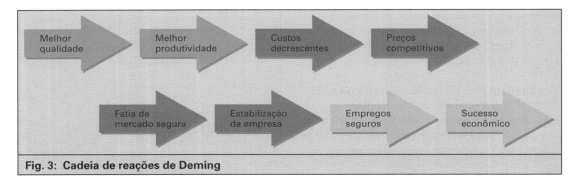

Fig. 3: Cadeia de reações de Deming

1.5 Gestão da qualidade total (*Total Quality Management* – TQM)

1.5.2 Modelo TQM para Europa (EFQM)

Na Europa, a *European Foundation for Quality Management* (EFQM), formada por empresas industriais de renome, desenvolveu um modelo de gestão da qualidade em 1987 que hoje é chamado de modelo de excelência EFQM. Esse modelo, com base em 9 critérios, serve para a concessão do *European Quality Award* (EQA) para empresas de destaque na gestão da qualidade total. Segundo esses critérios, também é concedido o prêmio Ludwig-Erhard para empresas excelentes na Alemanha, suportado por associações da economia alemã, a associação dos engenheiros alemães (VDI) e a sociedade para a qualidade (DGQ).

A norma ISO 9001:2005 contém requisitos referentes a produtos e a clientes, e a ISO 9004:2005 contém orientações para a melhoria de toda a empresa referentes a todas as partes interessadas. ISO 9004:2000 permite uma autoavaliação quantitativa simplificada e cria as condições para uma comparação dos desempenhos de empresas diferentes ou de unidades da mesma empresa.

Modelos de excelência contêm critérios para uma avaliação com valores de referência e são aplicáveis a todas as atividades na empresa (fig. 1). A realização desse modelo complexo pode ocorrer em dois passos: modelo e nível 1 são o programa de reconhecimento, modelo e nível 2 são o atendimento de todos os requisitos do modelo EFQM (fig. 2).

O nível 1, o programa de reconhecimento, é concebido para:
- Condecorar organizações em diferentes estações no caminho para a excelência;
- Possibilitar o uso do modelo como ferramenta de diagnóstico;
- Possibilitar uma aplicação do modelo EFQM sob medida para os diferentes graus de amadurecimento da organização.

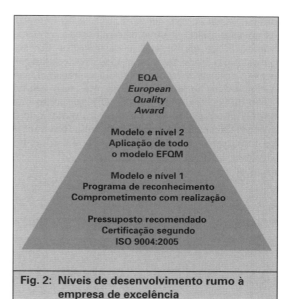

Fig. 2: Níveis de desenvolvimento rumo à empresa de excelência

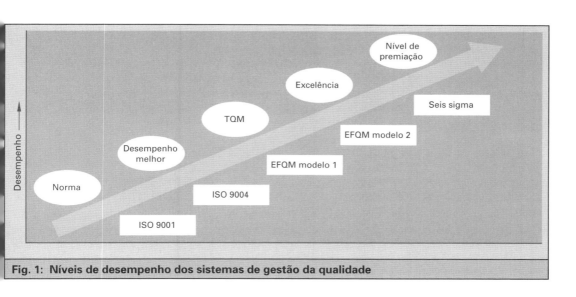

Fig. 1: Níveis de desempenho dos sistemas de gestão da qualidade

Julgamento segundo o modelo EFQM

A avaliação de uma empresa é feita segundo os 9 critérios principais e os 32 critérios derivados do modelo de excelência EFQM. Os critérios são subdivididos em dois grupos: capacitadores e resultados. O modo como os resultados foram atingidos é conteúdo (objeto) de critérios para capacitadores, e o que foi alcançado é levantado com os critérios para resultados. Cada grupo é avaliado com 50% dos pontos atingidos (fig. 1).

No modelo EFQM conta, em primeira linha, quão bem uma empresa desenvolve seus processos principais, quão extensivamente e quão bem ela os aplica e quão bem inspeciona esses processos quanto à sua efetividade, e os melhora. Em segundo lugar, importa quão bons são os resultados provenientes dos processos de capacitação, e isso não somente na opinião interna, mas também na visão das partes interessadas. O julgamento das partes interessadas tem peso muito maior que a autoavaliação. Cada aspecto é avaliado de acordo com uma escala predefinida. Um desempenho perfeito segundo o modelo EFQM rende 1.000 pontos. As empresas de ponta e recebedoras de prêmios obtêm cerca de 700 pontos. O desempenho de uma empresa típica, recém-certificada segundo a ISO 9001:2005, chega a 300 pontos (tab. 1). Para alcançar uma avaliação melhor, aconselha-se galgar pelos níveis de desempenho da ISO 9004:2005 e pelo programa de reconhecimento da EFQM, nível 1, desenvolvendo adiante o sistema de gestão da qualidade.

Tab. 1: Pontos na avaliação EFQM

Em média são alcançados:

300 pontos	empresa certificada segundo a ISO 9001:2005
400 pontos	empresa certificada segundo a ISO 9004:2005
700 pontos	empresas de ponta
1.000 pontos	desempenho perfeito (EFQM)

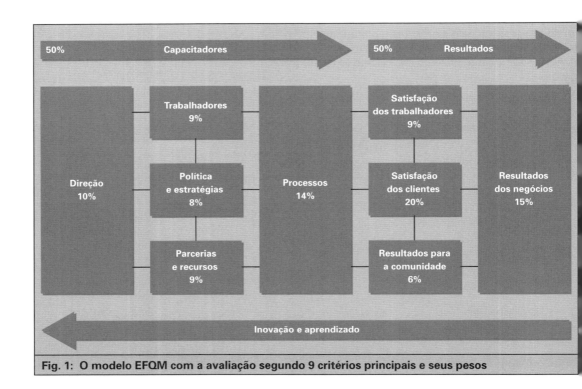

Fig. 1: O modelo EFQM com a avaliação segundo 9 critérios principais e seus pesos

1.5 Gestão da qualidade total (*Total Quality Management* – TQM)

1.5.3 Característicos da gestão da qualidade total (TQM)

Direção

Da direção da empresa e da gestão de pessoas, quer dizer, da alta administração e das gerências, requer-se uma nova forma de pensar (fig. 1). É necessário que se tenha uma nova compreensão dos papéis da direção, assumindo 3 funções importantes.

A primeira função da direção em TQM é a função de iniciativa. A ela pertencem tarefas como o desenvolvimento de estratégias e políticas específicas para a empresa pela alta administração. Ao lado disso, é preciso definir e comunicar valores de referência, que os trabalhadores usam diariamente e que contribuem para um fortalecimento da cultura da qualidade na empresa.

Também, a direção é responsável pelo desenvolvimento do sistema de gestão da qualidade e pela execução de programas da qualidade. Outra tarefa da direção para promover a TQM é dignificar e reconhecer logo o esforço e o desempenho dos trabalhadores.

A segunda função da direção é a função de modelo (exemplo), decisiva para a aceitação e credibilidade de todas as atividades na TQM. Somente se todos os gestores, também a alta administração, viverem os princípios, valores e ideias da TQM os trabalhadores poderão convencer-se de que seus esforços valem a pena, trazendo um benefício correspondente à empresa.

A terceira função da direção é a função do serviço, com a qual se expressa que os gestores não só carregam responsabilidade pelas suas próprias ações, mas devem possibilitar que os trabalhadores façam um excelente trabalho. Para isso conta, como ponto básico, disponibilizar recursos financeiros, materiais e humanos para as atividades de TQM e as ações de melhoria (fig. 2).

Fig. 1: Competência de direção conscienciosa da qualidade

Fig. 2: Funções da gestão no sistema TQM

Orientação para os trabalhadores

Trabalhadores motivados são um fator de sucesso decisivo para uma empresa (fig. 1). Comparando-se o tempo necessário para introduzir novos produtos, processos ou tecnologias com o tempo necessário para aumentar a competência dos trabalhadores da empresa, verifica-se que esse último é bem maior. Por isso, trabalhadores competentes constituem uma vantagem competitiva difícil de ser igualada por outras empresas. Então, a TQM tem como objetivo importante a utilização ótima dos recursos humanos da empresa, bem como a melhoria deles.

Orientação por processos

Orientação por processos significa que os processos e não os produtos estão em primeiro plano. A qualidade dos resultados é vista como a consequência natural da qualidade dos processos sob controle. Maus resultados, por exemplo, peças defeituosas, indicam que os métodos de fabricação ou a configuração dos processos são inadequados e precisam ser melhorados.

A melhoria contínua persegue exatamente esse objetivo dentro da orientação por processos e requer a procura das causas dos defeitos nos processos. Por isso, a implementação da orientação por processos implica mudanças na organização.

A organização do decurso orienta-se pelas cadeias de processos e suas funções, que, por sua vez, consistem de passos de trabalho ocorrendo repetidamente com resultados mensuráveis, geração de valor e saídas. Todos os trabalhadores estão numa relação interna cliente-fornecedor (fig. 2). O trabalhador de um passo de trabalho é cliente do anterior e, ao mesmo tempo, fornecedor do seguinte.

Fig. 1: Gestão orientada para os trabalhadores

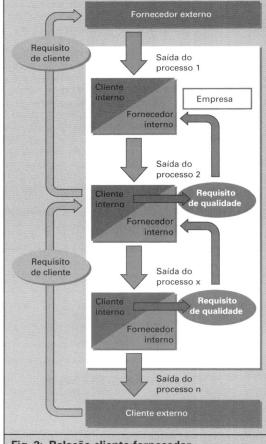

Fig. 2: Relação cliente-fornecedor

A orientação por processos considera o decurso natural na cadeia de geração de valor na empresa e apoia a orientação para o cliente.

1.5 Gestão da qualidade total (Total Quality Management – TQM)

Orientação para o cliente

A orientação para o cliente bem-sucedida tem como objetivo descobrir que requisitos e expectativas o cliente tem para com o produto, o serviço e a empresa. O levantamento das necessidades dos clientes pode ser feito com diversos métodos da pesquisa de mercado, questionários próprios ou análise e avaliação de dados. Essas informações referem-se aos produtos e constituem a base para a configuração dos processos de desenvolvimento e de produção.

O objetivo de toda atividade para fortalecimento da orientação para o cliente é obter, a longo prazo, alto nível de satisfação. Com isso, não se quer dizer apenas a satisfação com o produto, mas também com toda a prestação de serviço acompanhante. A avaliação da satisfação do cliente como base para ações de melhoria pode ser realizada com poucas grandezas de medição. A grandeza de medição de maior significado é o percentual de clientes que repetidamente fazem negócios com a empresa. Pode-se partir da premissa de que negócios subsequentes só ocorrem se o cliente esteve satisfeito com o até agora ofertado e entregue pela empresa (tab. 1).

Outra possibilidade é a confrontação objetiva dos produtos próprios com os concorrentes, avaliando vantagens e desvantagens. Adicionalmente, são necessárias outras grandezas de medição, que podem dar indícios da satisfação do cliente. O número de reclamações fornece um quadro parcial sobre o número de clientes insatisfeitos. Muitas queixas de cliente não chegam à empresa, uma vez que muitos preferem mudar de fornecedor a trazer suas reclamações. Com isso, essa grandeza de medição não fornece informação exata sobre o grau de insatisfação do cliente. No mercado de consumo, pesquisas mostraram que um cliente insatisfeito, zangado, informa isso para 10 pessoas. Caso esteja satisfeito com o produto ou o serviço, só 3 pessoas ficam sabendo (fig. 1).

A tabela 2 mostra frases de referência para a ação orientada para o cliente expostas em mural de empresa.

Clientes satisfeitos fazem mais negócios com uma empresa. O cliente volta se o produto, o preço e o serviço acompanhante estão corretos.

Tab. 1: Efeitos da orientação para o cliente

Com probabilidade muito alta	é mais caro fazer novos clientes do que manter os velhos.
Com probabilidade alta	clientes satisfeitos voltam, tornam a fazer pedidos.
Muito provável	é que clientes satisfeitos sejam os melhores meios de publicidade.
Provável	é que clientes zangados permaneçam se seu problema for logo solucionado.
Com probabilidade pequena	permanecem os clientes insatisfeitos com o serviço.
Com probabilidade muito pequena	permanecem os clientes insatisfeitos com a qualidade do produto e/ou o preço.

Tab. 2: Frases de referência para orientação para o cliente

- O cliente paga seu salário. Portanto, ele não é um perturbador, mas a parte mais importante do negócio.
- Assuma a responsabilidade caso algo saia errado. Para o cliente, você é a empresa.
- Reconheça quando você não sabe algo e prometa dar a informação em seguida.
- Não se faça de muito importante, alguns clientes estão mais bem informados que você.
- Nunca alguém ganhou uma disputa com o cliente.

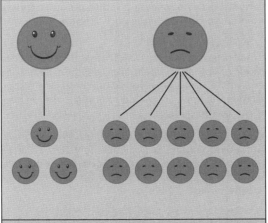

Fig. 1: Um cliente satisfeito/insatisfeito informa a poucos/muitos

1.5.4 Seis sigma

Outra possibilidade de realizar a filosofia TQM é a gestão ampla da qualidade segundo o método seis sigma. A letra grega sigma é utilizada no controle estatístico de processos e representa o desvio padrão de uma curva de distribuição normal de Gauss (fig. 1).

> Seis sigma é seis vezes o desvio padrão e compreende 99,99966% de todos os valores do universo.

O método seis sigma foi desenvolvido e patenteado pela firma Motorola. Na sua origem está uma metodologia estruturada com a aplicação de procedimentos estatísticos simples para o julgamento do desempenho de processos.

Processos reais apresentam em seus resultados dispersões nos característicos observados, o que levou ao estabelecimento de valores objetivos e limites de tolerância. Na maioria dos casos, as dispersões (variações) podem ser bem descritas e calculadas pelo modelo da distribuição normal de Gauss[1]. Esse modelo tem a característica de que, num intervalo de ± 3 em torno da média, se encontram 99,73% de todos os resultados prováveis.

Quanto menor a largura de dispersão em relação à faixa de tolerância, quer dizer, quanto mais vezes cabe na faixa de tolerância, tanto menor a frequência dos defeitos ou a probabilidade de eles ocorrerem. Essa procura por segurança nos processos pode ser representada por um caminhão que passa por um túnel.

Na figura 2 em cima o caminhão passa rente pelo túnel, todo pequeno desvio da direção (dispersão) leva a danos no veículo ou, dito de outra forma, ao contato com os limites do sistema. A situação é de ± 3.

Em comparação a isso, a indústria automobilística requer de seus fornecedores, desde o início dos anos 1990, uma dispersão de processo de ± 5 dentro dos mesmos limites de tolerância, representada no centro da figura 2.

Seis sigma acirra a situação um pouco mais, requerendo uma probabilidade de defeitos e erros tendendo a zero, com resultados dos processos dentro dos limites do sistema de ± 6, como se mostra na figura 2 embaixo.

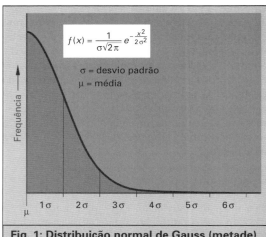

Fig. 1: Distribuição normal de Gauss (metade)

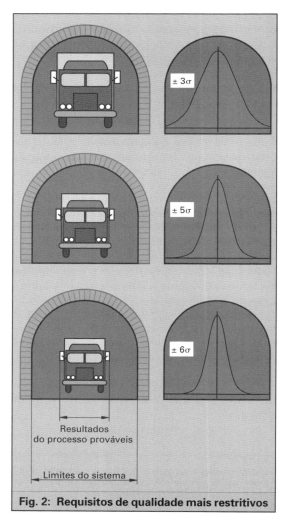

Fig. 2: Requisitos de qualidade mais restritivos

---

[1] Karl-Friedrich Gauss (1777-1855). Matemático e astrônomo alemão.

1.5 Gestão da qualidade total (*Total Quality Management* – TQM)

Objetivo de seis sigma
Na empresa há processos em todos os níveis. Eles se caracterizam por terem grandezas de entrada e de saída, além de perturbadoras. As grandezas de saída variam por causa de desvios e defeitos (fig. 1).

O objetivo de seis sigma é medir as variações dos resultados e limitá-las. Nisso se almeja que o número de defeitos de característicos de qualidade críticos sejam reduzidos em média de 50% ao ano. Por exemplo, 50% menos reclamações, devoluções, retrabalhos, paradas na produção, entregas além do prazo e tempos de resposta muito longos.

As melhorias são medidas com base no desempenho médio. A determinação do nível de sigmas de um processo é somente o primeiro passo de uma avaliação (tab. 1). Para a melhoria dos processos e, com isso, a redução das variações ou desvios, é preciso procurar as possíveis causas dos defeitos. Essas causas devem ser analisadas, e medidas para a sua eliminação, implementadas.

O programa seis sigma abrange não só a avaliação de processos, mas, sobretudo, a melhoria almejada dos processos e seus resultados. Com base numa tarefa, em geral complexa, definem-se no programa seis sigma muitos projetos, cujo objeto de trabalho são os problemas de processos individuais.

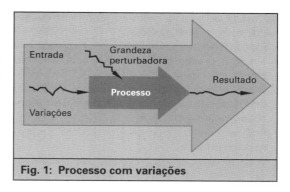

Fig. 1: Processo com variações

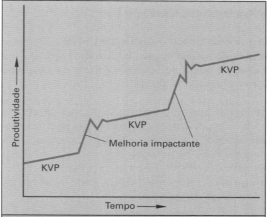

Fig. 2: Melhorias impactantes (KVP = processo de melhoria contínua)

KVP (melhoria contínua) e melhoria impactante
O método seis sigma também usa as possibilidades da melhoria contínua de processos (KVP). Um objetivo estratégico da empresa que se orienta pelos objetivos da TQM com seis sigma consiste em melhorar continuamente o desempenho para que as partes interessadas obtenham cada vez mais benefícios (fig. 2).

KVP é um processo de melhoria constante, realizado por grupos de trabalho, nos processos existentes.

Tab. 1: Quantidade do universo-base

Valor	Quantidade	Sob a curva
$\mu \pm 1\sigma$	68,27%	De todos os valores possíveis
$\mu \pm 2\sigma$	95,45%	
$\mu \pm 3\sigma$	99,73%	
$\mu \pm 4\sigma$	99,99%	
$\mu \pm 5\sigma$	99,9997%	

O valor teórico de 100% não pode ser atingido, uma vez que a curva só corta a abscissa no infinito (μ = média, σ = desvio padrão).

Partes interessadas (*stakeholders*) de uma empresa são:

- Clientes,
- Credores,
- Trabalhadores,
- Sociedade,
- Fornecedores/parceiros.

As medidas para a melhoria contínua devem incluir os seguintes passos:
- Razão para a melhoria;
- Situação presente: avaliar eficiência atual do processo, levantar dados e analisá-los para constatar o tipo de problema que ocorre com mais frequência; escolher um problema e definir um objetivo para a melhoria;
- Análise: detectar a causa fundamental do problema e prová-la;
- Determinar possíveis soluções: testar alternativas e selecionar de forma transparente a solução que melhor elimina o problema;
- Execução da melhoria;
- Avaliação dos resultados (tab. 1).

O grupo de trabalho deve estar convicto de que o problema e suas causas fundamentais foram eliminados, que a solução funciona e os objetivos foram alcançados (fig. 1).

Melhorias que abrangem mais setores devem ser realizadas por grupos compostos por pessoas desses setores, e o projeto deve ser aprovado pela direção. Pode-se tratar de projetos de aperfeiçoamento de característicos e propriedades de produtos ou para o aumento da efetividade ou eficiência das cadeias de processos.

Seis sigma ainda conhece outra forma de melhoria: a melhoria impactante (*breakthrough*). Essa melhoria é conseguida se a organização almeja resultados de forma pragmática com todas as suas atividades que têm significado estratégico.

Isso também significa que elas aumentam o raio das iniciativas, atingindo outras áreas e funções da empresa que têm grande efeito sobre as suas estratégias. Projetos de melhorias de impacto objetivam não só a melhoria dos processos, mas também melhorias no design, na gestão do projeto e no desenvolvimento (fig. 2).

Tab. 1: Passos para a melhoria contínua de processos KVP

- Razão da melhoria,
- Situação inicial,
- Análise das causas,

  - Avaliação de possíveis soluções,
  - Tomada de decisão transparente,
  - Apresentação e aceite,

  - Execução da melhoria,
  - Avaliação dos resultados.

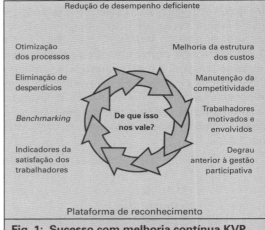

Fig. 1: Sucesso com melhoria contínua KVP

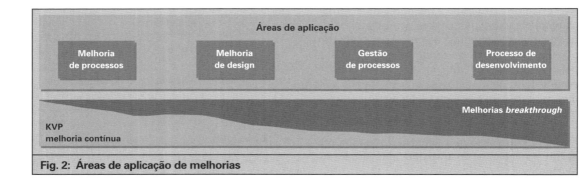

Fig. 2: Áreas de aplicação de melhorias

1.5 Gestão da qualidade total (*Total Quality Management* – TQM)

No geral, projetos de melhoria contínua objetivam reduzir os custos variáveis, quer dizer, os custos que dependem das quantidades produzidas, tipo de custo mais atingido por melhorias rápidas. Projetos de melhoria estratégicas com impacto (*breakthrough*) concentram-se em reduções maiores dos custos variáveis, no aumento do lucro, na redução dos custos fixos e na melhoria da eficiência do capital fixo e de giro (fig. 1).

Melhorias estratégicas podem trazer contribuições significativas para os resultados dos negócios e
- Desenvolver uma estratégia de melhoria *breakthrough*, que melhora sensivelmente o desempenho de uma empresa,
- Fornecer uma abordagem sistemática que faz uma conexão firme entre objetivos estratégicos e meios planejados,
- Implementar um programa de treinamento em certas funções e responsabilidades, abrangente e para todos os níveis da organização,
- Representar uma mistura adequada de métodos e ferramentas,
- Fortalecer a concentração em característicos críticos da qualidade dos produtos,
- Permitir uma compreensão profunda de variações e redução de variações,
- Gerar uma iniciativa para benefício a longo prazo de todas as partes interessadas (*stakeholders*) (fig. 2).

Organização
Um elemento-chave é a inserção dos trabalhadores de todos os níveis, na medida em que trabalhadores escolhidos recebam funções selecionadas. Para designação das responsabilidades, a maioria das empresas seis sigma assumiu o sistema das faixas dos lutadores (fig. 3).

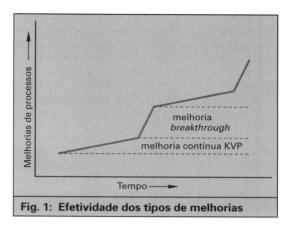
Fig. 1: Efetividade dos tipos de melhorias

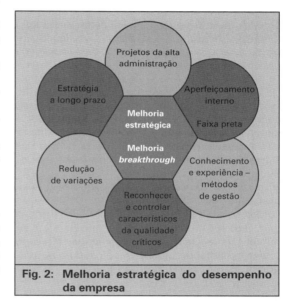
Fig. 2: Melhoria estratégica do desempenho da empresa

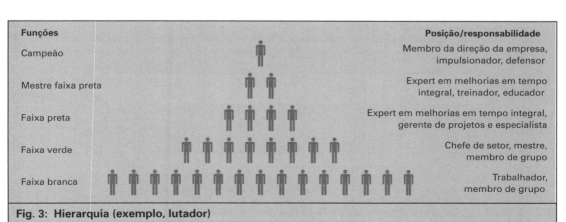
Fig. 3: Hierarquia (exemplo, lutador)

Esse sistema hierárquico cobre todos os níveis, do campeão no mais alto nível de direção e o mestre faixa preta para o treinamento, passando por faixa preta, o expert em melhorias em tempo integral, o faixa verde, engenheiro e mestre, até o faixa branca no nível do trabalhador. Os campeões são os promotores, os que perseguem e têm o conhecimento sobre seis sigma. Eles são os gestores mais experientes da organização. O mestre faixa preta tem a qualificação de um faixa preta e trabalha em tempo integral como treinador ou instrutor no programa de treinamento seis sigma. Ele funciona como expert em *breakthrough*, como instrutor dos faixas pretas e verdes, e assume para toda a organização a função de um gerente de mudanças.

Um motivador especial para o pessoal de direção e gestão assumir a responsabilidade pela implementação do programa seis sigma é a dependência de seus vencimentos do grau de sucesso dos projetos por eles acompanhados.

Na descrição das funções dos faixas pretas, é determinado que um faixa preta terá de realizar, anualmente, 4 projetos de melhoria com uma economia total da ordem de 200.000 euros. O número de trabalhadores destinados a cada função no seis sigma depende do tamanho da empresa.

Uma diretriz básica prevê o destaque de 1 faixa preta por 100 trabalhadores, cerca de 20 faixas verdes para cada faixa preta, e 20 faixas pretas para cada mestre faixa preta. No que se refere ao número de faixas brancas, recomenda-se inserir, preferencialmente, muitos trabalhadores no programa. Para a realização dos objetivos planejados, a alta administração deve iniciar projetos, acompanhados por um programa de treinamento e com o envolvimento de todas as partes interessadas (*stakeholders*).

No contexto dos projetos, são analisados processos, determinados os característicos críticos da qualidade e fixado o sistema de medição para a geração de indicadores. A moldura conceitual de projetos seis sigma se apoia nos 4 elementos principais (fig. 1). No centro estão os projetos que, suportados por um programa de treinamento e com seus resultados medidos, constituem o cerne. Os projetos, iniciados pela alta administração e conduzidos com o envolvimento de todas as partes interessadas, devem garantir o sucesso da empresa a longo prazo.

Fig. 2: Treinamento para seis sigma

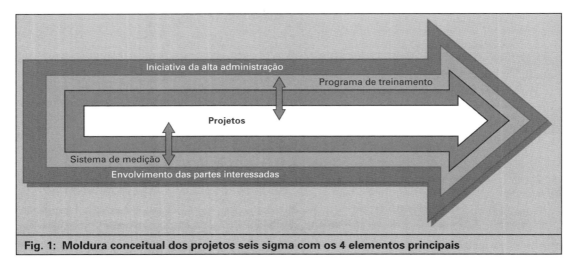

Fig. 1: Moldura conceitual dos projetos seis sigma com os 4 elementos principais

1.5 Gestão da qualidade total (*Total Quality Management* – TQM)

Programa de treinamento

O uso do seis sigma pressupõe conhecimento abrangente sobre métodos de gestão. Cada trabalhador deve ser instruído e treinado para assumir as suas responsabilidades, de acordo com a função planejada para ele. Sempre a partir da perspectiva dos grandes programas – orientação para o cliente, orientação por processos, orientação para os trabalhadores e melhoria contínua –, as variações precisam ser reconhecidas e medidas, e ações de melhoria, realizadas. É preciso realizar treinamentos em melhoria de produtos, processos e desenvolvimento com os métodos conhecidos. Ao programa de treinamento pertencem, por exemplo, as 7 ferramentas de gestão, as ferramentas da qualidade, controle estatístico de processos, ferramentas para levantamento da satisfação dos clientes, métodos de gestão de projetos e da melhoria do design (tab. 1).

De acordo com as tarefas de cada função, é composto o conteúdo do treinamento, que dura algumas semanas. Como esses conteúdos são diferentes de uma empresa para outra, não há certificado seis sigma unificado. Empresas seis sigma entendem os altos custos dos treinamentos como investimentos para o seu sucesso a longo prazo.

Mikel J. Harry, presidente da academia seis sigma: "Se você acha que instrução e treinamento custam muito, então experimente uma vez com ignorância".

Sistema de medição

O sistema de medição segundo a concepção seis sigma possibilita uma avaliação simples do desempenho global da empresa. Características críticos da qualidade são determinados, medidos e aglutinados para cada processo individual (CTQs – *Critical to Quality Characteristics*). A unidade de medida em geral usada é "defeitos por milhão de possibilidades". Alternativamente, usa-se também sigma.

Tab. 1: As 7 vezes 7 ferramentas do método seis sigma	
As 7 ferramentas do design	Design robusto, *Quality Function Deployment* (QFD), TRIZ, seleção de concepção segundo Pugh, análise de modos de falha e efeitos (FMEA), análise de árvore de falhas, design de tolerância
As 7 ferramentas estatísticas	Experimentos fatoriais, análise de capacidade, análise de regressão, análise multivariável, procedimentos de teste estatísticos, teste de hipóteses, análise Gage R&R
As 7 ferramentas de projeto	Planejamento em rede, descrição de projeto e de grupo, análise de características críticos da qualidade, diagrama de árvores, análise de capacidade, análise custo-benefício, cartas de controle
As 7 ferramentas da elegância	Padronização, análise de desperdícios, análise de gargalos, fluxogramas, matriz de cadeia de abastecimento, análise do tempo de preparação, análise do "dia vermelho"
As 7 ferramentas do cliente	Modelo Kano, estruturação de requisitos, casa da qualidade, função perda de Taguchi, entrevistas de clientes, questionários para clientes, análise conjunta
As 7 ferramentas do controle de qualidade	Formulários de teste (inclusive plano de medição), histograma, diagrama de Pareto, diagrama causa-efeito, comparação gráfica, diagrama de relações, cartas de controle
As 7 ferramentas da gestão	Árvore de decisão, diagrama de afinidades, diagrama de relações, diagrama de árvore, diagrama de matriz, análise de matriz de dados, planejamento em rede

---

Recapitulação a aprofundamento

1. A filosofia da qualidade da TQM tem como objetivo a gestão preventiva da qualidade. O que significa isso?
2. Quais os 4 características centrais da TQM e com que princípios eles são complementados?
3. A perseguição da qualidade total é um causador de custos?
4. Que vantagens tem um processo que decorre de forma assegurada?
5. Como é o nome do modelo TQM europeu e quem está por trás dele?
6. Há na Alemanha um método de avaliação comparável ao EQA?
7. Que relação há entre ISO 9001:2005 e EFQM?
8. Quantos pontos obtém uma empresa excelente e de ponta na avaliação EFQM?
9. Como se chamam as 3 funções de direção da alta administração?
10. Qual o objetivo da orientação para os trabalhadores?
11. O que se entende pela relação cliente-fornecedor interna à empresa?

Característicos críticos da qualidade (CTQs)

Característicos críticos da perspectiva do cliente podem ser identificados quando se pergunta: O que é importante para o cliente e o que ele reclamaria caso apresentasse defeitos? Os donos dos processos conhecem os característicos críticos dos processos, os quais se espelham no retrabalho, nos defeitos e no refugo. Característicos críticos das prescrições são requisitos legais, diretrizes e padrões. Num grupo de trabalho seis sigma, foram elaborados característicos críticos da qualidade com auxílio do *Brainstorming*, que precisam ser verificados e classificados como tal (tab. 1).

O número mínimo de medições depende do tipo de dados. Há duas formas de obter valores de desempenho: na menção da qualidade em termos de bom/ruim ou defeituoso/sem defeito, trata-se de dados discretos; valores medidos numa certa unidade são dados contínuos (p. ex., mm, g, kWh...). Nos dois casos, parte-se do princípio de que os dados foram levantados no decorrer de um certo período. Uma avaliação estatística confiável requer, no mínimo, 300 dados discretos; no caso de dados contínuos, são necessárias, no mínimo, 30 medições (fig. 1).

Na determinação do desempenho dos processos, usa-se a unidade "defeitos por milhão de possibilidades".

Tab. 1: Característicos críticos da qualidade de um furador

Da perspectiva do cliente	Da perspectiva do processo	Prescrições
Furação perfeita, limpa; livre de sujeira; pequena força de operação; amigável no manuseio; livre de corrosão; estável; leve; boa forma, boa cor; recolhedor de aparas fechado; fácil de esvaziar recolhedor; livre de manutenção	Poucas peças, peças simples; tolerâncias alcançáveis; fácil de tirar rebarbas e gordura; proteção contra corrosão bem aderente; simples para montar	Nenhuma emissão; distância entre furos e dimensões segundo normas; batente da folha segundo norma; ausência de pontos de compressão (dedo); reciclável

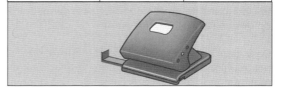

Exemplo 1:
Peças de plástico são prensadas a partir de granulado. Peças malformadas são refugadas. Numa produção mensal de 16.000 peças, 10 foram refugadas; o desempenho calculado do processo é 10/16.000 × 1.000.000 = 625 defeituosas por milhão.

Os característicos de qualidade são discretos, uma vez que se decide entre peça boa e refugo:

$$\frac{\text{Número de defeituosas}}{\text{Número de possibilidades}} \text{ fator 1 milhão} = \text{defeituosas por milhão}$$

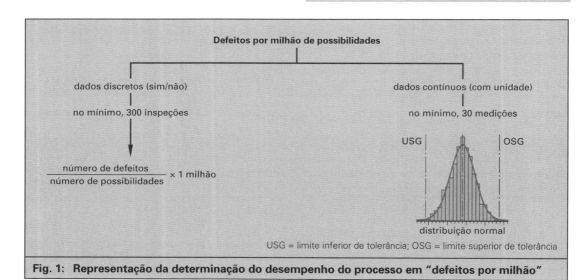

Fig. 1: Representação da determinação do desempenho do processo em "defeitos por milhão"

1.5 Gestão da qualidade total (*Total Quality Management* – TQM)

Exemplo 2:
Numa empresa, foi medido o tempo de transferência da chamada telefônica dos clientes no setor de serviços ao cliente. Trata-se de uma característica contínua com limite superior de tolerância de 16 s (fig. 1). A média de 50 medições deu 11,6 s e o desvio padrão, 2 s. Para cálculo da possibilidade de defeito, usa-se a distribuição normal.

$$v = \frac{\text{limite superior do sistema}}{\text{desvio padrão}} = \frac{16\ s - 11,6\ s}{2\ s} = 2,2$$

G(x) = 0,9861 (da tabela na página 103)
Probabilidade de defeito = 1 – G(x) = 0,0139
O número é multiplicado pelo número de referência, no caso, 1 milhão, e obtém-se 13.900 defeitos por milhão.

Quando se tratar de característico com limite inferior e superior de tolerância, é necessário somar a probabilidade de defeito abaixo com a acima de tais limites. Genericamente, há outras medidas dos característicos críticos da qualidade para a determinação do desempenho de processos, por exemplo,

ppm   partes por milhão
Cp   capacidade de processo
Cpk   segurança de processo
‰   parte por mil
       sigma = desvio padrão

Para todos os característicos críticos da qualidade, são levantados dados, o desempenho do processo expresso em defeitos por milhão e agrupados para um certo período (semanal, mensal).

O resultado é um indicador para uma unidade da organização que, juntamente com os indicadores das outras unidades, entra na determinação do indicar global de desempenho de processo da empresa (fig. 2). O desempenho global de uma empresa por 10 meses é mostrado na figura 3.

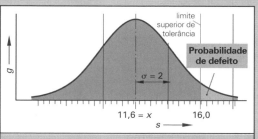

Fig. 1: Probabilidade de defeito (exemplo 2)

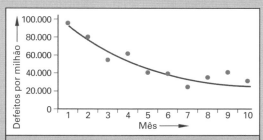

Fig. 3: Valor global de defeitos por milhão

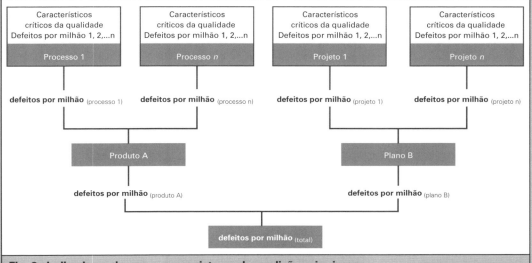

Fig. 2: Indicadores de empresa no sistema de medição seis sigma

1.6 Ferramentas da gestão da qualidade total (TQM)

Em empresas modernas, medidas que fomentam a qualidade acompanham, constantemente, os produtos em todo o seu ciclo de vida: da ideia até a produção em série e entrega dos produtos. Cada fase desse processo tem seu decurso típico e suas fontes de defeitos. Um requisito de cliente mal-interpretado no desenvolvimento do produto, um detalhe construtivo difícil de obter na fabricação ou uma máquina insuficientemente precisa na fabricação podem ser causas de qualidade deficiente do produto. Para reconhecer esses defeitos possíveis em todas as fases e reduzi-los a um mínimo, foram desenvolvidas diversas ferramentas (fig. 1).

1.6.1 7 Ferramentas

Para representar procedimentos, decursos, relações interdependentes e fazer comparações de tamanhos de forma simples e facilmente entendível, usam-se representações gráficas. Para o reconhecimento e análise de problemas na gestão da qualidade, 7 representações gráficas diferentes, de acordo com o tipo de problema, mostraram-se adequadas. Fala-se em 7 ferramentas.

Fluxograma

O fluxograma é utilizado quando se pretende representar decursos de processos, compostos de passos individuais.

Cada passo é representado em forma de retângulo. Subdivisões são representadas em forma de losangos, nos quais são escritas as condições de subdivisão. Os símbolos utilizados provêm da programação de computadores (plano do decurso do programa) e estão normalizados na DIN 66001. Observações e notas sobre os responsáveis por cada passo completam o diagrama (fig. 1, p. 83). Com o fluxograma, os decursos podem ser representados de forma inteligível e brechas e decursos pouco lógicos podem ser detectados e corrigidos. Além disso, fluxogramas fornecem aos trabalhadores que precisam ser rapidamente inseridos nos processos de trabalho uma rápida visão do todo.

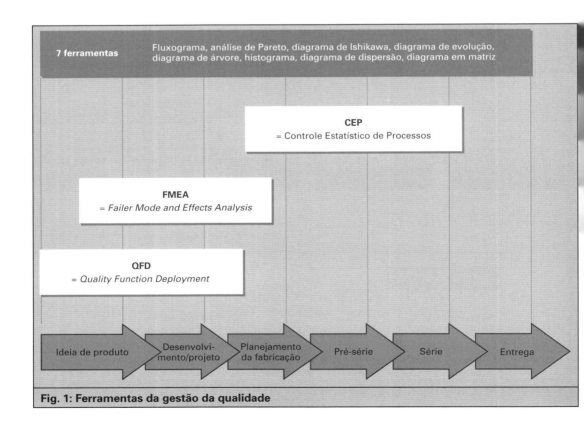

Fig. 1: Ferramentas da gestão da qualidade

1.6 Ferramentas da gestão da qualidade total (TQM)

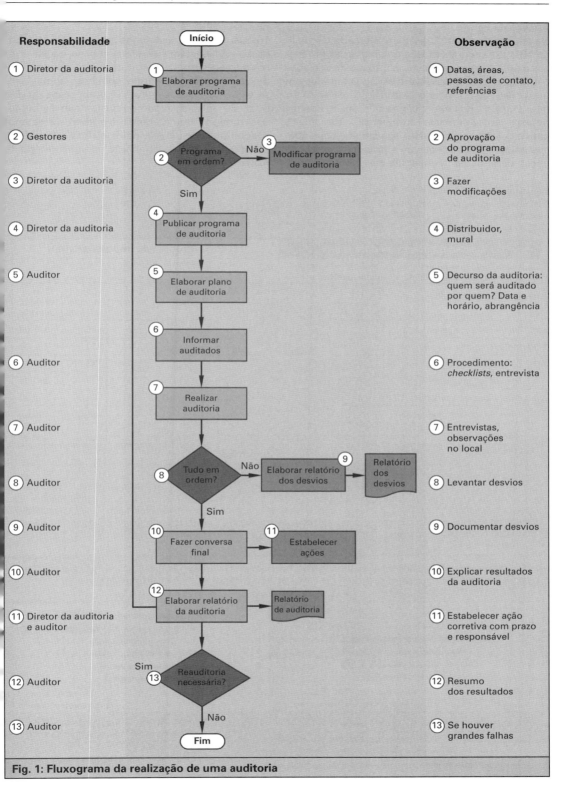

Fig. 1: Fluxograma da realização de uma auditoria

Análise de Pareto

Na análise de Pareto[1], também chamada de análise ABC, uma representação de diagramas em blocos é utilizada para auxiliar na tomada de decisões sobre que problemas devem ser solucionados em que ordem de prioridade. O princípio de Pareto diz que, entre muitas variáveis de influência, apenas poucas têm influência dominante[2]. Transposto para a gestão da qualidade, isso significa que apenas poucos defeitos causam a grande maioria das peças defeituosas (consequências dos defeitos).

Frequentemente, os defeitos que ocorrem na fabricação são bastante diversos. Ao se iniciar com melhorias, surge a pergunta: onde convém começar? A análise de Pareto, com base numa análise estatística dos defeitos, dá uma resposta. Ela pode ser aplicada tendo em vista diversos objetivos, uma vez que os defeitos podem ser categorizados por frequência, pelos custos que geram, pelos custos de sua eliminação ou outro critério de interesse.

Exemplo:
Numa montagem de motores elétricos, trabalha-se em 3 turnos. Com um cartão de coleta de defeitos, fazem-se estatísticas semanais dos defeitos (fig. 1).

	Cartão de coleta de defeitos																MOBE – Motores de impulsão GmbH		
	Grupo/Posto de trabalho: Grupo de montagem EM 12	Tarefa: **Montagem de motores elétricos**																	
N.	Tipo de defeito	\multicolumn{15}{c}{Semana: 36}	Soma defeitos semana	Custos defeitos unitários	Custos defeitos semana
		Segunda-feira			Terça-feira			Quarta-feira			Quinta-feira			Sexta-feira					
		1º	2º	3º	1º	2º	3º	1º	2º	3º	1º	2º	3º	1º	2º	3º			
1	Fio de contato trocado	2		6	1	2	5	2		7		5			3	4	37	25,00	925,00
2	Motor funciona descentrado				2	4	6	7	4	5	1		1			2	32	210,00	6.720,00
3	Dano na carcaça		1			2		1			1	2		2	1		10	123,00	1.230,00
4	Mancal malprensado	3		1	2		1	4		2		1		1	2	2	19	210,00	3.990,00
5	Parafusos mal-apertados		2	1			1		2			3	4			1	14	25,00	350,00
6	Trava de contato malprensada	2			4		2	5	1		3			2		1	20	35,00	700,00
	Soma por turno:	7	3	8	9	8	15	19	7	14	5	4	7	8	7	11	132		Custo total 13.915,00

Fig. 1: Cartão de coleta de defeitos – montagem de motores elétricos

Na análise do cartão de coleta de defeitos já se pode obter alguns conhecimentos sobre os defeitos. Por exemplo, o defeito "fio de contato trocado" ocorre muito frequentemente no turno da noite. Aqui convém alertar os trabalhadores sobre isso e pesquisar as causas. O defeito "funcionamento descentrado do motor" só ocorre no meio da semana. Aqui a causa pode estar numa peça comprada com qualidade inferior. O defeito "trava de contato malprensada" ocorre, sobretudo, no início da semana. Uma ferramenta inadequada – trocada ou consertada na terça-feira – pode ter sido a causa neste caso.
Uma ordenação dos defeitos por frequência e pelos custos que geram deve ajudar na tomada de decisão sobre que defeitos deveriam ser eliminados primeiro com medidas de melhorias (fig. 2 e fig. 3). A redução dos defeitos 2 e 4 (motor funciona descentrado e mancal mal prensado) trará a maior economia nos custos.

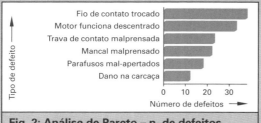

Fig. 2: Análise de Pareto – n. de defeitos

Fig. 3: Análise de Pareto – custos dos defeitos

---

[1] Vilfredo Pareto (1848-1923) ecônomo e sociólogo franco-italiano.
[2] Do latim *dominari*.

1.6 Ferramentas da gestão da qualidade total (TQM)

Diagrama de Ishikawa

O diagrama de Ishikawa[1] também é conhecido como diagrama causa-efeito ou de espinha de peixe (fig. 1). Nele são coletados, classificados segundo categorias predefinidas e representados possíveis fatores de influência (causas) sobre um problema existente a ser solucionado (efeito). Como numa fabricação os fatores influentes, em geral, estão associados às 7 grandezas de perturbação – ser humano, máquina, método, gestão, ambiente, material e medição –, estas são, frequentemente, escolhidas como categorias e representadas como ramos (espinhas) principais no diagrama. Os fatores influentes de cada categoria detalham-na e são colocados em ramos menores. O diagrama de Ishikawa dá uma visão global ordenada de todas as influências sobre um problema.

O diagrama de Ishikawa é elaborado segundo o seguinte procedimento:

1º passo:
O problema a ser trabalhado (p. ex., dispersão do valor de um característico, ocorrência de certo defeito) é descrito em detalhes e escrito no canto direito.

2º passo:
Todos os possíveis fatores influentes (causas) são levantados num *brainstorming* (de preferência com a participação das pessoas envolvidas com o processo).

3º passo:
Os fatores influentes são classificados em categorias (p. ex., nas 7 grandezas de perturbação) e colocados como ramos ou espinhas no diagrama.

---
[1] Kaoru Ishikawa, cientista japonês.

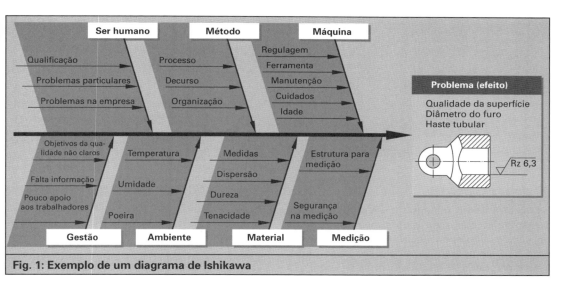

Fig. 1: Exemplo de um diagrama de Ishikawa

Diagrama de evolução

Neste diagrama representa-se a evolução dos dados, sendo útil para o controle de um sistema para verificar como o comportamento dele se altera no decorrer do tempo (fig. 2). Com base nos dados representados, é possível fazer prognósticos sobre a evolução futura deles. Havendo, por exemplo, uma tendência, pode-se predizer, aproximadamente, uma medida de comprimento, ou quando o limite de tolerância será atingido. A partir disso, pode-se interferir no processo antes que os dados saiam dos limites de tolerância e seja produzido refugo. Uma forma ampliada dos diagramas de evolução são as cartas de controle para o controle estatístico de processos.

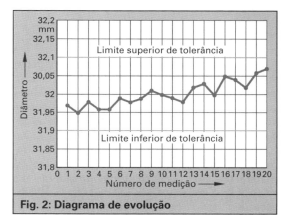

Fig. 2: Diagrama de evolução

Diagrama de árvore

O diagrama de árvore é conhecido da representação de árvores genealógicas. É aplicado na fabricação e gestão da qualidade sempre que se quer representar tarefas ou funções interdependentes ou simplesmente sequenciais, de forma simples e inteligível. Também o desmembramento de um produto em suas partes (grupos construtivos e peças) pode ser representado graficamente com o diagrama de árvore, na sequência da montagem (desmembramento de produto orientada pela montagem). Na análise de árvore de falhas, o diagrama representa as relações interdependentes dos eventos indesejados e suas causas (fig. 1).

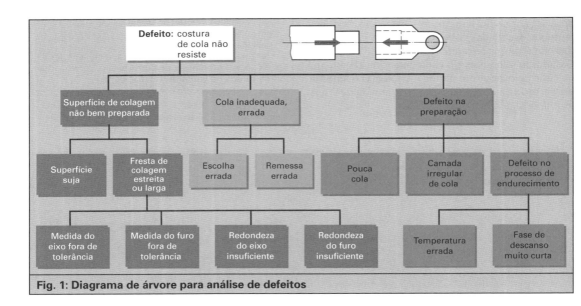

Fig. 1: Diagrama de árvore para análise de defeitos

Diagrama de dispersão

Se mais variáveis influenciam um processo, é importante detectar, para a otimização dele, se há relação de interdependência entre essas variáveis. Para isso, comparam-se as variáveis aos pares. Com o diagrama de dispersão, pode-se julgar que característica a relação entre as duas variáveis tem e em que intensidade ela ocorre.

Na elaboração de um diagrama de dispersão é preciso, inicialmente, numa pesquisa ou em testes, levantar uma quantidade de dados maior sobre o par de variáveis. Esses são então colocados no diagrama de dispersão, uma variável em cada eixo coordenado. Se os pontos obtidos se concentram numa regularidade, permitem reconhecer um comportamento característico, então há uma forte relação entre as variáveis que, frequentemente, pode ser expressa por uma função matemática. Se a dispersão for muito grande, não há relação entre as variáveis.

Exemplo:
Pretende-se testar uma nova cola e constatar se há uma relação entre a rugosidade da superfície e a resistência. A figura 2 mostra uma relação reconhecível, não muito clara, inequívoca, sobretudo para valores maiores da rugosidade (R_z). Apesar disso, os resultados desse experimento podem ser utilizados para a otimização do processo de colagem.

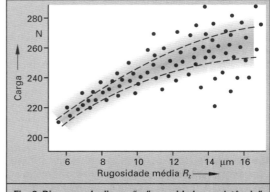

Fig. 2: Diagrama de dispersão "rugosidade x resistência"

1.6 Ferramentas da gestão da qualidade total (TQM)

Diagrama em matriz

Num diagrama em matriz, dois temas são confrontados por vez e as relações e interdependências, registradas. Nele também se pode avaliar e classificar essas relações e interdependências. A comparação de pares é uma forma especial do diagrama em matriz que auxilia na tomada de decisões quando os fatores influentes são complexos e de difícil visualização.

Todos os critérios relevantes para a tomada de decisão são escritos nas linhas e também nas colunas, na mesma ordem. A figura 1 mostra isso, como exemplo, na comparação de pares de critérios, para auxiliar na seleção de colas. Compara-se cada critério das linhas com todos os critérios das colunas (por exemplo, resistência x deformabilidade; resistência x resistência ao envelhecimento, resistência x temperatura-limite, etc.). Se o critério na linha for mais importante que o da coluna, coloca-se 2 na célula; caso contrário, 0. Nisso é preciso sempre optar por um dos critérios. Feita a soma dos pontos por linha, obtém-se uma ordem que expressa a importância relativa de cada critério.

1.6.2 QFD – *Quality Function Deployment*

QFD[1] foi desenvolvido por volta de 1960 no Japão. Nos anos 1980 esse método de planejamento foi amplamente usado nos Estados Unidos e, com as filiais de empresas, chegou à Alemanha. Com o método, os desejos dos clientes são levantados e transformados em característicos de produtos e de processos.

As áreas de aplicação do QFD são múltiplas. Pode-se levantar e listar os requisitos dos clientes na construção civil (por exemplo, no planejamento de uma loja de departamentos ou de um prédio de escritórios), no setor de produtos de consumo (por exemplo, no desenvolvimento de um secador de cabelos ou um rádio para automóveis) ou na indústria de bens de investimento (por exemplo, novos desenvolvimentos de máquinas-ferramentas ou instalações de montagem) e derivar os característicos necessários. O método também pode ser usado no planejamento e na otimização de processos de fabricação.

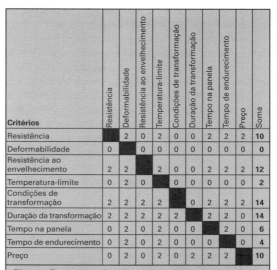

Fig. 1: Comparação de pares para a tomada de decisão na seleção de colas

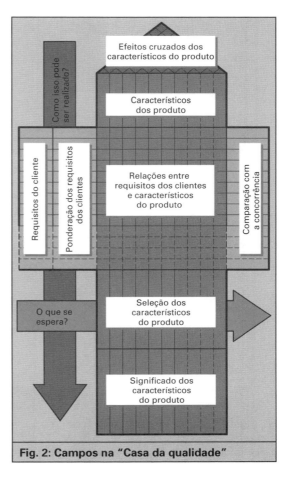

Fig. 2: Campos na "Casa da qualidade"

---

[1] QFD – desenvolvimento da função qualidade.

Na aplicação do método QFD, um grupo de pessoas criteriosamente selecionadas de todas as áreas da empresa (vendas, serviços, projetos, testes, produção) faz o papel de cliente e levanta os requisitos dos clientes. Esses são inseridos no formulário "Casa da qualidade" e ponderados de acordo com seu significado. Numa forma de matriz, os característicos do produto são colocados na vertical para confrontação. A matriz ainda é completada pelo telhado da "casa", em que se esclarecem as relações entre os característicos individuais do produto, por uma avaliação dos produtos concorrentes no que diz respeito ao atendimento dos requisitos dos clientes no lado direito e por uma análise do significado de cada característico do produto embaixo, do que se deduz quais característicos do produto precisam ser trabalhados prioritariamente. A figura 2 da página 87 mostra o formulário da "Casa da qualidade".

O formulário contém uma quantidade de informações do que se pode derivar pontos fracos e possibilidades de melhoria do produto. Na comparação com os produtos concorrentes, pode-se ainda derivar característicos do produto que podem melhorar as chances no mercado. A figura 1 mostra um exemplo com uma "casa da qualidade" parcialmente preenchida.

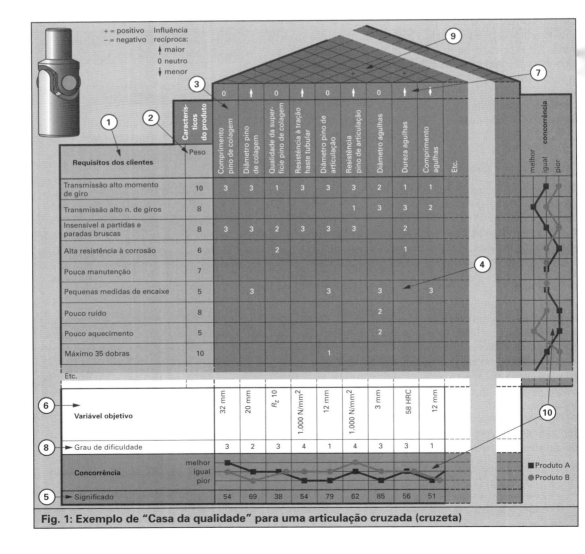

Fig. 1: Exemplo de "Casa da qualidade" para uma articulação cruzada (cruzeta)

1.6 Ferramentas da gestão da qualidade total (TQM)

Passos de trabalho na elaboração de uma "Casa da qualidade" (fig. 1, página anterior):

1. Levantamento dos requisitos dos clientes;

2. Ponderação dos requisitos dos clientes (de 1 = não importante até 5 ou 10 = importante);

3. Desenvolvimento de característicos de produto até que todos os requisitos dos clientes estejam atendidos;

4. Constatação das relações entre requisitos e característicos e avaliação dessas relações (3 = forte, 2 = média, 1 = fraca);

5. Levantamento do significado dos característicos do produto pela multiplicação do peso do requisito do cliente pelo peso da relação e posterior adição de todos em cada coluna;

6. Transformação dos característicos do produto em variáveis medíveis (se possível);

7. Detecção da direção de variação preferida da variável objetivo do característico do produto e marcação por setas ("quanto menor, tanto melhor" ou "quanto maior, tanto melhor");

8. Estimar um grau de dificuldade para a realização de cada característico do produto (1 = fácil até 5 = difícil);

9. Detecção de efeitos recíprocos positivos ou negativos entre os característicos do produto;

10. Comparação do produto planejado com produtos concorrentes

    a) a partir dos requisitos dos clientes,
    b) a partir dos característicos do produto.

1.6.3 FMEA – *Failure Mode and Effects Analysis*

O método da análise de modos de falha e efeitos (FMEA) foi desenvolvimento na década de 1960 pela Nasa, Estados Unidos, para projetos aeroespaciais. Na Alemanha ela se espalhou na tecnologia de fabricação, principalmente na indústria automobilística, na segunda metade dos anos 1980.

Na FMEA são listados, já na fase de planejamento, defeitos que podem ocorrer num sistema (por exemplo, motosserra), numa peça determinada ou num processo de fabricação. Em seguida, cada defeito é investigado e analisado quanto à probabilidade de ocorrer, aos seus efeitos e à probabilidade de ser detectado. Com um sistema de pontos, os defeitos são avaliados segundo esses três critérios. Pela multiplicação dos 3 números de pontos (veja tabela adiante), obtém-se um número que indica o risco prioritário (RPZ), entre 1 e 1.000. Quanto maior o número, mais crítico o defeito. Com valores altos de RPZ, é imprescindível agir. No formulário para a FMEA há colunas no lado direito para inserir ações de melhoria.

> O objetivo de uma FMEA é detectar e eliminar potenciais defeitos já na fase de planejamento.

Além disso, com FMEA tem-se a vantagem de juntar sistematicamente todo o conhecimento experimental sobre defeitos, suas causas e efeitos sobre a qualidade, para torná-lo disponível na empresa para outros planejamentos.

> Uma constante aplicação da FMEA conduz à constante redução de defeitos.

> De acordo com a área de aplicação, distinguem-se 3 tipos de FMEA:
>
> **1. FMEA de sistemas:**
> Com ela se investiga um sistema completo (por exemplo, um caminhão) ou componentes, por exemplo, a direção de um sistema completo, e é aplicada no desenvolvimento, após a conclusão da concepção do produto.
>
> **2. FMEA de projetos:**
> Com ela se investigam os característicos construtivos de peças individuais, após a elaboração dos documentos para a fabricação.
>
> **3. FMEA de processos:**
> Quando os planos de fabricação de peças, componentes e sistemas estiverem prontos, então os processos de fabricação são investigados quanto a possíveis fontes de defeitos com a FMEA de processos.

A FMEA é realizada por um grupo. Os resultados são colocados num formulário de FMEA e avaliados (página 91).

Exemplo de uma FMEA de processo:

Parte 1:

1. Listar passos de trabalho (coluna 1);

2. Listar todos os defeitos potenciais possíveis em cada passo de trabalho (coluna 2);

3. Listar todos os efeitos potenciais de cada defeito (coluna 3);

4. Listar as causas dos defeitos (coluna 4);

5. Listar as medidas de prevenção e de teste já planejadas (coluna 5);

6. Estimar a probabilidade de ocorrência por um número da tabela 1 (coluna A);

7. Estimar os efeitos do defeito, se o cliente o detecta, por um número da tabela 2 (coluna B);

8. Estimar a probabilidade de detecção por um número da tabela 3 (coluna E);

9. Calcular número de risco prioritário RPZ do defeito (coluna RPZ) pela multiplicação dos números nas colunas A, B e E. Com esse número os defeitos podem ser ordenados, e fica claro que defeitos devem ser evitados com medidas urgentes.

Parte 2:

Nas colunas seguintes, o grupo coloca medidas planejadas para evitar defeitos, bem como as pessoas e as divisões responsáveis e os prazos para a implementação delas. Em seguida, calcula-se para essas medidas o número de risco prioritário, como na parte 1. A comparação dos novos números com os primeiros dá uma medida da efetividade das ações planejadas.

Tab. 1: Avaliação da probabilidade de ocorrência (coluna A)

Classificação	Frequência	Avaliação
Improvável, defeito não pode ocorrer	0	1
Muito pequena, defeito só pode ocorrer em condições pouco frequentes	1/10.000	2 até 3
Pequena, defeito pode ocorrer eventualmente	1/2.000	4 até 6
Moderada, de acordo com a experiência, ocorrem dificuldades seguidamente	1/100	7 até 8
Alta, defeito ocorre com frequência maior	1/2	9 até 10

Tab. 2: Avaliação dos efeitos dos defeitos (significado – coluna B)

Classificação	Avaliação
Nenhum efeito	1
Sem significado – cliente tem pequeno incômodo	2 até 3
Defeito mediano – produto ainda funciona, cliente é molestado e fica zangado	4 até 6
Defeito grave – cliente zangado, há necessidade de reparos	7 até 8
Defeito muito grave – por exemplo, queda do sistema todo, há danos subsequentes	9
Defeito crítico quanto à segurança – perigo de acidentes	10

Tab. 3: Avaliação da probabilidade de detecção (coluna E)

Classificação	Avaliação
Alta – defeito funcional que será detectado	1
Moderada – alta probabilidade de detecção, por exemplo, em testes	2 até 5
Baixa – defeito não facilmente detectável	4 até 6
Muito baixa – defeito difícil de detectar	9
Improvável – defeito coberto, verificações não são possíveis	10

1.6 Ferramentas da gestão da qualidade total (TQM)

FMEA — *Failure Mode and Effect Analysis*

FMEA de processo

Pessoa de contato: Huber — Divisão: KP-3 — Cliente:

Nome da peça: bomba de combustível — N. da peça: 30 165 327 0003

Modelo ano 1988	Tipo KP 65	Data aceite: 01.06.1988	Data: 26.04.1994	Folha 1 de 1
Elaborado por: ABM — Data 26.04.1994	Revisado por: — Data:	Aprovado por: — Data:		

Sequência do processo/do trabalho	Defeitos potenciais	Efeitos Consequências	Causas	Estado atual: Medidas de prevenção e teste	A	B	E	RPZ	Medidas recomendadas	Estado melhorado: Responsáveis, prazo	Medidas tomadas	A	B	E	RPZ
1. Montagem bobina	Não vedado, água entra	Não funciona, curto circuito	Erro no trabalho, esqueceu vedação	Nenhuma	3	7	10	210	Sequências de trabalho separadas e inspeção visual	Muller/KP-3 15.05.1994	Mudança plano de trabalho e de teste 10.05.1994	3	7	5	105
	Bobina errada	Perturbação da função	Entrega errada	Verificação do código de cores	2	7	7	98	–						
2. Montagem pistão, assento de mola e de carcaça	Pistão trava	Perturbação da função	Sujeira, cepilho, rebarba	Enxaguar carcaça, verificar movimento	4	4	7	112	–						
	Assento da carcaça não serve	Posição errada do assento da carcaça, perturbação da função	Pressão errada na prensa	Nenhuma	4	7	7	196	Controlar pressão prensa (1x/dia)	Muller/KP-3 15.05.1994	Mudança plano de trabalho e de manutenção 10.05.1994	3	7	5	105

Recapitulação e aprofundamento

1. Quais objetivos o método de gestão TQM persegue?
2. Enumere e explique os 6 blocos de construção da TQM.
3. Na definição do objetivo "orientado para o cliente", distingue-se entre cliente externo e interno. Explique as diferenças.
4. Cite 3 exemplos de aplicação da representação por fluxograma.
5. O que diz o princípio de Pareto?
6. Que finalidade tem um cartão de coleta de defeitos?
7. Explique a estrutura de um diagrama de Ishikawa.
8. Juntamente com o diagrama de Ishikawa são citadas as 7 grandezas perturbadoras (às vezes, também 5). Cite e explique-as.
9. Cite um procedimento que pode ser bem representado por um diagrama de evolução.
10. Um estudante obteve um resultado negativo em uma prova. Na gestão da qualidade isso corresponde a um defeito. Faça uma análise de árvore de falha para esse evento.
11. Que conclusões podem ser tiradas de um diagrama de dispersão?
12. Explique a estrutura de um diagrama em matriz para comparação de pares.
13. Que objetivos são perseguidos com o método de planejamento QFD?
14. No formulário da "Casa da qualidade", o que é colocado
    a) na horizontal?
    b) na vertical?
15. Que objetivos são almejados com uma FMEA?
16. Cite 3 tipos de FMEA e suas aplicações.
17. Descreva a estrutura de um formulário FMEA.

1.6.4 Controle estatístico de processos

1.6.4.1 Introdução

A situação econômica requer cada vez mais a melhoria contínua da qualidade e da produtividade na produção em série e em massa. Detectar e selecionar peças defeituosas no final do processo não serve mais, e causa custos muito altos. Nas últimas décadas, tornou-se cada vez mais necessário controlar continuamente os resultados parciais e globais dos processos de fabricação. Havendo indícios de tendência a resultados insatisfatórios ou já ocorrendo peças defeituosas, o processo pode ser parado e corrigido em tempo. A produção de peças defeituosas pode ser reduzida, se não totalmente eliminada.

Para reduzir ao mínimo o trabalho de inspeção e, com isso, os custos, usam-se amostras, o que pressupõe que o comportamento dos resultados do processo foi pesquisado e é bem conhecido.

Com o controle dos processos com métodos estatísticos, são coletadas muitas informações úteis para a contínua otimização dos processos. Refugo e retrabalho se reduzem. Se o processo de fabricação é suficientemente conhecido e está sob controle, a inspeção pode ser reduzida, o que reduz os custos de inspeção.

Os dados coletados servem também para a documentação do processo, frequentemente solicitada pelos clientes ou importante para demonstrar o cumprimento de imposições legais segundo a lei de responsabilidade civil pelo produto.

Controle de qualidade e de processo

No controle da qualidade, o inspetor (humano ou automático) classifica a peça inspecionada como boa ou ruim. Para isso, pode-se fazer uma inspeção 100% (controle contínuo da qualidade) ou uma por amostragem (controle estatístico da qualidade). Se, logo depois da inspeção e detecção de defeitos, for realizada uma correção no processo, fala-se em regulagem contínua do processo ou regulagem estatística do processo, com inspeção 100% e por amostragem, respectivamente. A figura 1 na próxima página esclarece esses tipos de regulagem do processo.

4.6 Ferramentas da gestão da qualidade total (TQM)

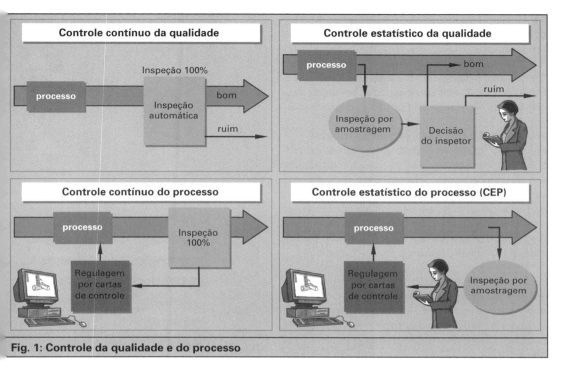

Fig. 1: Controle da qualidade e do processo

No controle estatístico de processos, pode-se obter um quadro bastante correto do processo de fabricação a partir de estatísticas advindas de amostras pequenas retiradas regularmente.

Com auxílio de uma carta de controle da qualidade, desenvolvida já nos anos 1920 nos Estados Unidos por Shewart[1], os valores são representados em gráficos continuamente. Com isso, tendências na evolução do processo podem ser verificadas em tempo. Antes de um característico sair dos limites de tolerância pode-se interferir no processo, evitando peças defeituosas. Assim, fecha-se o circuito de controle da qualidade. Hoje em dia usam-se programas computacionais para as avaliações estatísticas. Bons fundamentos em Estatística são pressupostos para avaliação e julgamento das estatísticas.

Influências aleatórias e sistemáticas
Na questão das causas da dispersão dos valores, pode-se diferenciar duas classes. As influências aleatórias decorrem da dispersão natural dos processos, que ocorre sem que haja perturbação neles. Fatores influentes podem estar localizados nos próprios processos (por exemplo, pequenas mudanças de temperatura, características não homogêneas dos materiais) ou derivar da medição (por exemplo, estimar valores intermediários em escalas, ou defeito por diversos pontos de medição na peça).

As influências sistemáticas obedecem a uma regularidade (lei) e deslocam a dispersão. Uma causa pode ser o desgaste da ferramenta. Sendo conhe-

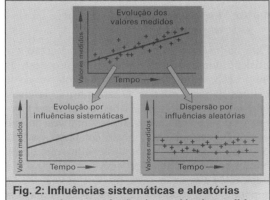

Fig. 2: Influências sistemáticas e aleatórias sobre a evolução das variáveis medidas

---
[1] Walter Andrew Shewart (1891-1967), cientista norte-americano.

cida a regularidade, essas influências podem ser compensadas pela regulagem estatística do processo.

Como influências aleatórias e sistemáticas se sobrepõem (fig. 2), elas são separadas por indicativos estatísticos (indicativo da posição e da dispersão).

Processos sob controle e processos capazes
Para poder aplicar o controle estatístico de processos (CEP), o processo de fabricação precisa satisfazer certas condições. Um processo é capaz se a dispersão não atinge certa parte nas proximidades do limite de tolerância e permanece constante em característica e tamanho por um tempo maior. Se a dispersão for grande em relação às tolerâncias, não será possível produzir somente peças boas.

Se a posição da dispersão se altera dentro dos limites de tolerância, o processo pode ser capaz, mas não está sob controle. Ele estará sob controle somente se for possível corrigir continuamente a posição. Dispersão muito grande e posição que não se deixa estabilizar caracterizam um processo fora de controle e não capaz. A figura 1 mostra as diferentes possibilidades. O uso do controle estatístico de processos só tem sentido se o processo for capaz e estiver sob controle (caso A). Em processo apenas não capaz (caso B) ou apenas fora de controle (caso C), o CEP pode ser usado para minimizar a ocorrência de peças defeituosas. Quando o processo for não capaz e fora de controle (caso D), os resultados dependem do acaso e o CEP não traz benefício algum.

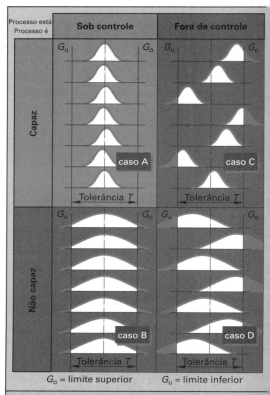

G_o = limite superior G_u = limite inferior
Fig. 1: Processos capazes e sob controle

Número de classes e largura das classes

Inicialmente, os valores medidos devem ser divididos em classes. Para isso, é necessário determinar o número de classes e a largura delas. Para amostras de tamanho n entre 30 e 400, calculam-se essas duas variáveis pelas fórmulas abaixo. Se a compilação dos dados é feita manualmente, arredonda-se para cima e para baixo, conforme conveniente. Na compilação computacional, o programa de CEP assume os valores calculados mais precisos.

1.6.4.2 Representar e analisar dados de inspeção

Para conhecer a característica da dispersão e a posição dos dados de inspeção no processo de fabricação, retira-se uma amostra e coletam-se os valores de teste obtidos. O tamanho da amostra não deve ser menor que n = 50 para se obter valores estatísticos confiáveis, representativos do universo. Os valores obtidos são coletados na lista original. A partir de todos esses números, dificilmente se pode dizer algo sobre o tamanho e a posição da dispersão, razão por que os valores são separados em classes e representados numa lista com traços ou num diagrama de blocos.

Número de classes $k = \sqrt{n}$
Largura da classe $w \approx \dfrac{R_n}{k}$
$R_n = x_{imáx} - x_{imín}$

R_n	=	amplitude da grandeza na amostra de tamanho n
$x_{imáx}$	=	maior valor do característico medido
$x_{imín}$	=	menor valor do característico medido

.6 Ferramentas da gestão da qualidade total (TQM)

Exemplo 1:

Na verificação da capacidade de máquinas, foi inspecionado o seguinte característico na haste tubular com uma amostra n = 50:

Medida interna do garfo 26 + 0,1 (fig. 1)

Medida máxima G_o = 26,10 mm
Medida mínima G_u = 26,02 mm
Tolerância T = 0,1 mm
Meio da tolerância = 26,05 mm

Os dados de teste estão na lista original (tab. 1).

a) **Cálculo do número de classes k e da largura das classes w:**

$$k \sim \sqrt{n} = \sqrt{50} \sim 7$$

$$R_n = x_{imáx} - x_{imín} = 26,10 - 26,02$$

$$R_n = 0,08 \text{ mm}$$

$$w \sim \frac{R_n}{k} = \frac{0,08}{7} \sim 0,01 \text{ mm}$$

b) **Determinação dos limites das classes**

Para que nenhum valor de teste possa localizar-se exatamente no limite de uma classe, estabelecem-se os limites com uma casa decimal a mais com final 5. Com isso, todos os valores de testes são inequivocamente alocados numa classe. No caso, as classes são as seguintes:

1. 26,015-26,025
2. 26,025-26,035
etc.

Se se pretender alocar os limites de tolerância nos diagramas, pode ser necessário acrescentar classes inferiores e superiores que contenham esses valores. No caso, haveria duas classes anteriores:

1. 25,995-26,005
2. 26,005-26,015
etc.

c) **Lista de traços e histograma**

Para obter um quadro do tamanho e da posição da dispersão da característica testada, representa-se a frequência nas classes na lista de traços e/ou num histograma (diagrama de blocos da frequência) (figs. 2 e 3).

Análise: Os valores de teste estão todos dentro dos limites de tolerância, mas mostram uma tendência de proximidade com o limite superior G_o. Com grande probabilidade, pode-se esperar valores acima desse limite. Além disso, a dispersão é grande relativamente à tolerância. Isso implica que o processo é não capaz.

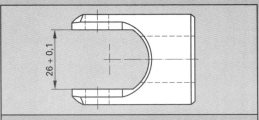

Fig. 1: Medida interna do garfo 26 + 0,1

Tab. 1: Lista original dos valores de teste

Lista original				
Característico:	medida interna do garfo		26 + 0,1 mm	
1	26,04	26,06	26,05	26,06	26,05
2	26,07	26,09	26,05	26,04	26,08
3	26,07	26,05	26,07	26,07	26,06
4	26,05	26,02	26,03	26,08	26,06
5	26,08	26,05	26,08	26,10	26,07
6	26,04	26,06	26,06	26,05	26,03
7	26,06	26,08	26,04	26,07	26,09
8	26,06	26,10	26,09	26,06	26,07
9	26,05	26,06	26,06	26,08	26,05
10	26,08	26,07	26,09	26,08	26,09

Tamanho da amostra n:	50
Maior valor $x_{imáx}$:	26,10
Menor valor $x_{imín}$:	26,02
Amplitude $R_n = x_{imáx} - x_{imín}$:	0,08

Classe n.	Classe de	Classe até	Lista de traços	Frequência por classe
1	25,995	26,005		0
2	26,005	26,015		0
3	26,015	26,025	I	1
4	26,025	26,035	II	2
5	26,035	26,045	IIII	4
6	26,045	26,055	IIIIIIIII	9
7	26,055	26,065	IIIIIIIIIII	11
8	26,065	26,075	IIIIIIII	8
9	26,075	26,085	IIIIIIII	8
10	26,085	26,095	IIIII	5
11	26,095	26,105	II	2
12	26,105	26,115		0

Fig. 2: Lista de traços

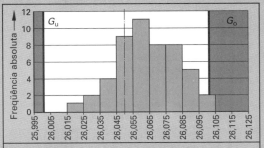

Fig. 3: Histograma da frequência absoluta

Exemplo 2:

Na verificação da capacidade de máquinas, foi inspecionado o seguinte característico na haste tubular com uma amostra n = 50:

Coaxialidade Ø 20H7 a Ø 40 (fig. 1)

Medida máxima G_o = 0,1 mm
Medida mínima G_u = 0 mm
Tolerância T = 0,1 mm
Meio da tolerância = 0,05 mm

Os dados de teste estão na lista original (tab. 1).

a) **Cálculo do número de classes k e da largura das classes w:**

$k \sim \sqrt{n} = \sqrt{50} \sim 7$

$R_n = x_{imáx} - x_{imín} = 0,12 - 0,06$

$R_n = 0,06$ mm

$w \sim \dfrac{R_n}{k} = \dfrac{0,06}{7} \sim 0,01$ mm

b) **Determinação dos limites das classes**

Procedendo como no exemplo 1, obtém-se as classes:

1. 0,055-0,065
2. 0,065-0,075
etc.

Alocar o limite superior de tolerância nos diagramas é simples, uma vez que ele está no campo dos valores de teste. O limite inferior é zero – caso ideal –, difícil de se obter na prática. Então, pode-se acrescentar algumas classes para se aproximar deste limite. No caso,

1. 0,005-0,015
2. 0,015-0,025
etc.

c) **Lista de traços e histograma (fig. 2 e fig. 3)**

Análise:
Ao contrário do exemplo anterior, mostra-se aqui um quadro bem diferente da distribuição dos valores de teste. Isso decorre do fato de que obter coaxialidade muito pequena é difícil. Com este processo não se obtêm valores abaixo de 0,06 mm, o que explica a assimetria da distribuição. Assimetria é verificada em todos os casos de limite de tolerância zero. É reconhecível que para cima a dispersão aumenta, e será difícil manter os valores dentro dos limites de tolerância com este processo.

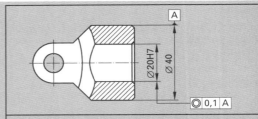

Fig. 1: Característico de teste – coaxialidade

Tab. 1: Lista original dos valores de teste

Lista original				
Característico: coaxialidade 0,1 mm				
	d = 20H7			para d = 40	
1	0,08	0,09	0,06	0,08	0,07
2	0,06	0,10	0,07	0,06	0,08
3	0,07	0,06	0,09	0,08	0,07
4	0,09	0,07	0,08	0,07	0,09
5	0,06	0,08	0,07	0,12	0,06
6	0,07	0,09	0,06	0,07	0,08
7	0,09	0,07	0,11	0,08	0,07
8	0,06	0,07	0,08	0,09	0,10
9	0,08	0,11	0,07	0,10	0,06
10	0,10	0,06	0,09	0,07	0,07

Tamanho da amostra n:	50
Maior valor $x_{imáx}$:	0,12
Menor valor $x_{imín}$:	0,06
Amplitude $R_n = x_{imáx} - x_{imín}$:	0,06

Classe n.	Classe de	Classe até	Lista de traços	Frequência por classe
1	0,005	0,015		0
2	0,015	0,025		0
3	0,025	0,035		0
4	0,035	0,045		0
5	0,045	0,055		0
6	0,055	0,065	IIIIIIIIII	10
7	0,065	0,075	IIIIIIIIIIIIIII	15
8	0,075	0,085	IIIIIIIIII	10
9	0,085	0,095	IIIIIIII	8
10	0,095	0,105	IIII	4
11	0,105	0,115	II	2
12	0,115	0,125	I	1

Fig. 2: Lista de traços

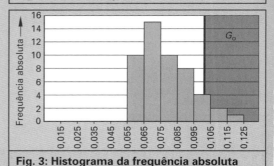

Fig. 3: Histograma da frequência absoluta

1.6 Ferramentas da gestão da qualidade total (TQM)

Exemplo 3:

A firma MOBE compra caixas de agulhas. Numa inspeção da qualidade com uma amostra n = 125, pretende-se verificar a capacidade do processo produtivo do fornecedor no que diz respeito ao característico dureza de acordo com as tolerâncias requeridas:

Dureza da superfície 700-800 HV 5 (fig. 1).

Medida máxima G_o = 800 HV 5
Medida mínima G_u = 700 HV 5
Tolerância T = 100 HV 5
Meio da tolerância C = 750 HV 5

Os dados de teste estão na lista original (tab. 1).

a) **Cálculo do número de classes k e da largura das classes w:**

$k \sim \sqrt{n} = \sqrt{125} \sim 11$

$R_n = x_{imáx} - x_{imín} = 798 - 701$

$R_n = 97$ HV 5

$w \sim \dfrac{R_n}{k} = \dfrac{97}{11} \sim 10$ HV 5

b) **Determinação dos limites das classes (fig. 2 e fig. 3)**
Procedendo como no exemplo 1, inserindo também os limites de tolerância, obtêm-se as classes:
1. 689,5-699,5; 2. 699,5-709,5; etc.

c) **Lista de traços e histograma (fig. 2 e fig. 3)**

Análise:
A lista de traços e o histograma mostram duas concentrações de dados de teste: em 715 e 765 HV 5. Isso faz presumir que as peças foram produzidas em dois lotes e depois misturadas ou foram endurecidas em duas plantas distintas. Tem-se uma distribuição mista, com duas partes simétricas. Cada parte simétrica pode ser de um processo capaz e, com correção do centro, também sob controle. Mas a distribuição mista revela um processo não capaz. Como a distribuição termina abruptamente embaixo, é presumível que o fornecedor tirou peças defeituosas antes da remessa.

Classe n.	Classe de	até	Lista de traços	Frequência por classe
1	689,5	699,5		0
2	699,5	709,5	IIIIIIIII	9
3	709,5	719,5	IIIIIIIIIIIIIIIIIIIIII	22
4	719,5	729,5	IIIIIIIIIIIIIIIII	17
5	729,5	739,5	IIIIIIIIIII	11
6	739,5	749,5	IIIIIII	7
7	749,5	759,5	IIIIIIIIIIII	12
8	759,5	769,5	IIIIIIIIIIIIIIIIIIIIIIII	24
9	769,5	779,5	IIIIIIIIIIIIII	14
10	779,5	789,5	IIIIII	6
11	789,5	799,5	III	3
12	799,5	809,5		0

Fig. 2: Lista de traços

Têmpera superficial: 700-800 HV 5

Fig. 1: Caixa de agulhas com característico "dureza"

Tab. 1: Lista original dos valores de teste

Lista original				
Característico: dureza 700 – 800 HV 5				
Medida mínima: 700 HV 5			Medida máxima: 800 HV 5	
1	741	788	706	778	712
2	751	731	711	721	767
3	733	759	763	763	722
4	760	721	720	714	753
5	722	765	710	771	730
1	771	712	764	729	740
2	710	776	715	765	707
3	781	780	762	717	788
4	702	733	714	728	719
5	791	735	713	778	770
1	744	756	760	769	725
2	750	720	710	711	769
3	739	765	769	778	731
4	762	716	715	727	752
5	728	774	768	764	740
1	777	707	768	754	701
2	715	739	764	718	798
3	784	757	763	777	718
4	708	729	712	729	770
5	790	766	701	760	723
1	748	714	744	752	763
2	759	773	731	713	737
3	732	709	728	772	759
4	761	751	761	720	749
5	723	778	712	785	704

Tamanho da amostra n:	125
Maior valor $x_{imáx}$:	798,00
Menor valor $x_{imín}$:	701,00
Amplitude $R_n = x_{imáx} - x_{imín}$	97,00

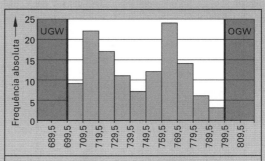

Fig. 3: Histograma da frequência absoluta

Frequência absoluta e relativa e frequência cumulativa

Na análise estatística de amostras, os valores de teste classificados podem ser representados de diferentes maneiras:

1. As frequências individuais
Os valores são listados numa tabela por classes. No histograma, esses valores são representados graficamente. Na frequência individual absoluta, coloca-se em cada classe o número de valores de teste pertinentes, e na frequência individual relativa, a porcentagem deles na amostra. Com essas porcentagens pode-se generalizar as conclusões para o lote todo, com certa probabilidade.

2. A frequência cumulativa
Aqui o número de valores de uma classe é adicionado aos das classes anteriores. Obtém-se sempre o número de valores de teste até a classe em questão. Como no caso anterior, pode-se somar o número absoluto ou relativo de valores de teste e colocá-los em tabela ou histograma.

Nas tabelas e figuras abaixo, todas as frequências absolutas e relativas, individuais e cumulativas dos exemplos 1 e 2 foram representadas em tabelas e histogramas.

Tab. 1: Frequência individual e cumulativa do exemplo 1 (medida interna do garfo 26 + 0,1)

Classe de	até	Frequência individual absoluta	relativa	Frequência cumulativa absoluta	relativa
25,995	26,005	0	0,0%	0	0,0%
26,005	26,015	0	0,0%	0	0,0%
26,015	26,025	1	2,0%	1	2,0%
26,025	26,035	2	4,0%	3	6,0%
26,035	26,045	4	8,0%	7	14,0%
26,045	26,055	9	18,0%	16	32,0%
26,055	26,065	11	22,0%	27	54,0%
26,065	26,075	8	16,0%	35	70,0%
26,075	26,085	8	16,0%	43	86,0%
26,085	26,095	5	10,0%	48	96,0%
26,095	26,105	2	4,0%	50	100,0%
26,105	26,115	0	0,0%	50	100,0%

Tab. 2: Frequência individual e cumulativa do exemplo 2 (coaxialidade)

Classe de	até	Frequência individual absoluta	relativa	Frequência cumulativa absoluta	relativa
0,005	0,015	0	0,0%	0	0,0%
0,015	0,025	0	0,0%	0	0,0%
0,025	0,035	0	0,0%	0	0,0%
0,035	0,045	0	0,0%	0	0,0%
0,045	0,055	0	0,0%	0	0,0%
0,055	0,065	10	20,0%	10	20,0%
0,065	0,075	15	30,0%	25	50,0%
0,075	0,085	10	20,0%	35	70,0%
0,085	0,095	8	16,0%	43	86,0%
0,095	0,105	4	8,0%	47	94,0%
0,105	0,115	2	4,0%	49	98,0%
0,115	0,125	1	2,0%	50	100,0%

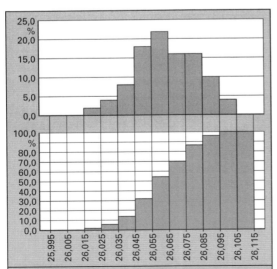

Fig. 1: Histograma da frequência individual relativa e da frequência cumulativa do exemplo 1

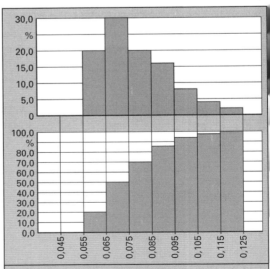

Fig. 2: Histograma da frequência individual relativa e da frequência cumulativa do exemplo 2

1.6.4.3 Modelos matemáticos para descrição de eventos aleatórios

A retirada de amostras de um universo deve ser um evento aleatório. Se a análise de uma amostra suficientemente grande mostrar uma certa característica como, por exemplo, no exemplo 1 uma distribuição em forma de sino, ou no exemplo 2 uma distribuição truncada, pode-se assumir que o universo segue a mesma distribuição.
Se a característica da distribuição for idêntica com um modelo matemático de distribuição conhecido (por exemplo, a distribuição normal segundo Gauss), ela pode ser descrita com poucos parâmetros (por exemplo, média e desvio padrão na distribuição normal). O texto a seguir introduz no cálculo de probabilidades e nesses modelos matemáticos.

Probabilidade

A probabilidade indica quantas vezes certo evento específico ocorre entre um total de possibilidades. É expressa em número fracionário ou decimal entre 0 e 1 ou em porcentagem. Ao se jogar uma moeda, pode-se obter cara ou coroa; se ela for jogada um número suficiente de vezes, a metade dos resultados será cara, a outra metade, coroa.

Por isso, a probabilidade de obter cara numa jogada é ½, 0,5 ou 50%. A probabilidade é calculada pela fórmula:

$$P(E) = \frac{\text{Número de eventos ou resultados favoráveis a E}}{\text{Número total de eventos ou resultados possíveis}}$$

$E =$ evento esperado, resultado esperado num experimento aleatório
$P(E) =$ probabilidade de ocorrência do evento ou resultado esperado

Exemplo 1: Qual a probabilidade de obter 6 ao jogar um dado?
O evento esperado é obter 6, quer dizer, E = 6.
O número 6 só ocorre uma vez no dado, por isso, o número de resultados favoráveis é 1. Como é possível obter 6 resultados diferentes, o número total de possibilidades é 6.
A probabilidade calcula-se da seguinte maneira:

$$P(6) = \frac{1}{6} = 0,167 = 16,7\%$$

Exemplo 2: Qual a probabilidade de obter 2 ou 3 no jogo do dado?

$$P(E = 2 \text{ ou } E = 3) = \frac{2}{6} = \frac{1}{3} = 0,333 = 33,3\%$$

Exemplo 3: Qual a probabilidade de obter cada um dos resultados 2, 3, 4, 5, 6, 7, 8, 9, 10, 11 e 12 jogando dois dados?

Como nesse caso é mais difícil determinar o número de resultados favoráveis a E e o número total de resultados, construiu-se a figura 1 para auxiliar.

Dado 2 \ Dado 1	⚀	⚁	⚂	⚃	⚄	⚅
⚀	2	3	4	5	6	7
⚁	3	4	5	6	7	8
⚂	4	5	6	7	8	9
⚃	5	6	7	8	9	10
⚄	6	7	8	9	10	11
⚅	7	8	9	10	11	12

Fig. 1: Combinações possíveis com dois dados

Nela se pode observar que o total de combinações é 36. Uma combinação dá 2 como resultado, em 2 combinações resulta 3 e em 3 resulta 4, etc. As soluções são:

$$P(E = 2) = \frac{1}{36} = 0,028 \qquad P(E = 8) = \frac{5}{36} = 0,139$$

$$P(E = 3) = \frac{2}{36} = 0,056 \qquad P(E = 9) = \frac{4}{36} = 0,111$$

$$P(E = 4) = \frac{3}{36} = 0,083 \qquad P(E = 10) = \frac{3}{36} = 0,083$$

$$P(E = 5) = \frac{4}{36} = 0,111 \qquad P(E = 11) = \frac{2}{36} = 0,056$$

$$P(E = 6) = \frac{5}{36} = 0,139 \qquad P(E = 12) = \frac{1}{36} = 0,028$$

$$P(E = 7) = \frac{6}{36} = 0,167$$

Função de probabilidade e função de distribuição

Função de probabilidade
Na função de probabilidade são representadas as probabilidades individuais dos eventos.

> A função de probabilidade é expressa por g(x), em que x é o resultado do evento aleatório.

Função de distribuição
Na função de distribuição, as probabilidades individuais são adicionadas e as probabilidades cumulativas são representadas em gráfico.

> A função de distribuição é expressa por G(x), em que x é o resultado dos eventos aleatórios.

Para o exemplo 3, a função de probabilidade desenha uma triângulo (duas funções lineares) e a função de distribuição, uma curva em S.

A tábua com pregos de Galton
A dispersão dos valores de teste num processo de fabricação decorre de uma série de eventos aleatórios. Isso pode ser representado pela tábua de pregos de Galton[1] (fig. 3). Numa tábua há diversas carreiras de pregos, sendo que as carreiras ímpares são alinhadas e as pares, também alinhadas, são deslocadas em relação às primeiras. Por um funil caem bolas sobre o primeiro prego na carreira de cima e são distribuídas com 50% de probabilidade para a direita ou para a esquerda. Na carreira seguinte, cada bola é novamente distribuída com 50% para a direita ou para a esquerda. Cada bola percorre um caminho aleatório pelas carreiras de pregos e finalmente cai num canal de retenção embaixo. Interessa saber que característica de distribuição decorre desses eventos aleatórios. Para isso, é preciso combinar as probabilidades individuais das duas carreiras de pregos.

Para o exemplo 3, obtêm-se as funções das figuras 1 e 2 da próxima página (101).

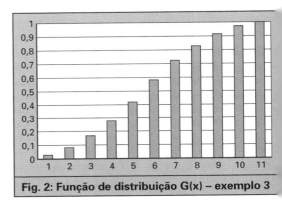

Fig. 1: Função de probabilidade g(x) – exemplo 3

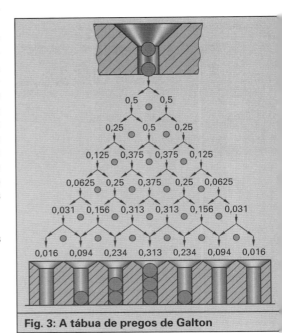

Fig. 2: Função de distribuição G(x) – exemplo 3

Fig. 3: A tábua de pregos de Galton

---
[1] Francis Galton (1822-1911), pesquisador da natureza inglês.

1.6 Ferramentas da gestão da qualidade total (TQM)

Ao se colocar em gráfico as probabilidades (função de probabilidades g(x)), obtém-se uma curva com aspecto de sino (fig. 1) e a função de distribuição G(x) faz uma curva em S (fig. 2).
A figura 3 mostra uma tábua de Galton ampliada, em que também o canal de retenção pode ser deslocado. Assim, pode-se deslocar a posição da distribuição. Num processo de fabricação, isso pode ser causado por influências sistemáticas, por exemplo, o desgaste de uma ferramenta.
Na parte de baixo, distribuições deslocadas podem ser aglutinadas em distribuições mistas, resultando numa distribuição semelhante à obtida no exemplo 3 em 1.6.4.2.

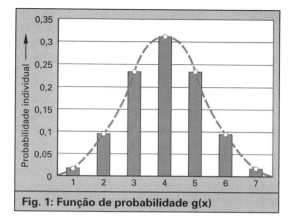

Fig. 1: Função de probabilidade g(x)

A distribuição normal
Se a distribuição dos valores de teste de uma amostra mostrar a característica da figura 1 (curva em sino simétrica), ela pode ser descrita matematicamente pelo modelo da distribuição normal de Gauss[1].
Supondo-se um número infinito de valores individuais de teste e blocos com largura tendendo a zero (largura das classes diminuindo), obtém-se a curva em sino típica da distribuição normal, simétrica e contínua. Na ordenada do histograma (eixo vertical) era colocada a frequência absoluta ou relativa dos valores de teste e agora será colocada a densidade de probabilidade g(x), definida por:

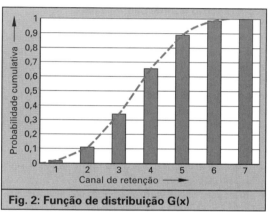

Fig. 2: Função de distribuição G(x)

$$g(x) = \frac{\text{probabilidade de um valor de teste estar numa classe}}{\text{largura da classe}}$$

A distribuição normal é descrita inequivocamente com os parâmetros média μ e desvio padrão σ.

A função de densidade da probabilidade é:

$$g(x) = \frac{1}{\sigma \cdot \sqrt{2 \cdot \pi}} \cdot e^{-\frac{1}{2}\left(\frac{x-\mu}{\sigma}\right)^2}$$

A média está no ponto máximo da curva e define a posição da distribuição no eixo X. O desvio padrão indica a dispersão dos valores de teste (o comportamento de desvio deles em relação à média). O valor do desvio padrão corresponde aos pontos de inflexão da curva a partir da média.

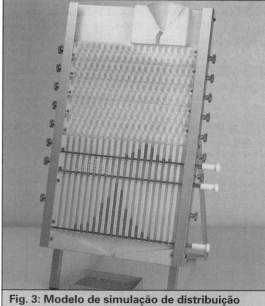

Fig. 3: Modelo de simulação de distribuição normal

---
[1] Karl-Friedrich Gauss (1777-1855), matemático e astrônomo alemão.

Matematicamente, a curva toca o eixo X somente no infinito. A área sob a curva em sino corresponde ao universo. Na prática, usa-se a área de $\mu \pm 3\sigma$ ou de $\mu \pm 4\sigma$, em que ocorrem 99,73 e 99,99 de todos os valores, respectivamente (fig. 1).

A soma dos valores da densidade de probabilidade com x crescente resulta na função de distribuição G(x). Na ordenada pode-se ler o total de valores de $x = -\infty$ até um x_n determinado, o que corresponde à área sob a curva em sino, quer dizer, a integral da função neste intervalo. A curva tem a forma de um S e seu ponto de inflexão está em $x = \mu$, e até lá estão 50% dos valores.

A distribuição normal padronizada

Na aplicação do modelo matemático da distribuição normal numa análise estatística, não interessam os valores de g(x) (densidade de probabilidade) no eixo Y, mas a porção dos valores abaixo ou acima de um dado valor x ou, ainda, a porção entre dois valores de x dados. Ao se inspecionar uma amostra, quer-se saber quantos por centos estão abaixo, quantos acima ou quantos estão entre os limites de tolerância.

Procura-se a integral – a área sob a curva – num intervalo. Os valores estão no eixo Y da função de distribuição. Esses valores podem ser obtidos diretamente em tabela.

A independência de determinadas áreas de dispersão de valores de teste diferentes é alcançada com a introdução de uma variável padronizada u.

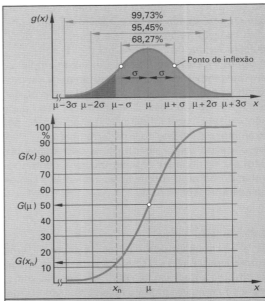

Fig. 1: Função densidade de probabilidade e função de distribuição da normal

$$x = \mu \rightarrow u = \frac{\mu - \mu}{\sigma} = 0$$

$$x = \mu + \sigma \rightarrow u = \frac{\mu + \sigma - \mu}{\sigma} = 1$$

$$x = \mu + 2\sigma \rightarrow u = \frac{\mu + 2\sigma - \mu}{\sigma} = 2$$

$$x = \mu + 3\sigma \rightarrow u = \frac{\mu + 3\sigma - \mu}{\sigma} = 3$$

$$x = \mu - \sigma \rightarrow u = \frac{\mu - \sigma - \mu}{\sigma} = -1$$

$$x = \mu - 2\sigma \rightarrow u = \frac{\mu - 2\sigma - \mu}{\sigma} = -2$$

$$x = \mu - 3\sigma \rightarrow u = \frac{\mu - 3\sigma - \mu}{\sigma} = -3$$

Variável da distribuição normal

$$u = \frac{x \cdot \mu}{\sigma}$$

A média e o desvio padrão dependem da tarefa. Se x assume exatamente o valor de μ, $\mu + \sigma$, $\mu + 2\sigma$, $\mu + 3\sigma$, $\mu - \sigma$, $\mu - 2\sigma$, $\mu - 3\sigma$, então os valores da variável padronizada u podem ser calculadas como no quadro abaixo e obtém-se a distribuição normal padronizada da figura 2.

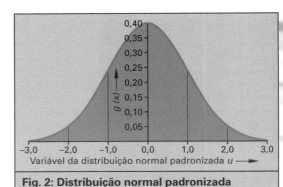

Fig. 2: Distribuição normal padronizada

1.6 Ferramentas da gestão da qualidade total (TQM)

A tabela 1 mostra os valores da função de distribuição G(u) em função da variável normal padronizada u. Tabelas com mais valores de u se encontram em livros de estatística ou os valores de G(u) podem ser calculados.
Com alguns exemplos, explicamos o uso das tabelas.

Exemplo 1: Que porcentagem dos valores estão entre -2σ e $+2\sigma$ numa distribuição normal?

Como a área corresponde à compreendida entre $-2u$ e $+2u$, os valores podem ser obtidos na tabela e o resultado será a diferença entre eles.

$G(u = +2) = 97{,}72\%$ $G(u = -2) = 2{,}28\%$

Diferença: $97{,}72 - 2{,}28 = 95{,}44\%$

Exemplo 2: Que percentual dos valores está entre $-1{,}6\sigma$ e $+0{,}8\sigma$ de uma distribuição normal?

$G(u = +0{,}8) = 78{,}81\%$ $G(u = -1{,}6) = 5{,}48\%$

Diferença: $78{,}81 - 5{,}48 = 73{,}33\%$

Tab. 1: Valores G(u) da distribuição normal padronizada

u	G(x)	G(x) em %	u	G(x)	G(x) em %
-3,0	0,0013	0,13%	0,2	0,5793	57,93%
-2,8	0,0026	0,26%	0,4	0,6554	65,54%
-2,6	0,0047	0,47%	0,6	0,7257	72,57%
-2,4	0,0082	0,82%	0,8	0,7881	78,81%
-2,2	0,0139	1,39%	1,0	0,8413	84,13%
-2,0	0,0228	2,28%	1,2	0,8849	88,49%
-1,8	0,0359	3,59%	1,4	0,9192	91,92%
-1,6	0,0548	5,48%	1,6	0,9452	94,52%
-1,4	0,0808	8,08%	1,8	0,9641	96,41%
-1,2	0,1151	11,51%	2,0	0,9772	97,72%
-1,0	0,1587	15,87%	2,2	0,9861	98,61%
-0,8	0,2119	21,19%	2,4	0,9918	99,18%
-0,6	0,2743	27,43%	2,6	0,9953	99,53%
-0,4	0,3446	34,46%	2,8	0,9974	99,74%
-0,2	0,4207	42,07%	3,0	0,9987	99,87%
0	0,5000	50,00%			

Símbolos para universo e amostra
Para a avaliação de um processo de fabricação, dificilmente se pode usar um universo de valores na análise estatística. É preciso trabalhar com amostras. Frequentemente, os processos também precisam ser avaliados quando entram em operação. Com os valores da distribuição obtidos com a amostra, os parâmetros do universo são estimados. Para diferenciar entre os parâmetros do universo e da amostra, usam-se outros símbolos (tab. 2).

Cálculo de $\bar{x}$ e s
A média aritmética $\bar{x}$ (leia-se x-barra) e o desvio padrão s de uma amostra de tamanho n são calculados pelas fórmulas ao lado. Os dois valores podem ser obtidos rapidamente na calculadora de bolso. Com o desvio padrão calcula-se o afastamento médio dos valores individuais x_i da média $\bar{x}$. O quadrado e a raiz quadrada garantem que desvios positivos e negativos não se anulem mutuamente.

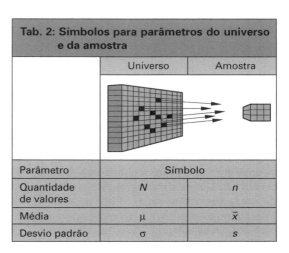

Tab. 2: Símbolos para parâmetros do universo e da amostra

	Universo	Amostra
Parâmetro	**Símbolo**	
Quantidade de valores	N	n
Média	μ	$\bar{x}$
Desvio padrão	σ	s

$$\bar{x} = \frac{\Sigma x_i}{n} = \frac{x_1 + x_2 + \ldots x_n}{n}$$

$$s = \sqrt{\frac{\Sigma(x_i - \bar{x})^2}{n-1}}$$

$x_i = x_1, x_2 \ldots x_n$ (valores individuais)

Frequentemente encontram-se dois valores de s em calculadoras: s_{n-1} e s_n (também σ_n e σ_{n-1}). A diferença está no que é usado no denominador: n ou n-1. Em amostras, calcula-se com n-1.

Exemplo: Para os valores de teste normalmente distribuídos (medida interna do garfo) com medida nominal de 26 + 0,1, tamanho de amostra $n = 50$ e lista original do exemplo 1 em 1.6.4.2, calcule média e desvio padrão.

Os valores calculados são:

$$\bar{x} = 26,064 \text{ mm}$$
$$s = 0,0185 \text{ mm}$$

Com esses dois valores já é possível desenhar o modelo matemático da distribuição de Gauss correspondente (fig. 1). Como a área sob a curva representa a quantidade dos valores, pode-se reconhecer, depois de traçar os limites de tolerância (G_u e G_o) nela, que se deve esperar uma porção de defeituosas acima do limite superior de tolerância, embora na lista original não haja valor fora da tolerância. Com a função de distribuição, essa quantidade pode ser obtida graficamente. Supondo-se que o processo de fabricação seja normalmente distribuído, essa porção de defeituosas é esperada a médio e longo prazo.

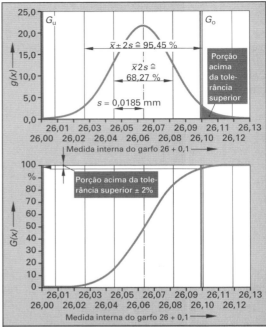

Fig. 1: Função de probabilidade e função de distribuição

Rede de probabilidades

A rede de probabilidades representa a função de distribuição da distribuição normal. A escala da ordenada (eixo Y) foi alterada de forma que a curva em forma de S se tornou uma reta. A escala inicia em 0,05% com afastamentos maiores que, gradativamente, diminuem até 50%; a partir daí, os afastamentos aumentam simetricamente até o máximo em 99,95% (fig. 2).

Num eixo paralelo à ordenada está representado o desvio padrão da distribuição normal u. Com a ajuda desse eixo, pode-se ler imediatamente a média e o desvio padrão para análise estatística de uma amostra.

Depois da determinação da frequência acumulada relativa (percentual), esses pontos podem ser marcados na rede de probabilidades. Se eles estão proximamente sobre uma reta, assume-se que o processo é normalmente distribuído. Com ajuda da reta e do eixo u, pode-se ler a média e o desvio padrão do processo.

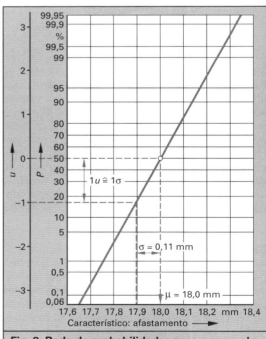

Fig. 2: Rede de probabilidades para o exemplo "afastamento em mm" com média de 18,0 mm

1.6 Ferramentas da gestão da qualidade total (TQM)

1.6.4.4 Análise estatística de séries de medidas na rede de probabilidades

Tarefa:
Com auxílio da rede de probabilidades e os dados do exemplo 1 de 1.6.4.2, em que $n = 50$:

a) julgue se é uma distribuição normal,

b) determine graficamente a média e o desvio padrão,

c) determine a porção (%) fora dos limites de tolerância,

d) determine a porção de peças dentro dos limites de tolerância.

A frequência cumulativa está na tabela 1.

Tab. 1: Frequência cumulativa – característico medida interna do garfo 26 + 0,1

Classe		Frequência acumulada	
de	até	absoluta	relativa
25,995	26,005	0	0,0%
26,005	26,015	0	0,0%
26,015	26,025	1	2,0%
26,025	26,035	3	6,0%
26,035	26,045	7	14,0%
26,045	26,055	16	32,0%
26,055	26,065	27	54,0%
26,065	26,075	35	70,0%
26,075	26,085	43	86,0%
26,085	26,095	48	96,0%
26,095	26,105	50	100,0%
26,105	26,115	50	100,0%

Solução:

a) Julgamento, se é uma distribuição normal:

1. Escolha e marcação de escala sobre o eixo X, de forma a conter todas as classes e os limites de tolerância.

2. Marcação da frequência cumulativa nos limites superiores das classes.

3. Os pontos estão quase sobre uma reta; com alta probabilidade, trata-se de uma distribuição normal.

b) Determinação da média e do desvio padrão

1. A abscissa do ponto cuja ordenada é $u = 50\%$ é a média $\bar{x}$.

2. A partir da ordenada 50%, traça-se uma paralela à reta de probabilidade até cortar o eixo s_z na parte superior do gráfico. O valor encontrado é multiplicado pela divisão da abscissa b. Disso resulta o desvio padrão:

$$s = s_z \cdot b$$

c) Determinação da porção fora dos limites de tolerância

1. Nos limites inferior e superior (G_u e G_o) de tolerância, é traçada uma reta perpendicular ao eixo X.

2. As ordenadas dos pontos em que os limites de tolerância cortam a reta de probabilidades, lidas no eixo P à esquerda e à direita, fornecem, respectivamente, a porção abaixo e acima dos limites de tolerância.

3. Descontando-se do total (100%) a porção abaixo e acima da tolerância, obtém-se a porção dentro dos limites de tolerância.

A figura 1 (página 106) mostra a rede de probabilidades construída para este exemplo.

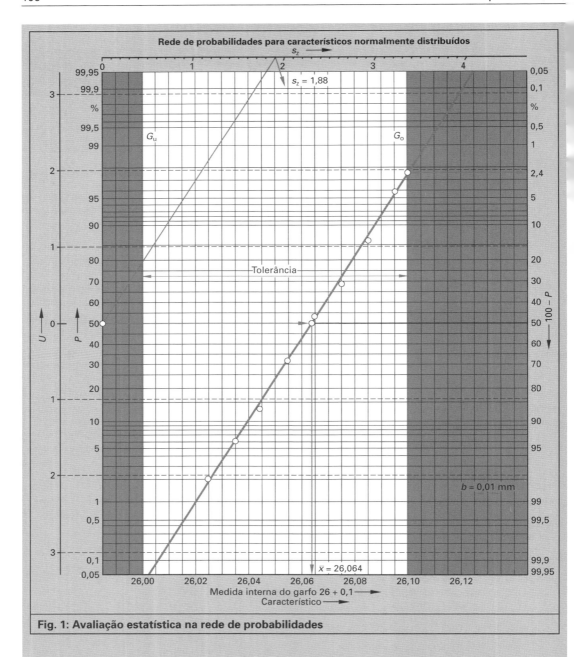

Fig. 1: Avaliação estatística na rede de probabilidades

Resultados:
a) Os dados marcados no gráfico mostram, nitidamente, uma reta. Os resultados do processo são normalmente distribuídos.
b) Média $\bar{x}$ = 26,064 mm
   Valor lido de s_z = 1,88
   b = 0,01 mm
   s = s_z . b = 1,88 . 0,01 = 0,0188 mm

Comparando-se esses resultados com os obtidos nos cálculos, constata-se que a precisão deles é alta.
c) A porção acima dos limites de tolerância é de 2,4%. A porção abaixo é menor que 0,05%. Então, é preciso contar com 2,4% de peças defeituosas.
d) 100% − 2,4% = 97,6% é a porção de peças dentro dos limites de tolerância.

1.6 Ferramentas da gestão da qualidade total (TQM)

Nas tabelas 1 e 2 estão as frequências cumulativas dos exemplos 2 e 3 de 1.6.4.2. As figuras 1 e 2 mostram a análise estatística dessas amostras na rede de probabilidades.

Tab. 1: Frequência cumulativa – característico coaxialidade D = 20 H7 para D = 40

Classe		Frequência cumulativa	
de	até	absoluta	relativa
0,005	0,015	0	0,0 %
0,015	0,025	0	0,0 %
0,025	0,035	0	0,0 %
0,035	0,045	0	0,0 %
0,045	0,055	0	0,0 %
0,055	0,065	10	20,0 %
0,065	0,075	25	50,0 %
0,075	0,085	35	70,0 %
0,085	0,095	43	86,0 %
0,095	0,105	47	94,0 %
0,105	0,115	49	98,0 %
0,115	0,125	50	100,0 %

Tab. 2: Frequência cumulativa – característico dureza 700-800 HV5

Classe		Frequência cumulativa	
de	até	absoluta	relativa
689,5	699,5	0	0,0 %
699,5	709,5	9	7,2 %
709,5	719,5	31	24,8 %
719,5	729,5	48	38,4 %
729,5	739,5	59	47,2 %
739,5	749,5	66	52,8 %
749,5	759,5	78	62,4 %
759,5	769,5	102	81,6 %
769,5	779,5	116	92,8 %
779,5	789,5	122	97,6 %
789,5	799,5	125	100,0 %
799,5	809,5	125	100,0 %

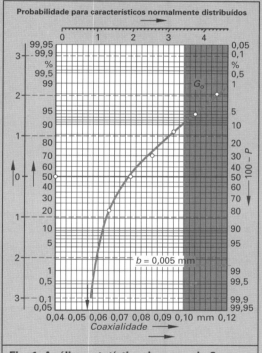

Fig. 1: Análise estatística do exemplo 2

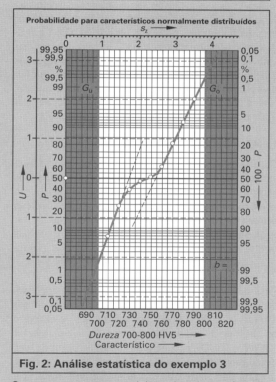

Fig. 2: Análise estatística do exemplo 3

Resultados da análise:
Se os pontos na rede de probabilidades desenham uma curva e não uma reta, a distribuição é não simétrica e o modelo da distribuição normal não pode mais ser utilizado para descrever esse comportamento. É preciso testar se um outro modelo, por exemplo, a distribuição normal logarítmica ou a distribuição de Weibull[1], pode ser usado.

Caso os pontos mostrem dois trechos de reta deslocados, um na parte superior e outro na inferior, trata-se de uma distribuição mista, composta de duas normais ou outras semelhantes. Modernos programas para CEP também podem analisar processos com tais distribuições mistas.

---
[1] Wallodi Weilbull (1887-1979), engenheiro sueco.

Seleção do modelo de distribuição adequado

As análises estatísticas dos exemplos anteriores mostram que nem sempre os valores de teste podem ser descritos pelo modelo da distribuição normal. Antes de iniciar com o CEP, é preciso fazer uma pesquisa intensiva do processo com o objetivo de determinar o modelo da distribuição e os parâmetros adequados para o processo em questão. A aplicação errônea da distribuição normal leva a enganos quanto aos valores de teste a esperar.

A figura 1 mostra as consequências da aplicação do modelo da distribuição normal numa distribuição de dados truncada, assimétrica. A distribuição normal mostra uma porção no lado esquerdo, embora nenhum valor ocorra na realidade. A distribuição normal logarítmica se ajusta muito melhor à distribuição real.

A figura 2 mostra uma distribuição retangular com trechos inclinados no início e no final. Com o modelo da distribuição normal, seriam assumidos valores de teste que não ocorrem. Com programas CEP, pode-se encontrar um modelo matemático que representa melhor a verdadeira distribuição. Nesse caso, pode-se usar meias distribuições normais no início e no fim e uma linear entre elas.

1.6.4.5 Cartas de controle de qualidade

Com carta de controle de qualidade, os valores indicativos das distribuições dos valores característicos são controlados continuamente. Em intervalos regulares, tomam-se amostras do processo para medição e análise e os valores indicativos são documentados. A qualidade dos lotes no recebimento de materiais também pode ser controlada com tais cartas. A figura 3 mostra uma carta de controle da média.

Para poder reagir logo a mudanças no processo, os valores indicativos do processo precisam ser limitados. Quando os valores indicativos atingem os limites de advertência superior e/ou inferior (OWG[1] e UWG[2], respectivamente), as porções fora dos limites de tolerância ainda podem ser aceitas, mas há perigo de que o processo piore mais. Frequentemente, nestes casos, o processo é controlado em períodos mais curtos. Sendo ultrapassado um limite de intervenção superior ou inferior (OEG[3] e UEG[4], respectivamente), é preciso parar o processo, pesquisar causas, corrigir ajustes de má-

[1] OWG = lim sup adv
[2] UWG = lim inf adv
[3] OEG = lim sup ação
[4] UEG = lim inf ação

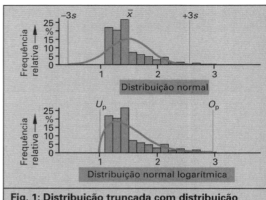

Fig. 1: **Distribuição truncada com distribuição normal e distribuição normal logarítmica**

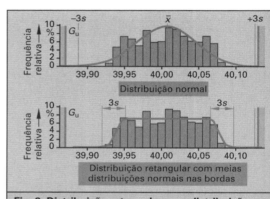

Fig. 2: **Distribuição retangular com distribuição normal e modelo de distribuição ajustado**

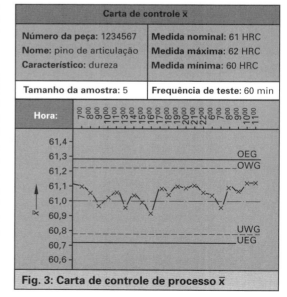

Fig. 3: **Carta de controle de processo $\bar{x}$**

1.6 Ferramentas da gestão da qualidade total (TQM)

quinas ou trocar ferramentas. As medidas que terão de ser tomadas num caso particular são documentadas no plano de teste.

Tipos de cartas de controle de qualidade
Para característicos de qualidade contínuos (medições), diferencia-se entre dois tipos de cartas de controle:

1. Cartas de controle de processo (cartas de Shewart[1])
Essas cartas não se utilizam de valores-limites predefinidos. Limites de ação e de advertência (OEG, OWG e UWG, UEG) são estimados a partir dos parâmetros (média e desvio padrão) de uma distribuição-base. A figura 1 mostra isso a partir de dados originais.

Se o processo de fabricação consiste de uma repetição de um processo já executado, os valores-limites são estimados a partir dos parâmetros da distribuição deste processo.

Para a execução primeira do processo, estimam-se os parâmetros da distribuição a partir de um pré-teste (por exemplo, 25 amostras de tamanho n = 5). Com o andamento do processo, pode-se obter novos valores de medição que são inseridos nos cálculos de novos limites mais precisos.

2. Cartas de controle no recebimento de materiais
Aqui os limites de advertência e de ação são calculados com base nas tolerâncias. Admite-se uma distribuição cuja dispersão é de 4σ, às vezes, também 5σ, entre os limites de tolerância. Esse procedimento é exemplificado na figura 2.

Há cartas de controle de processo e para controle no recebimento de materiais; em ambos os casos pode-se usar valores originais de medição ou valores indicativos de posição ou de dispersão de uma amostra (tab. 1). Para controle simultâneo da posição e da dispersão de um processo, usam-se, preferencialmente, cartas $\bar{x}$ e cartas R ou cartas $\bar{x}$ e cartas s combinadas, sendo que o cálculo de R é mais fácil do que o de s.

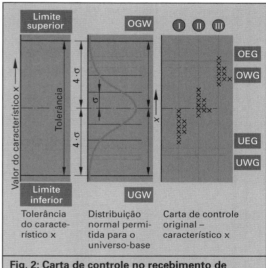

Fig. 1: Carta de controle de processo (Shewart)
– do universo-base à carta de controle –
exemplo: carta com dados originais

Fig. 2: Carta de controle no recebimento de materiais – da tolerância à carta de controle
– exemplo: carta com dados originais

Tab. 1: Cartas de controle

Valores originais (carta x)	
Valores indicativos da posição	Valores indicativos da dispersão
Mediana (carta $\tilde{x}$)	Amplitude (carta R)
Média aritmética (carta $\bar{x}$)	Desvio padrão (carta s)

---
[1] Walter Andrew Shewart (1891-1967), cientista norte-americano.

Área de dispersão aleatória numa distribuição normal

Limites de ação e de advertência são determinados com auxílio da área de dispersão aleatória (99% e 95%) da distribuição normal do universo-base. Essa dispersão aleatória dá a área em que estão 99% e 95% dos valores do característico. Os limites podem ser obtidos com auxílio da rede de probabilidades – a figura 1 mostra a determinação do limite de advertência (95%) – ou uma tabela dos valores de G(u).

Determinação dos limites de advertência e de ação numa carta de controle da média

Se os parâmetros média μ e desvio padrão σ de um universo-base forem conhecidos, pode-se determinar os limites de advertência e de ação para uma carta de controle da média.

Exemplo:
Na pré-operação de um processo da fabricação de resistências elétricas, foram determinados os seguintes parâmetros:

$\mu = 100\ \Omega$, $\sigma = 2\ \Omega$. Na figura 1a (p. 111) está o histograma e na 1b, o modelo matemático da distribuição normal correspondente.

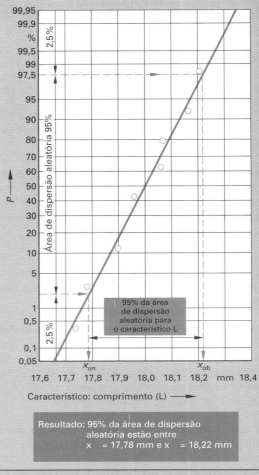

Fig. 1: Determinação de 95% da área de dispersão aleatória com a rede de probabilidades

Recapitulação e aprofundamento

1. Explique a estrutura de uma rede de probabilidades.
2. Que valor pode ser lido na rede de probabilidades com P = 50%?
3. Que forma tem a função G(x) na rede de probabilidades se a distribuição é normal?
4. Como se calcula a média aritmética?
5. Como se calcula o desvio padrão?
6. Como se determinam a largura da classe e o número de classes para um histograma?
7. Descreva a estrutura de uma carta de controle de qualidade.
8. Que objetivos são perseguidos com o uso de cartas de controle de qualidade?
9. Diferencie entre cartas de controle de processos e cartas de controle no recebimento de materiais.
10. Para que grandezas indicativas há cartas de controle?
11. A posição e a dispersão dos valores de um característico devem ser documentadas e analisadas manualmente. Que combinação de cartas de controle você sugere?
12. Como se pode determinar 95% da área de dispersão dos valores do característico numa rede de probabilidades?
13. Como se pode determinar o desvio padrão das médias a partir do desvio padrão dos valores do característico?

1.6 Ferramentas da gestão da qualidade total (TQM)

Tarefa:
O processo de fabricação a seguir deverá ser controlado com amostras regulares de tamanho n = 10. Para uma carta de controle $\bar{x}$, calcular os limites de advertência e de intervenção.

As figuras 1c e 1d mostram 3 histogramas de amostras e suas distribuições normais correspondentes, que podem derivar do histograma da pré-operação. A amostra I está bem à esquerda na dispersão na pré-operação, a amostra II, no centro, e a amostra III bem à direita. A probabilidade de ocorrência das duas amostras dos extremos é bem pequena. Se o processo permanece constante, é de se esperar, com grande probabilidade, amostras semelhantes à de número II com dispersão igual ou maior. Daqui se conclui que as médias das amostras individuais também têm dispersão normal.

Solução:
O desvio padrão da distribuição das médias pode ser calculado por:

$$\sigma_{\bar{x}} = \frac{\sigma_n}{\sqrt{n}} = \frac{2\Omega}{\sqrt{10}} = 0{,}632\Omega$$

A figura 1e mostra a distribuição normal das médias $\bar{x}$. Os limites para as cartas de controle podem ser determinados com 95% e 99% da área de dispersão aleatória (fig. 1e e fig.1f).

Cálculo dos limites:

$$OEG = \mu + u_{0,995} \cdot \frac{\sigma}{\sqrt{n}}$$
$$= 100\Omega + 2{,}5758 \cdot \frac{2\Omega}{\sqrt{10}} = 101{,}63\Omega$$

$$UEG = \mu - u_{0,995} \cdot \frac{\sigma}{\sqrt{n}}$$
$$= 100\Omega - 2{,}5758 \cdot \frac{2\Omega}{\sqrt{n}} = 98{,}371\Omega$$

$$OWG = \mu + u_{0,975} \cdot \frac{\sigma}{\sqrt{n}}$$
$$= 100\Omega + 1{,}96 \cdot \frac{2\Omega}{\sqrt{10}} = 101{,}24\Omega$$

$$UWG = \mu - u_{0,975} \cdot \frac{\sigma}{\sqrt{n}}$$
$$= 100\Omega - 1{,}96 \cdot \frac{2\Omega}{\sqrt{n}} = 98{,}76\Omega$$

Os valores das variáveis da distribuição normal padronizada u (aqui 2,5758 e 1,96) são extraídos de uma tabela G(u).

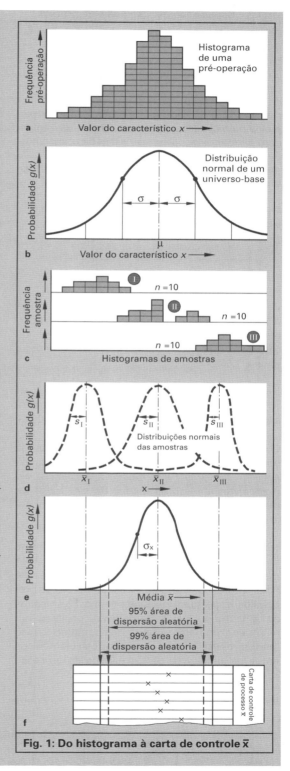

Fig. 1: Do histograma à carta de controle $\bar{x}$

1.6.4.6 Capacidade de máquina e de processo

Por capacidade de máquina entende-se a capacidade de uma máquina produzir e manter, com probabilidade suficiente, os valores de um característico dentro dos limites prescritos. Para verificar essa capacidade, toma-se uma amostra em sequência de tamanho $n \geq 50$. Todas as grandezas de influência sobre o processo de fabricação, por exemplo, meios para testes, pessoal, matéria-prima, regulagem da máquina, devem ser mantidas constantes durante a fabricação da amostra. Os valores estimados da média e do desvio padrão[1] dessa amostra caracterizam a precisão da máquina (fig. 1).

A partir dos parâmetros da amostra calculam-se c_m e c_{mk} como:

$$c_m = \frac{T}{6 \cdot \hat{\sigma}} \qquad c_{mk} = \frac{|\Delta_{krit}|}{3 \cdot \hat{\sigma}}$$

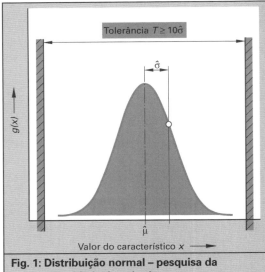

Fig. 1: **Distribuição normal – pesquisa da capacidade de máquina**

A máquina é tida como capaz se a tolerância corresponde a, no mínimo, 10σ (fig. 1). O número indicativo da capacidade c_m assume um valor maior ou igual a 1,66.

Na indústria automobilística, facilmente se requer $\hat{\sigma}$ 1/12 da tolerância. Então, uma máquina será capaz se o valor de c_m for maior ou igual a 2,00.

Como c_m não dá informações sobre a posição da distribuição dentro dos limites de tolerância, calcula-se c_{mk} segundo a fórmula acima, onde Δ_{cr} é o menor afastamento da média. Se este valor for maior ou igual a 1,66, a máquina é capaz também segundo esse critério.

Na capacidade do processo procede-se de forma semelhante: pesquisa-se o processo de fabricação mantendo constantes as grandezas de influência. Para estimar os parâmetros da distribuição de probabilidade, pesquisam-se, no mínimo, 25 amostras de tamanho $n = 5$ cada, tomadas do processo em intervalos regulares. A partir dos parâmetros estimados média e desvio padrão, calculam-se os números indicativos da capacidade do processo c_p e c_{pk}, como segue:

$$c_p = \frac{T}{6 \cdot \hat{\sigma}} \qquad c_{pk} = \frac{|\Delta_{krit}|}{3 \cdot \hat{\sigma}}$$

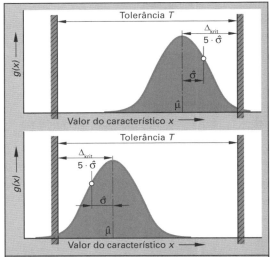

Fig. 2: **Distribuição normal não centralizada na área de tolerância**

Recapitulação e aprofundamento

1. Como se calculam os números indicativos da capacidade de máquinas c_m e c_{mk}?
2. No que consiste a diferença entre a capacidade de máquina e a de processo?
4. Numa pesquisa da capacidade de máquina, foram obtidos $c_m = 1,45$ e $c_{mk} = 1,12$. Explique que informações podem ser tiradas desses números.

---

[1] $\hat{\sigma}$ desvio padrão estimado a partir do desvio padrão s da amostra da pesquisa de capacidade; $\hat{\mu}$ média estimada.

1.7 Aprofundamento sobre controle estatístico de processos (CEP)

1.7.1 Generalidades sobre verificação de capacidades

O controle de 100% das peças, no final do processo de fabricação, é cada vez menos usado por causa dos custos. Caso seja possível reduzir a dispersão dos resultados da produção dentro dos limites de especificação, o que corresponde a tornar os processos estáveis, pode-se fazer inspeção por amostragem.

> O objetivo de verificações de capacidades é provar que, com certa segurança estatística, quase todas as peças estão dentro dos limites especificados.

Na fabricação em série de válvulas distribuidoras (fig. 1), pretende-se verificar a precisão da medida 30 ± 0,01 mm. Primeiro, é preciso garantir que o meio de medição utilizado esteja em perfeito estado (controle de meios de medição), e seja capaz de medir a variável com precisão suficiente (capacidade de meio de medição). Uma vez atendidos esses critérios, passa-se a fazer verificações de capacidades das máquinas (verificações de curta duração) e dos processos (verificações de longa duração).

Somente depois de obter resultados positivos nessas verificações, pode-se fazer controle estatístico dos processos (CEP) com cartas de controle (fig. 2).

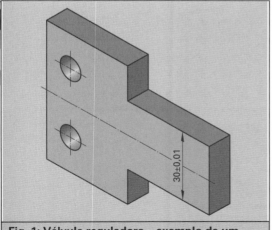

Fig. 1: Válvula reguladora – exemplo de um produto de fabricação em massa

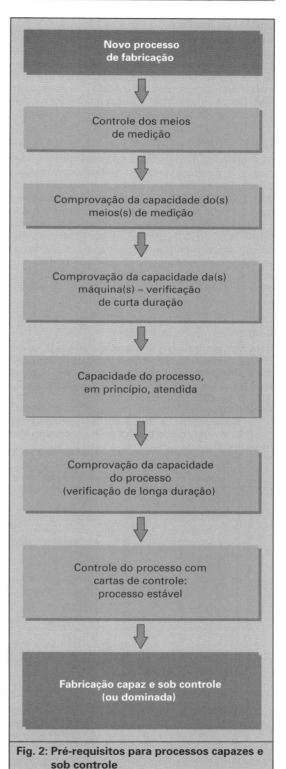

Fig. 2: Pré-requisitos para processos capazes e sob controle

Desvios de medição

A base de um processo seguro é um meio de medição capaz, que pode determinar a medida com precisão adequada. Medidas erradas e inseguras são as consequências de instalações de medição inadequadas, métodos de medição errados; também fatores ambientais e relacionados com o trabalhador podem levar a medidas erradas (fig. 1).

Numa medição unitária, obtém-se um valor x_i incerto, inseguro. Desvios aleatórios das medidas podem ser reduzidos pela repetição da medição. Os resultados são, geralmente, distribuídos segundo uma curva normal e apresentam uma dispersão. A média dessas medições representa a medida sem a influência de erros aleatórios. Desvios sistemáticos das medidas, eventualmente conhecidos, também podem ser considerados. Com isso, pode-se chegar muito próximo à medida correta x_r da variável de medição. Por causa de desvios sistemáticos desconhecidos, o verdadeiro valor x_w nunca pode ser determinado (fig. 2).

Controle de meios de medição

Para manter mínimos os desvios das medidas em relação ao verdadeiro valor, é preciso tomar algumas providências. Todos os meios de medição utilizados na empresa devem estar em perfeito estado de conservação e funcionamento. A confiabilidade deles deve ser assegurada com controles constantes. Os ciclos de controle, a serem fixadas, devem levar em conta a solicitação dos meios de medição.

Os intervalos de controle devem ser bem estabelecidos; para isso, pode-se usar identificação e sistemas computadorizados. Diretrizes, por exemplo, VDI/VDE/DGQ 2618, trazem instruções de controle e *checklists* para os meios de medição mais usados. As tarefas no controle dos meios de medição são: limpeza, manutenção preventiva e corretiva, calibração, ajustagem e, eventualmente, também, aferição.

Na calibração, o meio de medição é comparado com um padrão, cujo valor é tido como verdadeiro. Determina-se o desvio da medida obtida em relação ao valor do padrão e, depois, o meio de medição é ajustado de forma a medir como o padrão. Havendo prescrições legais para a verificação dos meios de medição, eles devem ser aferidos. Uma aferição é uma calibração legalmente prescrita, em que o padrão tem validade nacional. A aferição é realizada por órgãos competentes.

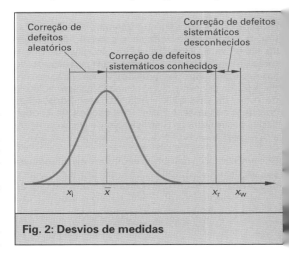

Fig. 2: Desvios de medidas

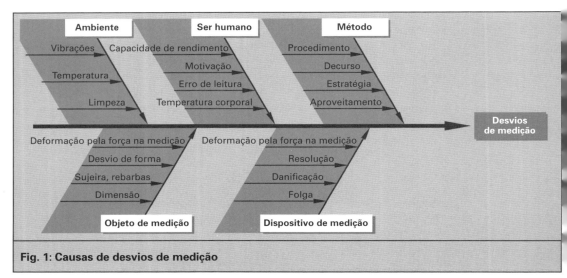

Fig. 1: Causas de desvios de medição

1.7 Aprofundamento sobre controle estatístico de processos (CEP)

Controle específico de meios de medição: capacidade de meios de medição

Dispositivos ou meios de medição podem estar em perfeito estado segundo diretrizes válidas sem, contudo, serem capazes de medir um característico de qualidade num produto com a precisão necessária. Na verificação da capacidade do meio de medição (fig. 1), constata-se se esse é capaz de controlar um característico num produto com precisão suficiente.

No exemplo abaixo, deve-se verificar se um meio de medição é capaz de medir, com segurança, a medida $30 \pm 0,01$ mm.

A verificação da capacidade de meios de medição é feita com procedimentos diversos. Os procedimentos 1 a 4 são utilizados para o controle quantitativo, enquanto o de número 5 serve para o controle qualitativo, por exemplo, com gabaritos.

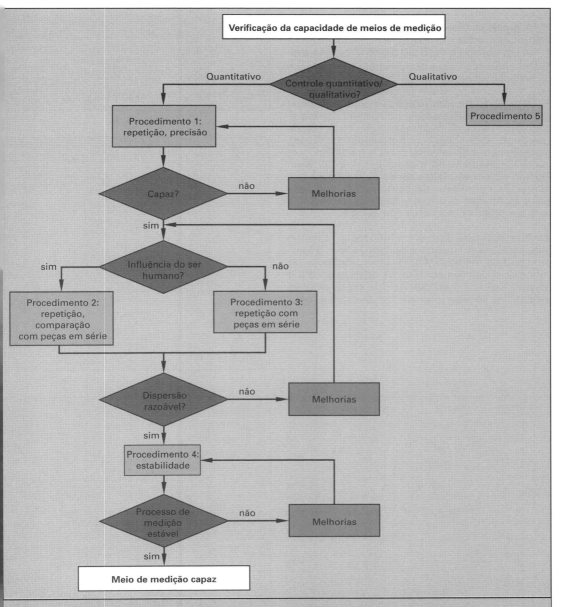

Fig. 1: Procedimentos para verificação cargas capacidade de meios de medição

São verificadas as seguintes características:

1. A **precisão na repetição** (possibilidade de repetir) fornece a precisão com que uma medição pode ser repetida; em outras palavras, ela dá o tamanho da dispersão entre medições repetidas de um mesmo característico de qualidade (fig. 1). Uma peça de teste, cuja medida verdadeira é suficientemente conhecida, é medida seguidas vezes sob condições de contorno estáveis. O desvio padrão resultante reflete a precisão na repetição.

2. A **precisão descreve** a posição da média das medidas tomadas em relação ao verdadeiro valor x_w de um objeto de medição (fig. 2). Aqui são usados os mesmos dados obtidos para a verificação da precisão na repetição.

3. A **precisão na comparação** (reprodutibilidade) verifica o comportamento da dispersão das medidas, decorrente de mudanças nas condições de contorno: diferentes controladores (pessoas), medições em lugares diferentes e medições com vários dispositivos do mesmo tipo (fig. 3). Num mesmo objeto são feitas séries de medições sob diferentes condições de contorno. A diferença entre as médias das séries de medições feitas é uma medida da precisão na comparação.

4. A estabilidade descreve a influência do tempo (dia, hora) sobre medições realizadas com o mesmo meio de medição (fig. 4). Um controlador faz séries de medições em tempos diferentes com o mesmo meio de medição. As diferenças entre as médias das séries é uma medida da estabilidade.

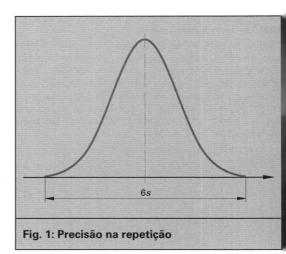

Fig. 1: Precisão na repetição

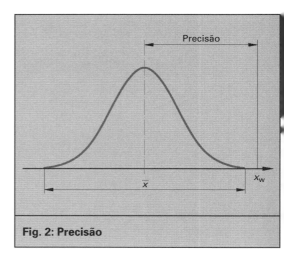

Fig. 2: Precisão

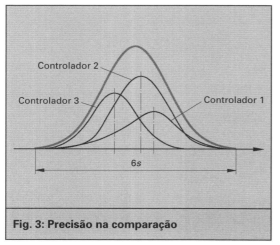

Fig. 3: Precisão na comparação

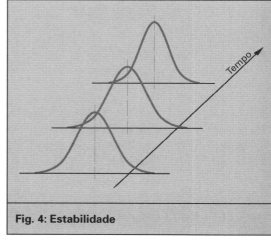

Fig. 4: Estabilidade

1.7 Aprofundamento sobre controle estatístico de processos (CEP)

Na maioria das vezes, são utilizados diferentes métodos de pesquisa:
No procedimento 1 são determinadas a precisão e a precisão na repetição; no procedimento 2 são analisados os efeitos das diferentes condições de contorno (fig.1).

Os pontos de partida na verificação da capacidade de meios de medição são:

- Para a medida da peça a controlar, foi especificada uma tolerância;
- As instalações de medição têm uma resolução menor ou igual (≤) a 5% da tolerância da medida da peça;
- Há um padrão calibrado cujo valor x_r está no centro da tolerância da medida da peça.

No procedimento 1, o padrão calibrado é medido em pontos predefinidos por um controlador, em geral, 50 vezes (no mínimo, 25 vezes). Para determinar a precisão na repetição (dispersão), calcula-se c_g (medida da capacidade), e c_{gk} é calculado para determinar a precisão (medida crítica da capacidade).

A determinação dos coeficientes de capacidade c_g e c_{gk} é mostrada na figura 2. Os cálculos são feitos como segue:

$$c_g = \frac{0,2 \cdot T}{6 \cdot s}$$

Requisito: $c_g \geq 1,33$

$$c_{gku} = \frac{\bar{x} - (x_r - 0,1 \cdot T)}{3 \cdot s}$$

$$c_{gko} = \frac{(x_r + 0,1 \cdot T) - \bar{x}}{3 \cdot s}$$

$$c_{gk} = \text{Min}(c_{gku}; c_{gko})$$

Requisito: $c_{gk} \geq 1,33$

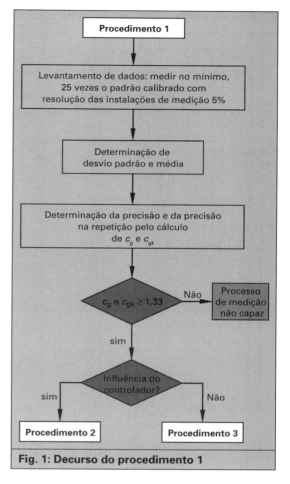

Fig. 1: Decurso do procedimento 1

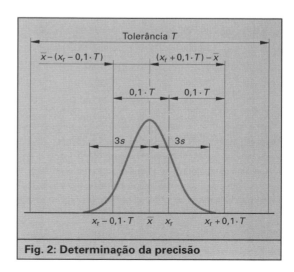

Fig. 2: Determinação da precisão

118   1 Gestão da qualidade (GQ)

1.7. 2 Capacidade de meios de medição

Exemplo:

Verificar, com o procedimento 1, a capacidade do meio de medição – uma argola de medição – medir $30 \pm 0,01$ mm, sendo o valor da escala Skw = 0,001. O objeto de medição é um padrão de calibração com medida x_r = 30,000 mm.

Solução:
Tolerância T = 0,002 mm
Resolução da tolerância A:
A = ...

$$A = \frac{Skw}{T} \cdot 100\% = \frac{0,001 \text{ mm}}{0,02 \text{ mm}} \cdot 100\% = 5\%$$

As 50 medidas tomadas por um controlador estão na tabela 1. A média e o desvio padrão delas podem ser calculados.

$$\bar{x} = 29,99994 \text{ mm}$$
$$s = 0,00047 \text{ mm}$$

Determinação da precisão de repetição:

$$c_g = \frac{0,2 \cdot T}{6 \cdot s} = \frac{0,2 \cdot 0,02 \text{ mm}}{6 \cdot 0,00047 \text{ mm}} = 1,42$$
$$c_g \geq 1,33$$

Determinação da precisão:

$$c_{gku} = \frac{\bar{x} - (x_r - 0,1 \cdot T)}{3 \cdot s}$$

$$c_{gku} = \frac{29,99994 \text{ mm} - (30,000 \text{ mm} - 0,1 \cdot 0,02 \text{ mm})}{3 \cdot 0,00047 \text{ mm}}$$

$$= 1,38$$

$$c_{gko} = \frac{(x_r + 0,1 \cdot T) - \bar{x}}{3 \cdot s}$$

$$c_{gko} = \frac{(30,000 \text{ mm} + 0,1 \cdot 0,02 \text{ mm}) - 29,99994 \text{ mm}}{3 \cdot 0,00047 \text{ mm}}$$

$$= 1,46$$

$$c_{gk} = \text{Min}(c_{gko}; c_{kgu}) = 1,38$$

$$c_{gk} \geq 1,33$$

Como $c_g \geq 1,33$ e $c_{gk} \geq 1,33$, a argola de medição é capaz segundo o procedimento 1.

Tab. 1: Medidas

i	x_i	i	x_i	i	x_i	i	x_i	i	x_i
1	30,000	11	30,000	21	30,000	31	30,000	41	30,000
2	30,000	12	30,000	22	30,000	32	30,000	42	30,000
3	30,001	13	30,000	23	30,000	33	30,000	43	30,000
4	30,000	14	30,000	24	30,001	34	30,000	44	30,000
5	30,000	15	30,000	25	29,999	35	30,000	45	29,999
6	30,000	16	30,000	26	30,000	36	29,999	46	30,000
7	30,000	17	30,000	27	30,000	37	29,999	47	29,999
8	30,000	18	30,000	28	30,000	38	30,001	48	30,001
9	30,000	19	30,000	29	30,000	39	30,000	49	30,000
10	30,000	20	30,000	30	30,000	40	29,999	50	29,999

1.7 Aprofundamento sobre controle estatístico de processos (CEP)

Como o meio de medição é capaz, verifica-se com os procedimentos 2 e 3 o sistema de medição *in loco*. O julgamento pode ser feito com auxílio de dois métodos: *Average-Range-Methode* (ARM) e *Analysis of Variance* (ANOVA) *Methode*. Por ser mais simples, usa-se o método ARM.

Procedimento 2 (estudo R & R ou *repeatability and reproducibilitye*)
São controladas 10 peças da fabricação em série que, de preferência, refletem toda a dispersão do processo. Essas peças devem ser medidas, no mínimo, duas vezes por, no mínimo, dois controladores, independentemente. No tratamento dos dados, determinam-se a precisão na repetição e a influência dos controladores ou a precisão na comparação (reprodutibilidade).

Para cada controlador, é verificada, inicialmente, a dispersão das medidas por objeto de medição (10), calculando-se a amplitude das medições feitas na mesma peça. A partir daí, determina-se a amplitude média por controlador $\bar{R}$. Finalmente, calcula-se a média das amplitudes médias dos controladores, representada por $\bar{\bar{R}}$.

A precisão na repetição é o produto da média das amplitudes dos controladores $\bar{\bar{R}}$ pelo fator K_1 tabelado, que depende do nível de confiança e do número de séries medidas. Para fins de comparação, a precisão na repetição é dada em relação a uma grandeza de referência (tolerância).

A precisão na comparação (reprodutibilidade) é produto da amplitude das médias (diferença entre a maior e a menor média do controlador) pelo fator K_2, que depende do nível de confiança e do número de controladores. Expressa em relação à tolerância, obtém-se também uma grandeza de comparação.

A dispersão total leva em conta a precisão na repetição e a precisão na comparação (R & R). Um meio de medição é capaz se %R & R for inferior a 20%. R & R entre 20 e 30% indicam um meio de medição condicionalmente capaz.

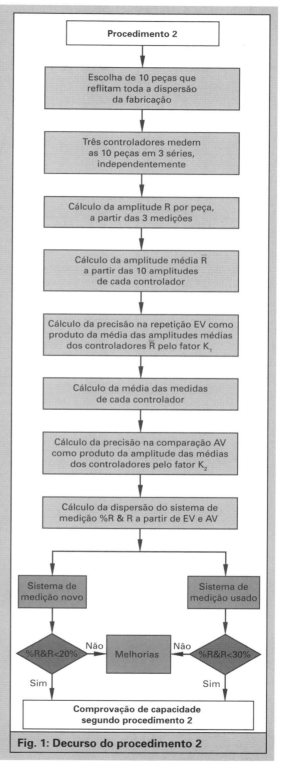

Fig. 1: Decurso do procedimento 2

Meio de medição	Objeto de medição – peça	Característico
Nome: BMS	Nome: válvula distribuidora	Nome: largura
Número: 18	Número: 2	Número: 30 ± 0,01 mm

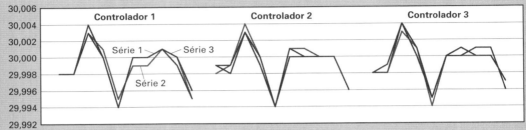

	Controlador 1				Controlador 2				Controlador 3			
Nº.	Série 1	Série 2	Série 3	Amplitude	Série 1	Série 2	Série 3	Amplitude	Série 1	Série 2	Série 3	Amplitude
1	29,998	29,998	29,998	0,000	29,998	29,999	29,999	0,001	29,998	29,998	29,998	0,000
2	29,998	29,998	29,998	0,000	29,999	29,998	29,999	0,001	29,998	29,999	29,998	0,001
3	30,003	30,003	30,004	0,001	30,004	30,003	30,003	0,001	30,003	30,004	30,004	0,001
4	30,001	30,000	30,000	0,001	30,000	29,999	30,000	0,001	30,001	30,000	30,001	0,001
5	29,995	29,994	29,994	0,001	29,994	29,994	29,994	0,000	29,994	29,995	29,995	0,001
6	29,999	30,000	30,000	0,001	30,001	30,000	30,001	0,001	30,000	30,000	30,000	0,000
7	29,999	30,000	30,000	0,001	30,001	30,000	30,000	0,001	30,000	30,001	30,000	0,001
8	30,001	30,001	30,001	0,000	30,000	30,000	30,000	0,000	30,000	30,000	30,001	0,001
9	30,000	30,000	29,999	0,001	30,000	30,000	30,000	0,000	30,000	30,000	30,001	0,001
10	29,995	29,996	29,995	0,001	29,996	29,996	29,996	0,000	29,997	29,997	29,996	0,001
	Amplitude média $\bar{R}_1$:			0,0007	Amplitude média $\bar{R}_2$:			0,0006	Amplitude média $\bar{R}_3$:			0,0008
	Média das medidas 29,9989				Média das medidas 29,9991				Média das medidas 29,9993			

Precisão na repetição WP:
Média das amplitudes médias

$$\bar{\bar{R}} = \frac{R_1 + R_2 + R_3}{3} = \frac{0{,}0007 \text{ mm} + 0{,}0006 \text{ mm} + 0{,}0008 \text{ mm}}{3}$$
$$= 0{,}0007 \text{ mm}$$

$WP = K_1 \cdot \bar{\bar{R}} = 3{,}54 \cdot 0{,}0007 \text{ mm} = 0{,}00248 \text{ mm}$

$\%WP = \dfrac{WP \cdot 100\%}{T} = \dfrac{0{,}00248 \text{ mm} \cdot 100\%}{0{,}02 \text{ mm}} = 12{,}4\%$

Precisão na comparação VP:
Amplitude das médias

$R\bar{x} = 29{,}9993 \text{ mm} - 29{,}9989 \text{ mm} = 0{,}0004 \text{ mm}$

$VP = R\bar{x} \cdot K_2 = 0{,}0004 \text{ mm} \cdot 3{,}14 = 0{,}00126 \text{ mm}$

$\%VP = \dfrac{VP \cdot 100\%}{T} = \dfrac{0{,}00126 \text{ mm} \cdot 100\%}{0{,}02 \text{ mm}} = 6{,}3\%$

Fator	controlador	Série	Nível de confiança	
			99%	99,73%
K_1		2	4,56	5,32
		3	3,05	3,54
K_2		2	3,65	4,28
		3	2,7	3,14

Dispersão total S_m:

$S_m = \sqrt{WP^2 + VP^2} = \sqrt{0{,}00248^2 + 0{,}00126^2} \text{ mm}$
$= 0{,}00278 \text{ mm}$

$\%S_m = \dfrac{S_m \cdot 100\%}{T} = \dfrac{0{,}00278 \text{ mm} \cdot 100\%}{0{,}02 \text{ mm}} = 13{,}9\%$

Resultado:

0%	20%	30%	
Capaz	Condicionamento capax		Não capaz

1.7 Aprofundamento sobre controle estatístico de processos (CEP)

Procedimento 3:
Quando o controlador não pode influenciar na medição (p. ex., medição automática), usa-se o procedimento 3 (fig. 1) ao invés do anterior, desde que haja a comprovação da capacidade segundo o procedimento 1. Vinte e cinco peças que, de preferência, refletem a dispersão do processo de fabricação, devem ser medidas sob condições estáveis, em 2 séries. Calcula-se a amplitude para cada objeto de medição e, em seguida, a média dessas amplitudes. Ao se multiplicar essa média pelo fator K_1, obtém-se a precisão na repetição que já é também a dispersão do sistema de medição, uma vez que não há influência do controlador.

Procedimento 4:
Com o procedimento 4 (fig. 1, próxima página), verifica-se o comportamento do meio de medição ao longo do tempo (estabilidade). O objeto de medição é o padrão de calibração do procedimento 1. Ele é medido 2 a 5 vezes seguidas, em intervalos predefinidos, ao longo de um período maior, por exemplo, um turno de trabalho. Os dados obtidos são colocados em carta de controle. Diz-se que o meio de medição é estável, se todos os valores estiverem dentro dos limites de ação.

Para o cálculo dos limites de ação, utiliza-se o valor do padrão x_r:

Lim inf ação

$$UEG = x_r - 0.075 \cdot T$$

Lim sup ação

$$OEG = x_r + 0,075 \cdot T$$

Nº	Medição 1	Medição 2	Amplitude
1	29,998	29,997	0,001
2	29,998	29,998	0,000
3	29,998	29,998	0,000
4	30,003	30,002	0,001
5	30,004	30,005	0,001
6	30,000	30,000	0,000
7	29,995	29,994	0,001
8	29,994	29,995	0,001
9	30,000	30,000	0,000
10	29,999	30,000	0,001
11	30,000	30,001	0,001
12	30,001	30,001	0,000
13	30,000	30,000	0,000
14	29,995	29,993	0,002
15	29,996	29,995	0,001
16	29,998	29,999	0,001
17	29,999	29,999	0,000
18	29,998	29,999	0,001
19	30,004	30,003	0,001
20	30,003	30,002	0,001
21	29,999	30,000	0,001
22	29,994	29,994	0,000
23	29,994	29,995	0,001
24	30,000	30,001	0,001
25	30,001	30,000	0,001
		Amplitude média:	0,00072

Precisão na repetição EV

Fator	Séries	Nível de confiança	
		99%	99,73%
K_1	2	4,56	5,32
	3	3,05	3,54

$$EV = K_1 \cdot \bar{\bar{R}} = 5,32 \cdot 0,00072 \text{ mm} = 0,0038 \text{ mm}$$

$$\%EV = \frac{EV \cdot 100\%}{T} = \frac{0,0038 \text{ mm} \cdot 100\%}{0,02 \text{ mm}} = 19\%$$

Dispersão do sistema de medição R&R

$\%R\&R = \%EV = 19\%$

Fig. 1: Exemplo para procedimento 3

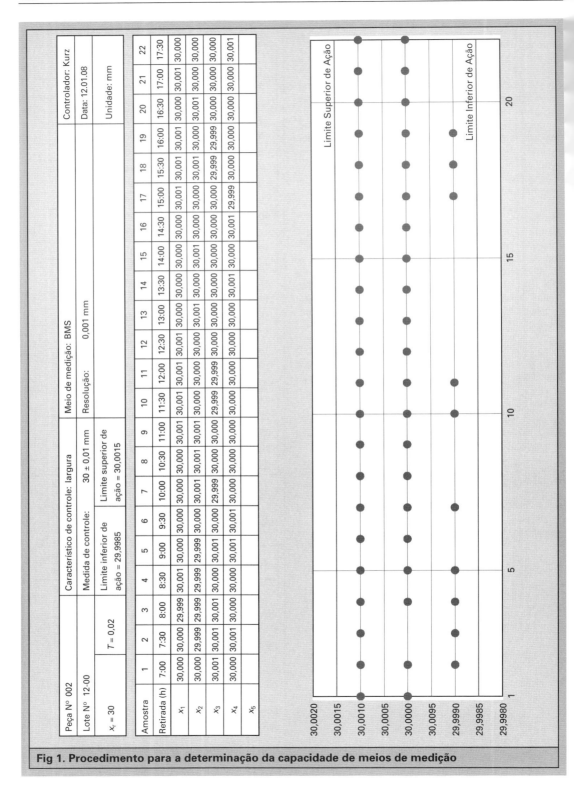

Fig 1. Procedimento para a determinação da capacidade de meios de medição

1.7 Aprofundamento sobre controle estatístico de processos (CEP)

Procedimento 5

O controle do diâmetro do furo 10H7 na válvula distribuidora é feito, por razões de custos, com auxílio de um gabarito. Por se tratar de um controle qualitativo (bom/ruim) os procedimentos 1 a 4 são inadequados para a verificação da capacidade do meio de medição/controle. No procedimento 5 são controladas 20 peças da produção por dois controladores (fig. 1).

O característico dessas peças deve estar próximo ao limite de tolerância. Dois controladores testam, independentemente, as peças em 2 ciclos.

O meio de medição ou controle é julgado capaz, se cada controlador tiver avaliado igualmente todas as peças, em todos os ciclos.

Se o sistema de medição ou teste for não capaz, é preciso verificar se ele pode ser otimizado, por exemplo, pelo monitoramento dos efeitos ambientais, quando esses podem falsificar os resultados das medições. Outras possibilidades consistem em introduzir um sistema de medição mais preciso e fazer uma verificação crítica da necessidade das tolerâncias requeridas.

Peça Nº 002		Característico de controle: Furo		Meio de medição: gabarito nº 074	
Lote Nº 12-00		Medida de controle: 10 H7		Resolução:	
Resultados:	+	Bom	Avaliação	Sim	Concordância
	−	Ruim		Não	Não concordância
Controlador:	Huber		Steger		Avaliação
Ciclo:	1	2	3	4	
Peça nº					
1	+	+	+	+	Sim
2	+	+	+	+	Sim
3	−	−	−	−	Sim
4	+	+	+	+	Sim
5	+	+	+	+	Sim
6	−	−	−	−	Sim
7	+	+	+	+	Sim
8	+	+	+	+	Sim
9	+	+	+	+	Sim
10	+	+	+	+	Sim
11	+	+	−	+	Não
12	−	−	−	−	Sim
13	+	+	+	+	Sim
14	+	+	+	+	Sim
15	+	+	+	+	Sim
16	+	+	+	+	Sim
17	+	+	+	+	Sim
18	−	−	+	−	Não
19	+	+	+	+	Sim
20	+	+	+	+	Sim

Fig. 1: Controle qualitativo

1.7.3 Capacidade de máquinas

A verificação das capacidades com a introdução de novo processo de fabricação, consiste de diversas fases (fig. 2. p. 113). Depois de assegurar a capacidade do meio de medição, passa-se à verificação da capacidade das máquinas ou de curta duração. Essa verificação faz parte da recepção ou aceitação da máquina.

A verificação da capacidade de curta duração dá informações sobre a capacidade de uma máquina ou instalação produzir qualidade, ou se determinada tarefa de fabricação pode ser realizada com ela. A capacidade de uma máquina produzir qualidade depende, entre outros, da precisão de posicionamento da peça, da rigidez e do estado de desgaste da máquina (fig. 1).

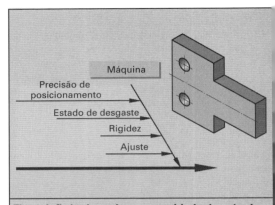

Fig. 1: Influências sobre a capacidade da máquina

No exemplo abaixo, deve ser verificado se a máquina é capaz de produzir, com segurança, a válvula distribuidora com a medida 30 ± 0,01 mm.

Na verificação da capacidade de máquinas, deve-se proceder como segue:

Preparação
- As peças a fabricar devem provir do mesmo lote de materiais;
- Um meio de medição capaz e calibrado deve estar disponível;
- A máquina deve entrar em funcionamento cerca de uma hora antes de começar a verificação da capacidade. Deve ser controlado e assegurado que a temperatura na máquina assumiu e mantém um valor constante;
- A máquina deve ser operada por trabalhador experiente, que deve usar ferramentas novas e precisas;
- Algumas peças devem ser fabricadas de antemão e suas medidas devem ser controladas; a máquina deve ser justada no centro da tolerância.

Realização
- Peças devem ser fabricadas (em geral 50) em sequência e sob condições ideais e, depois, numeradas;
- As medidas a serem controladas devem ser feitas com um meio de medição adequado, e os valores, documentados. Em caso de grandes desvios em relação ao esperado, a medição deve ser repetida.

Avaliação
- Os valores devem ser classificados; devem ser verificado se eles seguem uma distribuição normal;
- Média e desvio padrão devem ser calculados;
- Os coeficientes de capacidade cm e cmk devem ser determinados;
- Os resultados devem ser interpretados.

A determinação da capacidade de máquinas pode ser feita, por exemplo, com o Excel (tab. 1).

Tab. 1: Passos para a determinação da capacidade de máquinas

Passos de trabalho	Variável	Processamento no Excel
Inserção dos valores medidos no Excel	Valor	
Limites de tolerância	Superior Inferior	
Cálculo da tolerância	T	= limite superior – limite inferior
Número de medidas	n	= Número(valores)
Valor mínimo Valor máximo	mín máx	= mínimo(valores) = máximo(valores)
Destacar em vermelho os valores fora da tolerância		Format --> Formatação condicional
Média	xq	= média(valores)
Desvio padrão	st	= desvio padrão(valores)
Amplitude R	R	= máx – mín
Número de classes	k	= raiz (raízes)
Extensão da classe	w	=R/k
Frequência		
Frequência cumulativa		= frequência(valores; limite superior de classe)
Frequência absoluta		{= frequência(valores; limite superior de classe)}
Frequência relativa		
Fazer gráficos		
Capacidade de máquina		
Valores prescritos	c_m desejado	
	c_{mk} desejado	
Cálculo de c_m	c_m	=T/6/s
Afastamento da média – limite superior	Z_{sp}	=OGW-xq
Afastamento da média – limite inferior	Z_{if}	=xq-UTG
Afastamento crítico	Z_{cr}	=Min(Zob;Zun)
Cálculo de c_{mk}	c_{mk}	=Zkrit/3/st
Perguntar, se c_m adequado		Quando($c_m \geq c_m$ desejado; "c_m adequado"; "c_m não adequado")
Perguntar, se c_{mk} adequado		Quando($c_{mk} \geq c_{mk}$ desejado; "c_{mk} adequado"; "c_{mk} não adequado")
Perguntar, se máquina capaz		Quando(e($c_m \geq 1,66; c_{mk} \geq 1,66$); "máquina capaz"; "máquina não capaz")

1.7.4 Exercício sobre capacidade de máquina

Tarefa:

Compilar e colocar em gráfico os dados da tabela 1. Os cálculos e a avaliação devem ser feitos com Excel (tab. 2).

Solução:
Depois de inserir os valores medidos no Excel, eles devem ser analisados. Para cada parâmetro serão atribuídos nomes; os dados inseridos recebem, por exemplo, o nome "valores", escrito no campo nome (fig. 1).

Com os outros parâmetros procede-se da mesma forma. As variáveis podem ser tratadas no item "inserção", "nome" ou "definição". O número de classes e a sua amplitude são calculados como no exemplo da página 95. Essa é base para o cálculo das frequências nas classes (fig. 1).

Os valores calculados devem ser arredondados: ("= arr (número; número de casas decimais)"). A determinação da frequência relativa nj é feita com a fórmula matricial "frequência" (fig. 2):

A matriz de resultados é marcada (no exemplo, D37:D43). A função "frequência" (inserir função) requer a fonte dos dados (no exemplo, "valores"), bem como a matriz do limite superior das classes C37:C43). A fórmula matricial é concluída com a combinação das teclas Ctrl +Alt + Insert.

O resultados são as frequências absolutas nas classes.

Tab. 1: Medidas da largura de peças (mm)

30,002	30,003	30,002	30,006	30,003
30,000	30,001	30,002	29,996	29,999
30,001	30,003	30,003	29,998	30,002
30,002	30,000	30,000	30,001	30,001
29,999	30,001	30,003	30,000	30,001
30,003	30,003	30,001	30,002	30,001
30,003	30,001	30,001	30,003	30,001
30,005	30,000	29,999	29,999	30,005
30,003	30,000	30,000	30,001	30,001
29,998	30,002	30,007	30,001	30,000

Tab. 2: Análise das medidas (mm)

Valor nominal		30
Limite superior		30,010
Limite inferior		29,990
Tolerância T		0,02
Número de medidas n		50
Mínimo		29,996
Máximo		30,007
Média $\bar{x}$	$\bar{x} = \dfrac{\Sigma \cdot x}{n}$	30,001
Desvio padrão s	$s = \sqrt{\dfrac{\Sigma (x_1 - \bar{x})^2}{n-1}}$	0,002
Amplitude R	$R = \text{máx} - \text{mín}$	0,011
Valores para a preparação gráfica		
Número de classes k	$k = \sqrt{n}$	7
Amplitude das classes w	$w = \dfrac{R}{k}$	0,002

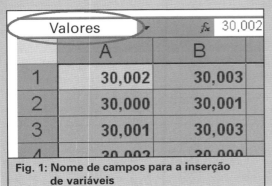

Fig. 1: Nome de campos para a inserção de variáveis

Fig. 2: Fórmula matricial "frequência"

Para o cálculo da frequência cumulativa absoluta Gj a fórmula matricial é inadequada. Com a marcação de uma dada célula de resultados, é determinado o número de valores que são menores ou iguais ao limite superior daquela classe, com o comando "= frequência(dados; classe)". Para dados = "valores" e limite superior da classe = "29,996", obtém-se o número "1", o que significa que um valor é menor ou igual a 29,996 mm. Copiando-se a fórmula nas demais classes, pode-se determinar as demais frequências cumulativas. Às vezes, convém determinar também as frequências relativas (tab. 1).

Com os gráficos das frequências absoluta e relativa, pode-se avaliar se os dados seguem a distribuição normal ou não. No caso, o diagrama em colunas (fig. 1) e a curva em S da frequência cumulativa (fig. 2) permitem assumir a distribuição normal nos cálculos das capacidades com as fórmulas dadas (tab. 2). A média x̄ e o desvio padrão s da amostra são calculados e utilizados como estimativas para $\hat{\mu}$ e $\hat{\sigma}$, respectivamente.

Em geral, os limites inferiores para cm são 1,33 com exigências moderadas à capacidade da máquina e 1,66 a 2,00 com altas exigências ou tendências. Comparando-se as 3 curvas na figura 1 (p. 127), observa-se que, com valor crescente de cm, a dispersão diminui. No exemplo, fica claro que o desvio padrão cabe 10 vezes na tolerância (10 . 0,002 mm = 0,02 mm). Com isso, a dispersão é suficiente para $c_m \geq 1,66$.

Ao se analisar a posição da média dentro da tolerância, observa-se um pequeno deslocamento para a direita. A condição $c_{mk} \geq 1,66$ inclui ainda que a média tenha um afastamento de 5 s dos limites de tolerância (fig. 2, p. 112). O afastamento da média do limite inferior é de 0,011 mm, o que equivale a 5,5 s, é adequado; em relação ao limite superior, o afastamento da média é de 0,09 mm (= 4,5 s), inadequado, e, com isso, a capacidade da máquina não pode ser assegurada.

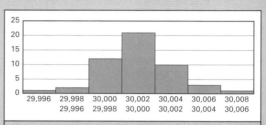

Fig. 1: Frequência absoluta

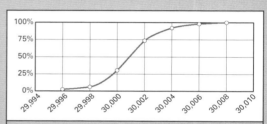

Fig. 2: Frequência cumulativa relativa

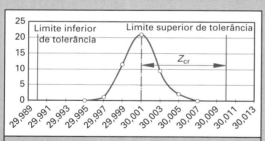

Fig. 3: Posição da distribuição normal

Tab. 2: Determinação para capacidade

Condições para capacidade			
$c_m \geq 1,66$		$c_{mk} \geq 1,66$	
Fórmula		Váriavel	Valor
$c_m = \dfrac{T}{6 \cdot \hat{\sigma}}$		c_m	1,67
$Z_{sup} = lim\ sup - \hat{\mu}$		Z_{sup}	0,0110
$Z_{inf} = \hat{\mu} - lim\ inf$		Z_{inf}	0,0090
$Z_{cr} = M$ em $(Z_{sup};\ Z_{inf})$		Z_{cr}	0,01
$c_{mk} = \dfrac{Z_{cr}}{3 \cdot \hat{\sigma}}$		c_{mk}	1,50
Máquina é não capaz			

Tab. 1: Medidas divididas em classes

Classe n.	Limite inferior da classe >	Limite superior da classe ≤	Frequência absoluta n_j	Frequência relativa n_j	Frequência cumulativa absoluta G_j	Frequência cumulativa relativa H_j
1		29,996	1	2%	1	2%
2	29,996	29,998	2	4%	3	6%
3	29,998	30,000	12	24%	15	30%
4	30,000	30,002	21	42%	36	72%
5	30,002	30,004	10	20%	46	92%
6	30,004	30,006	3	6%	49	98%
7	30,006	30,008	1	2%	50	100%

1.7 Aprofundamento sobre controle estatístico de processos (CEP)

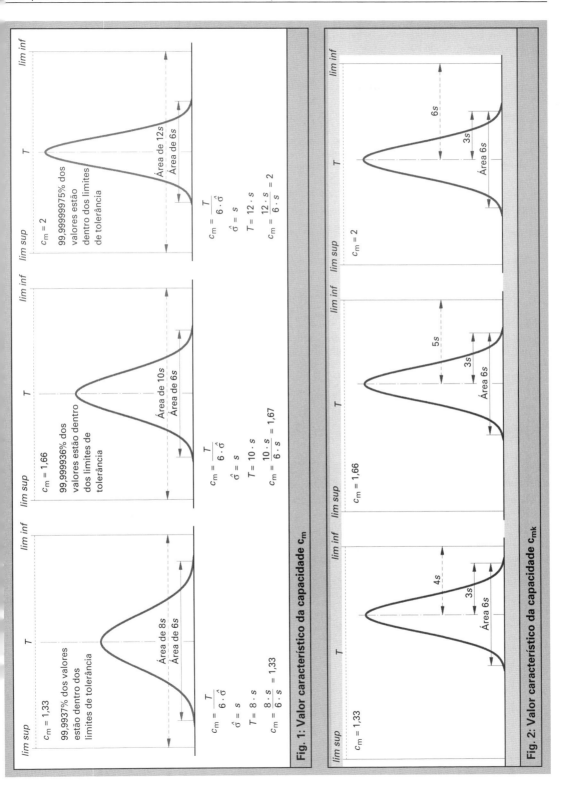

Fig. 1: Valor característico da capacidade c_m

Fig. 2: Valor característico da capacidade c_{mk}

O valor de c_{mk} depende da posição da média em relação aos limites de tolerância e também da dispersão. Por isso, c_{mk} nunca pode ser maior que c_m.

A avaliação dos resultados da verificação das capacidades da máquina mostrou que, enquanto a capacidade na repetição (dispersão) cm ainda é suficiente, a posição dos valores é inadequada, resultando em precisão c_{mk} insuficiente. Por causa da dispersão relativamente grande, um pequeno desvio da posição implica o não atendimento do requisito precisão. Como a máquina é não capaz de produzir a peça com a medida 30 ± 0,01 mm com segurança suficiente, é preciso fazer melhorias para alcançar essa capacidade.

As possíveis causas de a máquina ser não capaz são desgastes ou tolerâncias internas muito largas. Ajustar a máquina no centro da tolerância da medida da peça pode melhorar a sua precisão.

Se todas as tentativas de melhorar a capacidade da máquina não a tornarem capaz, é preciso utilizar outra máquina mais precisa, com dispersão menor das medidas das peças produzidas. Também convém verificar a necessidade real das tolerâncias especificadas. Em princípio, toda máquina pode atingir uma precisão na repetição de 6 sigma (c_m =2,00), com tolerâncias maiores. No exemplo, isso pode ser atingido com tolerância de 0,024:

$$
\begin{aligned}
c_m &= \frac{T}{6 \cdot \hat{\sigma}} \\
T &= c_m \cdot 6 \cdot \hat{\sigma} \\
\hat{\sigma} &= s = 0{,}002 \text{ mm} \\
c_m &= 2 \\
T &= 2 \cdot 6 \cdot 0{,}002 \text{ mm} = 0{,}024 \text{ mm}
\end{aligned}
$$

Na avaliação da precisão com essa tolerância, obtém-se:

$$
\begin{aligned}
c_{mk} &= \frac{Z_{cr}}{3 \cdot \hat{\sigma}} \\
Z_{cr} &= Z_{sup} = kim\ sup - \hat{\mu} = 30{,}012 \text{ mm} - 30{,}001 \text{ mm} \\
&= 0{,}011 \text{ mm} \\
\hat{\sigma} &= s = 0{,}002 \text{ mm} \\
c_{mk} &= \frac{0{,}011 \text{ mm}}{3 \cdot 0{,}002 \text{ mm}} = 1{,}8
\end{aligned}
$$

Nas considerações que seguem, supõe-se que a peça será produzida por uma máquina mais precisa, capaz de cumprir a tolerância especificada de 0,02 mm.

1.7 Aprofundamento sobre controle estatístico de processos (CEP)

Depois de verificar a capacidade das máquinas (no curto prazo), pesquisa-se a capacidade prévia do processo (fig. 1 e fig. 2). O objetivo dessa verificação é determinar a dispersão e a precisão sob condições reais de fabricação antes do início da produção em série. As peças utilizadas nessa verificação foram produzidas sob a influência de todos os fatores comuns na fabricação em série: diferentes máquinas, troca de pessoal (turno), troca de materiais, etc.

Num período de 6 horas ou mais, são retiradas, em intervalos regulares, no mínimo, 20 amostras de, no mínimo, 3 peças (em geral, 25 amostras de 5 peças). Quanto maiores o número de amostras e o número de peças por amostra, tanto melhor, mais precisa será a avaliação. Os resultados serão colocados em carta de controle. Eventuais perturbações ou ocorrências especiais serão protocoladas. De cada amostra serão calculados a média e o desvio padrão. No final serão calculados $\bar{x}$, a média das médias das amostras, e $\bar{s}$, a média dos desvios padrão das amostras (fig. 1, p. 130).

Análise de processo antes da produção em série		Análise de processo na produção em série
Verificações de capacidade de curto prazo	**Verificações prévias de capacidade de processos**	**Verificações de capacidade de longo prazo**
Fatores influentes: Máquina, Instalações da fabricação	**Fatores influentes:** Máquina, Material, Método, Ambiente	**Fatores influentes:** Máquina, Material, Método, Ambiente num intervalo maior
Avaliação de Novas instalações no fabricante, novas instalações compradas, processos antes da liberação da fabricação em série		Avaliação de Produção em série: potencial contínuo de melhoria

Fig. 1: Fatores influentes na verificação de capacidades

Análise de processo antes da produção em série		Análise de processo na produção em série
Verificações de capacidade de curto prazo	Verificações prévias de capacidade de processos	Verificações de capacidade de longo prazo
Tamanho da amostra; 50 peças ou de acordo com o processo; intervalo de observação curto	Tamanho da amostra; 100 peças ou de acordo com o processo, no mínimo, 20 amostras de 5 peças seguidas; intervalo de observação > 8h	Intervalo mais logo (em geral, 20 dias) sob condições normais de fabricação em série, em que se pode assegurar que todos os fatores influentes têm seus efeitos.
C_m, C_{mk}	P_p, P_{pk}	C_p, C_{pk}

Fig. 2: Condições para as verificações de capacidades

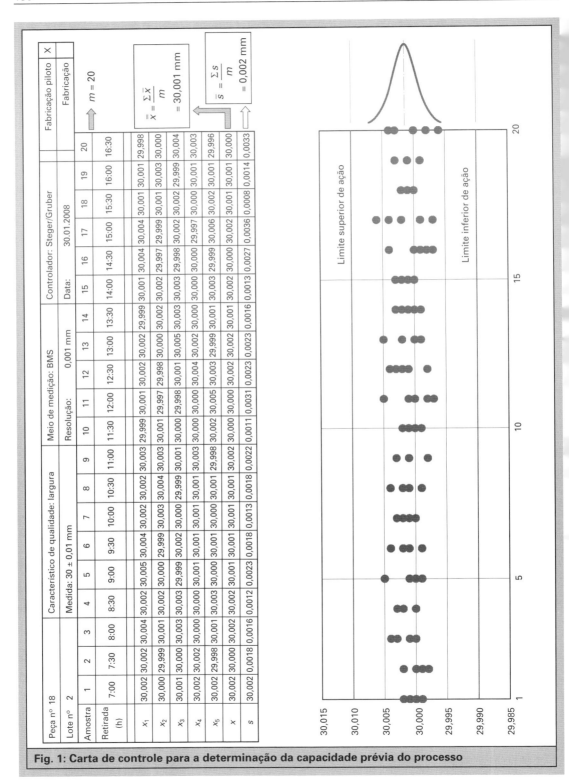

Fig. 1: Carta de controle para a determinação da capacidade prévia do processo

1.7 Aprofundamento sobre controle estatístico de processos (CEP)

No exemplo, os cálculos serão feitos com auxílio do Excel.

Os valores das amostras são representados num diagrama de pontos XY (fig. 1). Aqui convém escolher a variante "pontos sem linha". Depois de representar a primeira série das amostras (x1) no diagrama, clica-se num ponto de dados qualquer com o botão esquerdo do mouse. Na janela que se abre, seleciona-se "série de dados". Aí aparece a janela da figura 1.

Através do registro "série" e no botão série de dados a opção "acrescentar" são representados no diagrama os demais dados (x2 a x5, bem com lim sup e lim inf). É preciso apenas especificar nome e fonte dos dados X e Y. No exemplo, as medidas x1 a x5 são os valores Y no diagrama, enquanto os valores X são os números das amostras. Para representar os limites de tolerância, é preciso recorrer a outra fonte de dados antes criada (tab. 1).

Para cada limite de tolerância, o inferior e o superior, o sistema marca dois pontos. Clicando-se num desses pontos com o botão direito do mouse e escolhendo-se "ponto com linha" como opção do tipo de diagrama, o sistema traça as linhas do diagrama.

Depois de visualizar os valores dos processos, eles são avaliados. Como o tamanho de cada amostra (n = 5) é bastante pequeno, o desvio padrão calculado $\bar{s}$ ou $\bar{\bar{s}}$ não corresponde ao desvio padrão σ da população, como na inspeção de 100%. Esse último será estimado ($\hat{\sigma}$) com o auxílio do fator "a_n" (tab. 2).

Fica claro que, com o aumento da amostra n, a_n aumenta, e $\hat{\sigma}$ se aproxima de $\bar{s}$. Com redução do tamanho da amostra, ocorre o contrário. Amostra maior significa segurança maior.

$$\hat{\sigma} = \frac{\bar{s}}{a_n}$$

Tab. 1: Tabelas auxiliares para os limites de tolerância

x	0	20
lim sup	30,0100	30,0100
lim inf	29,9900	29,9900

Tab. 2: Fator para estimar desvio padrão

n	a_n	n	a_n
2	0,798	7	0,959
3	0,886	8	0,965
4	0,921	9	0,969
5	0,940	10	0,973
6	0,952		

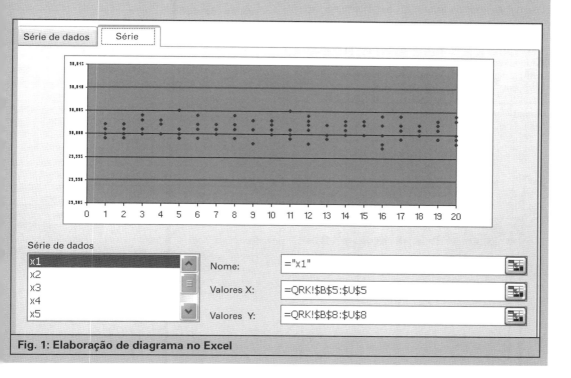

Fig. 1: Elaboração de diagrama no Excel

O cálculo dos parâmetros de processo p_p (capacidade preliminar do processo) e p_{pk} (capacidade preliminar crítica do processo) será feito à semelhança do cálculo das capacidades de máquinas c_m e c_{mk} (tab. 1 e tab. 2).

Como na verificação das capacidades de processos, diferente do que acontece na determinação da capacidade de máquinas, podem surgir diversas perturbações (fabricação em série), as condições para o atendimento das capacidades são menos rígidas. Em geral, um processo é dito capaz e sob controle ou dominado, se:

$P_p \geq 1,33$
$P_{pk} \geq 1,33$

No presente caso, os valores confirmam a satisfação da precisão e da precisão na repetição (fig. 1). Com isso, pode-se iniciar a verificação da capacidade a longo prazo na fabricação em série. O processo será avaliado por um período de, no mínimo, 20 dias. Os cálculos serão feitos como acima. Para os parâmetros c_p (capacidade do processo) e c_{pk} (capacidade crítica do processo) vale:

$c_p \geq 1,33$
$c_{pk} \geq 1,33$

Depois de concluir, com sucesso, a verificação das capacidades do processo, pode-se contar com um processo capaz e dominado, estatisticamente assegurado. Muitas vezes, calcula-se a capacidade do processo juntamente com as cartas de controle da qualidade.

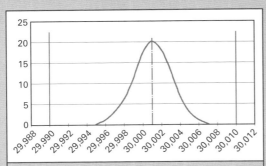

Fig. 1: Precisão e precisão na repetição

Tab. 1: Cálculos com o Excel

Entrada de parâmetros		
Medida nominal	N	30,00
Tolerância	T	0,020
Limite superior	lim sup	30,010
Limite inferior	lim inf	29,990
Número de amostras	m	20
Tamanho da amostra	n	5
Avaliação estatística		
Fórmula	Variável	Resultado
$\bar{\bar{x}} = \dfrac{\Sigma \bar{x}}{m}$	$\bar{\bar{x}}$	30,0011
$\bar{s} = \dfrac{\Sigma s}{m}$	$\bar{s}$	0,00196
$\hat{\sigma} = \dfrac{\bar{s}}{a_n}$	σ	0,00208

Tab. 2: Avaliação do processo com Excel

Avaliação do processo		
Valores desejados	P_{pdes}	1,33
	P_{pkdes}	1,33
$P_p = \dfrac{T}{6 \cdot \hat{\sigma}}$	P_p	1,602
$Z_{sup} = lim\ sup - \bar{\bar{x}}$	Z_{sup}	0,009
$Z_{inf} = \bar{\bar{x}} - lim\ inf$	Z_{inf}	0,011
$Z_{cr} = M\ em\ (Z_{sup};\ Z_{inf})$	Z_{cr}	0,009
$P_{pk} = \dfrac{Z_{cr}}{3 \cdot \hat{\sigma}}$	P_{pk}	1,429
P_p suficiente		
P_{pk} suficiente		
Processo é capaz e está dominado		

1.7.5 Elaboração e manutenção de uma carta de controle da qualidade

Depois de se verificar a capacidade do processo e estar garantido que ele atenda aos requisitos precisão e precisão na repetição, ele pode ser controlado por uma carta de controle da qualidade. Em intervalos regulares, são tomadas amostras e testadas. Valores individuais, médias e desvios padrão são documentados e interpretados. Se esses valores estiverem dentro dos limites de advertência e de ação, tem-se um processo estável.

A fabricação da válvula distribuidora do exemplo deve ser controlada com uma carta de controle. Para a avaliação da posição das medidas será elaborada uma carta de controle das médias, e para verificar a dispersão, uma dos desvios padrões. Tomando uma carta de Shewart como exemplo, são mostrados os passos para a elaboração dessas cartas.

Valores estimados para a população

Depois de testar, no mínimo, 25 amostras com, no mínimo, 5 peças cada, calcular média e desvio padrão de cada amostra. O valor estimado de $\hat{\mu}$ para o verdadeiro valor da média da população μ será a média aritmética das médias das amostras.

$$\hat{\mu} \approx \bar{x} = \frac{\Sigma \bar{x}}{m} = 30{,}0001 \text{ mm}$$

A média aritmética dos desvios padrão das amostras $\bar{s}$, dividida pelo fator $a_n = 0{,}940$ (tab. 2, p. 131), fornece o valor estimado do verdadeiro valor do desvio padrão σ da população.

$$\bar{s} = \frac{\Sigma s}{m} = 0{,}0023 \text{ mm}$$

$$\hat{\sigma} \approx \frac{\bar{s}}{a_n} = \frac{0{,}0023 \text{ mm}}{0{,}940} = 0{,}0024 \text{ mm}$$

Cálculo dos limites de advertência e de ação para a carta de controle da média

Os limites são calculados a partir das amostras tomadas. Em geral, os limites superior e inferior de ação são alocados de forma que 99% de todas as peças estejam dentro desses limites[1] (fig. 1). Em consequência, há 0,5% fora desses limites em cada lado da curva normal de Gauss. Os limites de ação são calculados pelas fórmulas:

$$\lim \text{ sup ação} = \hat{\mu} + u_{0{,}995} \cdot \frac{\hat{\sigma}}{\sqrt{n}}$$

$$\lim \text{ inf ação} = \hat{\mu} - u_{0{,}995} \cdot \frac{\hat{\sigma}}{\sqrt{n}}$$

A variável da distribuição normal µ0,995 pode ser obtida na tabela 1 (p. 103) ou calculada no Excel (fig. 2).

O comando STANDNORMINV fornece o valor da variável normal para a probabilidade desejada, no caso, 99,5%. Substituindo-se esse valor e os outros já calculados para o exemplo, obtêm-se os limites de ação:

$$\lim \text{ sup ação} = \hat{\mu} + u_{0{,}995} \cdot \frac{\hat{\sigma}}{\sqrt{n}}$$

$$= 30{,}0001 \text{ mm} + 2{,}576 \cdot \frac{0{,}0024 \text{ mm}}{\sqrt{5}}$$

$$= 30{,}0029 \text{ mm}$$

$$\lim \text{ inf ação} = \hat{\mu} - u_{0{,}995} \cdot \frac{\hat{\sigma}}{\sqrt{n}}$$

$$= 30{,}0001 \text{ mm} - 2{,}576 \cdot \frac{0{,}0024 \text{ mm}}{\sqrt{5}}$$

$$= 29{,}9973 \text{ mm}$$

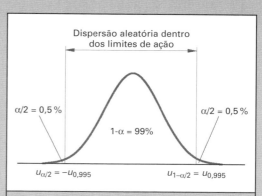

Fig. 1: Alocação dos limites de ação

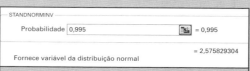

Fig. 2: Determinação das variáveis da distribuição normal no Excel

---
[1] Dispersão aleatória de 99%

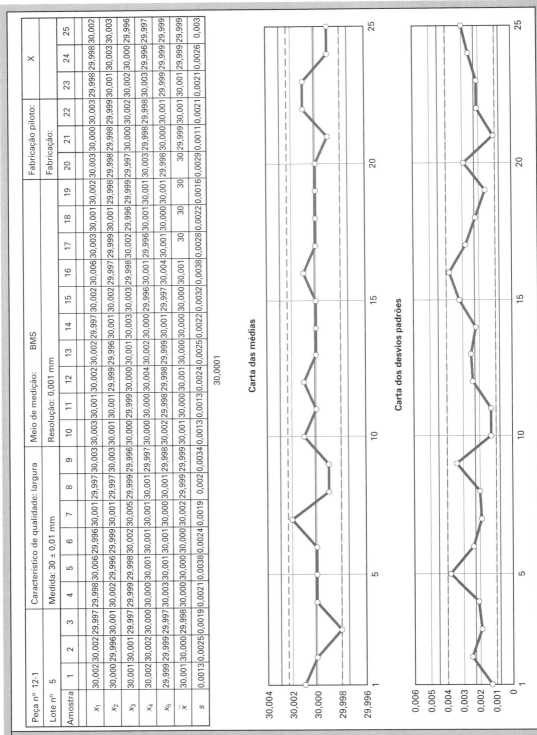

Fig. 1: Procedimento para a determinação da capacidade do processo

1.7 Aprofundamento sobre controle estatístico de processos (CEP)

A determinação dos limites de advertência é feita de forma análoga à determinação dos limites de ação, usando-se um intervalo menor, geralmente de 95%[1] (fig. 1). Com isso, espera-se que 2,5% das peças estejam fora dos limites de advertência de cada lado da curva normal. Os limites de advertência são calculados com as fórmulas:

$$\lim \sup adv = \hat{\mu} + u_{0,975} \cdot \frac{\hat{\sigma}}{\sqrt{n}}$$

$$\lim \inf adv = \hat{\mu} - u_{0,975} \cdot \frac{\hat{\sigma}}{\sqrt{n}}$$

Com $\mu_{0,95} = 1,96$ obtém-se:

$$\lim \sup adv = \hat{\mu} + u_{0,975} \cdot \frac{\hat{\sigma}}{\sqrt{n}}$$
$$= 30,0001 \text{ mm} + 1,96 \cdot \frac{0,0024 \text{ mm}}{\sqrt{5}}$$
$$= 30,0022 \text{ mm}$$

$$\lim \inf adv = \hat{\mu} - u_{0,975} \cdot \frac{\hat{\sigma}}{\sqrt{n}}$$
$$= 30,0001 \text{ mm} - 1,96 \cdot \frac{0,0024 \text{ mm}}{\sqrt{5}}$$
$$= 29,9980 \text{ mm}$$

Os limites de advertência e ação também podem ser calculados com o auxílio de tabelas (tab. 1). Os fatores AE e Aw, usados, respectivamente, para o cálculo dos limites de ação e advertência, são iguais à variável correspondente na distribuição normal dividida pela raiz quadrada de n.

Cálculo dos limites de ação com a tabela 1:

$$\lim \sup \text{ação} = \hat{\mu} + A_E \cdot \hat{\sigma}$$
$$= 30,0001 \text{ mm} + 1,152 \cdot 0,0024 \text{ mm}$$
$$= 30,0029 \text{ mm}$$

$$\lim \inf \text{ação} = \hat{\mu} - A_E \cdot \hat{\sigma}$$
$$= 30,0001 \text{ mm} - 1,152 \cdot 0,0024 \text{ mm}$$
$$= 29,9973 \text{ mm}$$

Cálculo dos limites de advertência com a tabela 1:

$$\lim \sup adv = \hat{\mu} + A_W \cdot \hat{\sigma}$$
$$= 30,0001 \text{ mm} + 0,877 \cdot 0,0024 \text{ mm}$$
$$= 30,0022 \text{ mm}$$

$$\lim \inf adv = \hat{\mu} - A_W \cdot \hat{\sigma}$$
$$= 30,0001 \text{ mm} - 0,877 \cdot 0,0024 \text{ mm}$$
$$= 29,9980 \text{ mm}$$

---
[1] Dispersão aleatória de 95%

Tab. 1: Fatores para o cálculo dos limites nas cartas das médias

Tamanho da amostra	Limites da amostra $1-\alpha = 99\%$	Limites de advertência $1-\alpha = 95\%$
n	A_E	A_W
2	1.821	1.386
3	1.487	1.132
4	1.288	0.980
5	1.152	0.877
6	1.052	0.800
7	0.974	0.741
8	0.911	0.693
9	0.859	0.653
10	0.815	0.620
11	0.777	0.591
12	0.744	0.566
13	0.714	0.544
14	0.688	0.524
15	0.665	0.506
16	0.644	0.490
17	0.625	0.475
18	0.607	0.462
19	0.591	0.450
20	0.576	0.438
21	0.562	0.428
22	0.549	0.418
23	0.537	0.409
24	0.526	0.400
25	0.515	0.392

Fig. 1: Alocação dos limites de advertência

Fig. 2: Fórmulas para desenhar a carta de controle das médias

No cálculo dos limites para a carta de controle das médias com o Excel, usa-se o comando NORMINV. A figura 1 mostra o cálculo do limite superior de ação.

Uma carta de controle da qualidade deve documentar, ao lado da posição da média, também a dispersão das amostras. Com média aceitável, é possível que peças estejam fora dos limites de tolerância. Os defeitos se tornam visíveis pela grande dispersão na carta de controle do desvio padrão. Na tabela 1, a média está no centro da tolerância requerida; contudo, a análise da dispersão faz concluir que a amostra é inaceitável.

Também nas cartas de controle do desvio padrão são definidos limites. Valores fora dos limites implicam melhorias no processo.

Limites na carta de controle do desvio padrão

Como o desvio padrão não pode ser menor que zero, não se pode supor nessa carta que os valores sigam a distribuição normal. Em geral, a distribuição mais adequada para eles é a χ^2 (qui quadrado) com os limites de ação e advertência incluindo, respectivamente, 99 e 95% da dispersão aleatória (fig. 2 e fig. 3). Pequenos valores dos desvios padrões significam pouca dispersão, o que indica que o processo está dominado ou sob controle. Por outro lado, desvios padrões muito pequenos ou nulos podem também resultar do uso de meios de medição errados ou defeituosos ou ainda, da manipulação dos valores. Por isso, convém controlar também

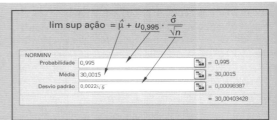

Fig. 1: Cálculo do limite superior de ação com o comando NORMNIV do Excel

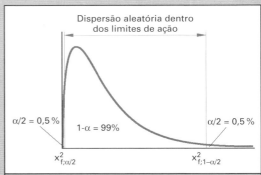

Fig. 2: Dispersão aleatória dentro dos limites de advertência

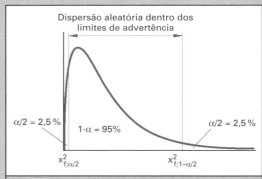

Fig. 3: Dispersão aleatória dentro dos limites de advertência

Tab. 1: Amostra 55 da medida 30 ± 0,01 mm			
x_1	30,500	x_4	29,900
x_2	30,100	x_5	29,500
x_3	30,000	–	
$\bar{x}$ = 30,000		s = 0,36055	

1.7 Aprofundamento sobre controle estatístico de processos (CEP)

os limites inferiores nas cartas de controle do desvio padrão, que podem ser calculados como segue:

$$\lim \sup \text{ação} = \sqrt{\frac{\chi^2_{f;1-\alpha/2}}{f}} \cdot \hat{\sigma} = \sqrt{\frac{\chi^2_{f;0,995}}{f}} \cdot \hat{\sigma}$$

com $f = n - 1$

$$= \sqrt{\frac{14,8602}{4}} \cdot 0,0024 \text{ mm} = 0,0046 \text{ mm}$$

$$\lim \inf \text{ação} = \sqrt{\frac{\chi^2_{f;\alpha/2}}{f}} \cdot \hat{\sigma} = \sqrt{\frac{\chi^2_{f;0,005}}{f}} \cdot \hat{\sigma}$$

$$= \sqrt{\frac{0,2070}{4}} \cdot 0,0024 \text{ mm} = 0,0005 \text{ mm}$$

$$\lim \sup \text{adv} = \sqrt{\frac{\chi^2_{f;1-\alpha/2}}{f}} \cdot \hat{\sigma} = \sqrt{\frac{\chi^2_{f;0,975}}{f}} \cdot \hat{\sigma}$$

$$= \sqrt{\frac{11,1433}{4}} \cdot 0,0024 \text{ mm} = 0,0040 \text{ mm}$$

$$\lim \inf \text{adv} = \sqrt{\frac{\chi^2_{f;\alpha/2}}{f}} \cdot \hat{\sigma} = \sqrt{\frac{\chi^2_{f;0,025}}{f}} \cdot \hat{\sigma}$$

$$= \sqrt{\frac{0,4844}{4}} \cdot 0,0024 \text{ mm} = 0,0008 \text{ mm}$$

Os limites de ação e de advertência também podem ser calculados com auxílio de tabelas (tab. 1), em que os fatores B_1 e B_2 são usados no cálculo dos limites superior e inferior de ação, respectivamente, e B_3 e B_4, no cálculo dos limites superior e inferior de advertência, respectivamente.

Cálculo dos limites com a tabela:

$$\lim \sup \text{ação} = B_1 \cdot \hat{\sigma}$$
$$= 1,927 \cdot 0,0024 \text{ mm} = 0,0046 \text{ mm}$$

$$\lim \inf \text{ação} = B_2 \cdot \hat{\sigma}$$
$$= 0,227 \cdot 0,0024 \text{ mm} = 0,0005 \text{ mm}$$

$$\lim \sup \text{adv} = B_3 \cdot \hat{\sigma}$$
$$= 1,669 \cdot 0,0024 \text{ mm} = 0,0040 \text{ mm}$$

$$\lim \inf \text{adv} = B_4 \cdot \hat{\sigma}$$
$$= 0,348 \cdot 0,0024 \text{ mm} = 0,0008 \text{ mm}$$

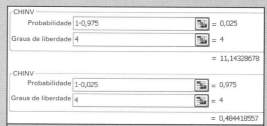

Fig. 1: Determinação de χ^2 para o cálculo dos limites de ação

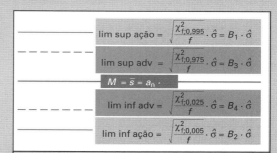

Fig. 2: Determinação de χ^2 para o cálculo dos limites de advertência

$$\lim \sup \text{ação} = \sqrt{\frac{\chi^2_{f;0,995}}{f}} \cdot \hat{\sigma} = B_1 \cdot \hat{\sigma}$$

$$\lim \sup \text{adv} = \sqrt{\frac{\chi^2_{f;0,975}}{f}} \cdot \hat{\sigma} = B_3 \cdot \hat{\sigma}$$

$$M = \bar{s} = a_n \cdot$$

$$\lim \inf \text{adv} = \sqrt{\frac{\chi^2_{f;0,025}}{f}} \cdot \hat{\sigma} = B_4 \cdot \hat{\sigma}$$

$$\lim \inf \text{ação} = \sqrt{\frac{\chi^2_{f;0,005}}{f}} \cdot \hat{\sigma} = B_2 \cdot \hat{\sigma}$$

Fig. 3: Fórmulas para elaborar a carta de controle do desvio padrão

Tab. 1: Fatores para o cálculo dos limites na carta de controle do desvio padrão

Tamanho da amostra	Limites de ação: 1-α = 99% Superior	Limites de ação: 1-α = 99% Inferior	Limites de advertência: 1-α = 95% Superior	Limites de advertência: 1-α = 95% Inferior	Tamanho da amostra	Limites de ação: 1-α = 99% Superior	Limites de ação: 1-α = 99% Inferior	Limites de advertência: 1-α = 95% Superior	Limites de advertência: 1-α = 95% Inferior
n	B_1	B_2	B_3	B_4	n	B_1	B_2	B_3	B_4
2	2.807	0.006	2.241	0.031	14	1.515	0.524	1.379	0.621
3	2.302	0.071	1.921	0.159	15	1.496	0.540	1.366	0.634
4	2.069	0.155	1.765	0.268	16	1.479	0.554	1.354	0.646
5	1.927	0.227	1.669	0.348	17	1.463	0.567	1.343	0.657
6	1.830	0.287	1.602	0.408	18	1.450	0.579	1.333	0.667
7	1.758	0.336	1.552	0.454	19	1.437	0.590	1.323	0.676
8	1.702	0.376	1.512	0.491	20	1.425	0.600	1.315	0.685
9	1.657	0.410	1.480	0.522	21	1.414	0.610	1.307	0.692
10	1.619	0.439	1.454	0.548	22	1.404	0.619	1.300	0.700
11	1.587	0.464	1.431	0.570	23	1.395	0.627	1.293	0.707
12	1.560	0.486	1.412	0.589	24	1.386	0.635	1.287	0.713
13	1.536	0.506	1.395	0.606	25	1.378	0.642	1.281	0.719

Depois de determinar os limites a partir de amostras da fabricação piloto, pode-se controlar a qualidade com essas cartas de controle. Em intervalos predefinidos, são retiradas amostras, calculados média e desvio padrão, e o decurso desses valores é avaliado.

Se todos os valores estiverem dentro dos limites de advertência, então o processo é estável. Com valores fora desses limites, é preciso observar melhor o processo, e os intervalos de retirada de amostras devem ser reduzidos.

Com valores fora dos limites de ação, é preciso parar o processo e inspecionar todas as peças produzidas depois da retirada da amostra anterior. Só depois de tomar medidas para estabilizar o processo, a produção pode continuar.

Ao lado desses critérios básicos, há decursos característicos dos valores que indicam estados do processo e que também implicam medidas de correção.

Com o controle da fabricação é possível detectar defeitos, pontos fracos, deficiências durante a produção, e qualidade se torna um objetivo estratégico da empresa, capaz de assegurar o sucesso a longo prazo. Pelo uso sistemático de medidas a favor da qualidade, o que inclui o controle estatístico de processos (CEP), pode-se, não só assegurar a qualidade, mas também, melhorá-la.

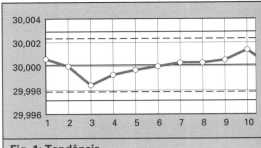

Fig. 1: Tendência

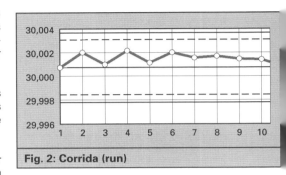

Fig. 2: Corrida (run)

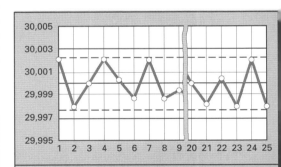

Fig. 3: Terço central – menos de 40% dos valores estão dentro do terço central

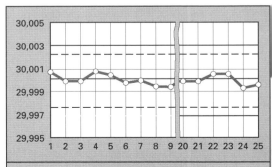

Fig. 4: Terço central – mais de 90% dos valores estão dentro do terço central

Uma sequência de 7 valores crescentes ou decrescentes indica uma tendência (fig. 1). As causas disso podem ser mudanças na temperatura ou desgastes. Sete valores consecutivos no mesmo lado da linha central indicam uma "corrida" (sequência, run – fig. 2). As causas disso podem ser: desgastes, troca de instrumento de medição, de controlador e de material. Nesse caso, é preciso observar o processo com cuidado.

Numa carta de controle do desvio padrão, uma corrida com tendência crescente sinaliza desgaste; uma tendência decrescente pode ser decorrente de manipulação de dados.

Outro decurso que pode indicar causas não aleatórias é do terço central: mais de 90% (fig. 4) ou menos de 40% (fig. 3) de 25 valores consecutivos estão no terço central dos limites de ação. No primeiro caso, isso pode indicar perturbação na medição ou cálculo errado dos limites; no segundo caso, a distribuição de probabilidade usada é muito aberta (dispersão grande), sendo possível que as peças provenham de linhas de fabricação diferentes.

1.8 KAIZEN

1.8.1 Conceito e princípio

KAIZEN vem do Japão, a palavra significa algo como "mudança para melhor", e corresponde à conhecida melhoria contínua. O objetivo de KAIZEN é melhorar continuamente, em pequenos passos, os processos na organização. Parte-se do pressuposto de que os trabalhadores na empresa cometem erros. Objetiva-se, então, ver o erro como chance para a melhoria. Um pré-requisito importante é uma relação de confiança entre as pessoas dos diferentes níveis na empresa. Os trabalhadores participam da análise de defeitos, erros e desenvolvem ideias para melhoria. Assim, KAIZEN é um conceito, a longo prazo, orientado para os trabalhadores e o processo.

A introdução de KAIZEN inicia-se com a determinação dos conceitos certos para depois escolher os sistemas para sua implementação. Dentro desses sistemas, são usadas ferramentas adequadas (fig. 1).

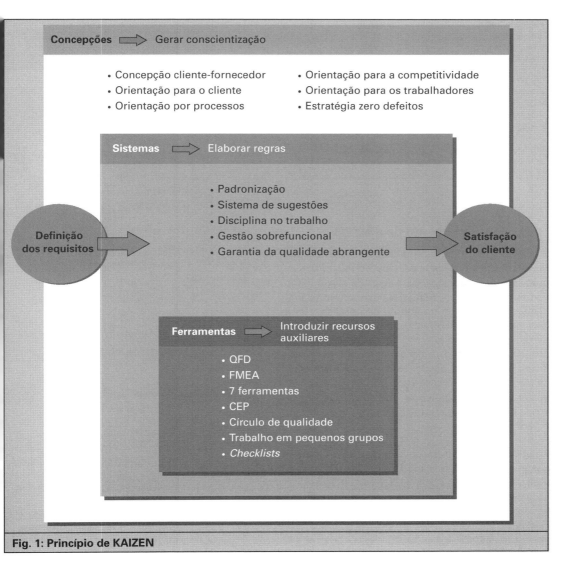

Fig. 1: Princípio de KAIZEN

1.8.2 Inovação e KAIZEN

Com inovações frequentemente associadas com grandes mudanças e investimentos, dão-se passos largos na empresa. KAIZEN aplica-se depois de introduzir a inovação. Inicialmente, fixa-se o novo padrão de processo para depois, em pequenos passos e com poucos recursos, melhorá-lo continuamente (fig. 1).

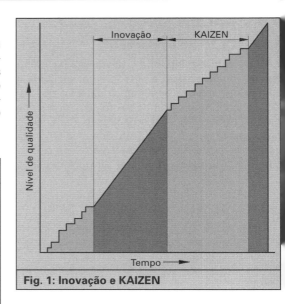

Fig. 1: Inovação e KAIZEN

KAIZEN	Inovação
Otimização de passos do processo de forma simples por:	Salto tecnológico para mudanças significativas por:
• Pequenos passos • Conhecimento convencional • Melhor uso dos recursos existentes • Pensar orientado por processos • Trabalho em grupos • Orientação para os trabalhadores • Alto envolvimento dos trabalhadores	• Passos largos • Imposição tecnológica • Frequentemente grandes investimentos • Pensar orientado para resultados • Trabalho individual • Orientação para tecnologia • Baixo envolvimento dos trabalhadores
Exemplo: elaborar uma lista (*checklist*) para procedimentos de encomenda	Exemplo: aquisição de um robô industrial

1.8.3 Funcionamento de KAIZEN

Processos de trabalho modificados e melhorados mostram insegurança e desvios no início. Então, precisam ser estabilizados e fixados com auxílio de padrões a serem mantidos por um tempo mediante instruções de trabalho e de processo. Para isso, usa-se em KAIZEN o ciclo SDCA[1] (padronizar – executar – controlar – agir) no início (fig. 2). Padronizar, nesse caso, implica manter objetivos módicos; no próximo passo, executar, as instruções de trabalho e de processo são implementadas; no passo controlar, verifica-se o alcance dos objetivos, e no último, agir, tenta-se melhorar até atingir o padrão desejado.

Atingido o novo padrão, planejam-se novas melhorias e, com auxílio do ciclo PDCA, elas podem ser realizadas (fig. 2).

[1] SDCA também chamado de ciclo de Deming, segundo William Edwards Deming (1900-1999), cientista econômico norte-americano.

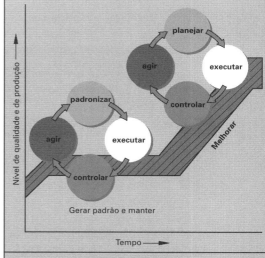

Fig. 2: Funcionamento de KAIZEN

Recapitulação e aprofundamento

1. Explique o conceito KAIZEN.
2. Que objetivo está por trás de KAIZEN?
3. Explique os ciclos SDCA e PDCA.
4. Que concepções fundamentam o princípio de KAIZEN?
5. Que ferramentas são adequadas para as melhorias em pequenos passos?
6. Diferencie entre KAIZEN e inovação.
7. Que forma de organização do trabalho KAIZEN pressupõe?

2 Manutenção

2.1 Conceitos

Há diretrizes e recomendações para a manutenção. A experiência mostra que o usuário de uma planta só quer investir o estritamente necessário. Para a melhor compreensão, foram definidos termos na norma DIN 31051 "Manutenção – termos e medidas", que nem sempre são usados corretamente na fala cotidiana. É mostrado que manutenção não é somente uma atividade manual, mas deve, de antemão, garantir grande capacidade funcional dos sistemas. Na norma citada, a definição é:

> Manutenção: medidas para conservação e restabelecimento do estado almejado, bem como para a determinação e o julgamento do estado atual de meios técnicos de um sistema.

As medidas incluem os serviços de conservação, a inspeção e o conserto. Elas abrangem a compatibilização dos objetivos da manutenção com os objetivos da empresa e o estabelecimento de estratégias de manutenção (fig. 1). De acordo com a estrutura da empresa, a manutenção é realizada segundo as recomendações dos fabricantes. Um critério importante são os requisitos técnicos de segurança (p. ex., segundo UVV[1] ou TÜV[2]). Na tabela 1 é mostrada a manutenção de uma instalação hidráulica como exemplo.

---
[1] NT: UVV – prescrições para prevenção de acidentes.
[2] NT: TÜV – associação técnica de monitoramento e controle.

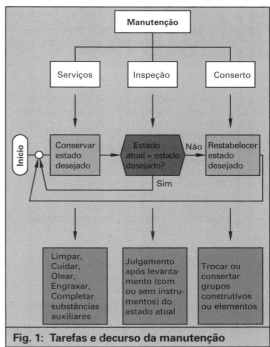

Fig. 1: Tarefas e decurso da manutenção

Tab. 1: Manutenção de instalações hidráulicas			
Empresa	Empresas grandes, p. ex.,	Empresas médias, p. ex.,	Empresas pequenas, p. ex.,
	• Indústria automobilística • Usinas de geração de energia • Indústria química	• Indústria de máquinas • Indústria de móveis	• Construtoras • Transportadoras • Armazéns
Formas de organização da manutenção nestas empresas	• Um engenheiro ou uma divisão é especialmente responsável pela manutenção • A empresa tem instruções para a manutenção	• Limita-se quase sempre ao recomendado pelo fabricante do sistema ou planta • Em geral, a direção organiza um controle disso	Uma manutenção planejada, em geral, não está organizada. Na ocorrência de perturbações, são introduzidas medidas cabíveis
Manutenção pela própria empresa	Realiza praticamente todas as atividades de manutenção • Economia de tempo • Reparações gerais O pessoal é treinado segundo um plano	• Atividades fundamentais, como troca de filtros e de óleo, são executadas segundo um plano • Perturbações são eliminadas, se possível, sem ajuda externa	• As recomendações dos fabricantes recebem pouca atenção, em geral só em casos de perturbações • O pessoal técnico realiza atividades de manutenção
Manutenção pelo fabricante de sistemas e plantas	Frequentemente, só no período de garantia	• No período de garantia • Quando um conserto próprio não for possível	• No período de garantia • Quando um conserto próprio não for possível

Objetivos da manutenção

A manutenção tem, como todo sistema de trabalho, um objetivo econômico e outro humano (tab. 1). O objetivo econômico é a garantia da capacidade de produção, quer dizer, da disponibilidade da instalação técnica. O alcance desses objetivos é a precondição para se trabalhar com resultados econômicos, manter a produtividade e fazer as entregas dentro dos prazos.

Da parte da gestão, há 7 questões a esclarecer sobre a manutenção:
1. Fixar objetivos;
2. Delimitar bem as tarefas (observar leis e prescrições);
3. Inserir a manutenção na estrutura da empresa;
4. Determinar os dispêndios permissíveis;
5. Manutenção própria ou por terceiros?
6. Organização racional da manutenção;
7. Que perfil de mantenedor será necessário?

Estratégias de manutenção

Com a crescente demanda por manutenção mais especializada, foram instaladas oficinas de manutenção com técnicos especializados, para o que houve necessidade de grandes dispêndios em termos de organização e delimitação. Além dessa estrutura central, foram criadas estruturas descentralizadas, que subordinaram a manutenção diretamente às áreas funcionais. Frequentemente, a manutenção é integrada no processo de fabricação (fig. 1). Os trabalhadores da produção assumem a manutenção necessária de suas instalações.

A pergunta sobre o tempo certo para a manutenção tem respostas diversas (tab. 1). No passado se fazia pouca manutenção preventiva, mas hoje isso é diferente. Fazer manutenção só em caso de perturbação (sistema "bombeiro", trabalhar até quebrar) pode levar a custos muito altos. A tabela 2 mostra uma comparação.

A manutenção preventiva tem um significado especial. Com ela se quer evitar danos. Pela inspeção periódica, os pontos fracos são detectados e a eliminação de suas causas torna-se possível. Defeitos e falhas que não são de natureza técnica só podem ser percebidos com auxílio da gestão zero defeitos.

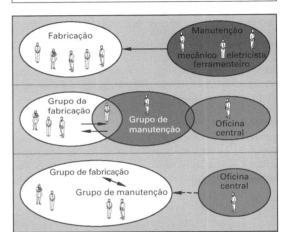

Tab. 1: Objetivos da manutenção

Objetivos da manutenção

Objetivos econômicos
- Alta disponibilidade da instalação/planta
- Evitar perturbações na produção
- Evitar parada de produção
- Aumento da vida útil das instalações
- Reconhecimento precoce de danos evita danos futuros maiores
- Reconhecimento de pontos fracos e sua eliminação

Objetivos humanos e ecológicos
- Redução do risco de acidentes
- Aumento da segurança do trabalho e das instalações
- Evitar danos e impactos ambientais
- Cumprimento de prescrições legais

Fig. 1: Organização da manutenção

Tab. 2: Estratégias de manutenção

Estratégia	Vantagens	Desvantagens
Manutenção preventiva periódica	– Confiabilidade alta – Desgaste reduzido – Peças de reposição conforme plano – Planejamento das medidas é possível	– Uso não otimizado da vida útil dos elementos construtivos – Custos de manutenção altos – Dispêndios com planejamento
Manutenção de acordo com o estado (preventiva)	– Disponibilidade alta e em datas previsíveis – Uso da vida útil dos elementos construtivos – Planejamento das medidas é possível	– Material adicional para inspeção – Dispêndios com planejamento
Manutenção condicionada à parada	– Uso completo da vida útil dos elementos construtivos – Planejamento reduzido – Necessidade de pouco pessoal	– Risco alto de parar – Custos de danos e das consequências dos danos eventualmente altos – Planejamento impossível

2.1 Conceitos

Gestão da manutenção

Manutenção serve essencialmente para conservar as funções das instalações. Não se trata de preservar as instalações em si, mas as suas funções.

Exemplo 1:
Uma bomba tem capacidade nominal de 400 l/min (fig. 1). Ela bombeia água num tanque do qual são retirados, no máximo, 300 l/min. Com isso, a função da bomba é encher o tanque bombeando, no mínimo, 300 l/min.
O programa de manutenção deve garantir que o desempenho da bomba não venha a ser inferior a 300 l/min, não sendo necessário que ela forneça 400 l/min.

Uma análise exata traria muitos tipos de perturbações possíveis. Todas as perturbações gastam dinheiro e tempo. Mas o que mais influencia a decisão sobre o investimento em manutenção são as consequências das perturbações. Se são pequenas, pode-se deixar de tomar medidas preventivas.

Exemplo 2:
Se a troca do mancal de rolamento no exemplo 1 leva 4 horas, pode-se encher o tanque antes da troca de forma a não faltar água. O controle da vibração com dispositivo apropriado basta como medida de controle do estado da instalação. Diferentes consequências das perturbações exigem diferentes estratégias de manutenção.

Exemplo 3 (tab. 1):
Quando a bomba A não funciona, ocorrem perturbações no trabalho como consequência, quer dizer, há necessidade de medidas preventivas. Se a bomba B falhar, pode-se acionar, imediatamente, a bomba C. Com isso, pode-se deixar a bomba B trabalhar até que falhe. Contudo, é necessário testar regularmente o funcionamento da bomba C.

Equipamentos e dispositivos técnicos são hoje bem mais complexos que no passado. Com isso, há agora outros tipos de perturbações. As curvas na figura 2 mostram as probabilidades de falha no tempo de operação para uma seleção ampla de peças mecânicas e elétricas.

Os percentuais são muito interessantes.
A É o comportamento em forma de banheira: no início e no fim, ocorrem muitas falhas. Esse comportamento ocorre em 4% dos casos.
B Com aumento da idade, aumentam as falhas.
C Comportamento de falha quase constante, mas crescente.
D No início, grande confiabilidade, depois, uma taxa de falha constante.
E Confiabilidade constante.
F A taxa de falha decresce com aumento da idade (68% dos casos).

Tab. 1: Sistemas de bombas

Bomba em funcionamento (única) (stand alone)	Bomba em funcionamento	Bomba reserva (stand by)
A	B	C
Perturbação atinge produção.	Se B falhar, ligar C.	Perturbações/falhas não-explícitas enquanto B funciona
Prever falha e prevenir.	Esperar até que falha ocorra.	Teste da função

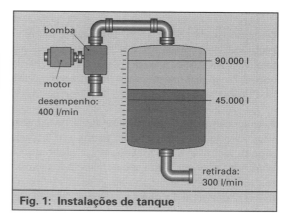

Fig. 1: Instalações de tanque

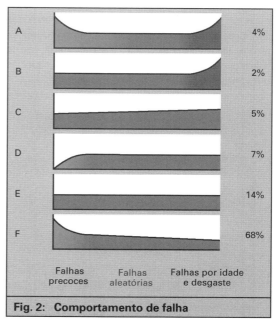

Fig. 2: Comportamento de falha

2.2 Serviços de conservação

Por serviços de conservação, entendem-se as medidas necessárias para preservar o estado almejado de um sistema durante todo o tempo de uso dele. Esses serviços bem realizados constituem precondição para um funcionamento sem perturbações e para resultados de produção constantes. Os serviços de conservação em instalações técnicas consistem de:
- Elaborar um plano de serviços de conservação ajustado às condições e necessidades de uso e às características da instalação;
- Preparar medidas;
- Executar medidas;
- Dar *feedback*.

Os serviços de conservação são realizados com regularidade ou de acordo com o estado das instalações. Na elaboração do plano de serviços de conservação, é preciso considerar diversos critérios (fig. 1).

A execução sistemática dos serviços de conservação em instalações maiores ocorre em 3 níveis (fig. 2). No nível de planejamento, é elaborado o plano dos serviços. Aqui são considerados aspectos econômicos e as recomendações dos fabricantes. O plano geral é a entrada do nível de controle. Dele decorrem instruções de trabalho, frequentemente colocadas em tabelas. Daqui o mantenedor ou o grupo de manutenção obtém as tarefas dos serviços de conservação. Depois de executar as tarefas (3º nível), a execução é protocolada, sendo o protocolo especialmente necessário para tarefas relevantes do ponto de vista da segurança.

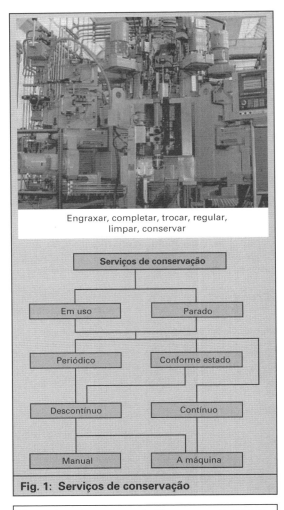

Engraxar, completar, trocar, regular, limpar, conservar

Fig. 1: Serviços de conservação

Os serviços de conservação têm sempre caráter preventivo e prolongam a vida útil dos sistemas.

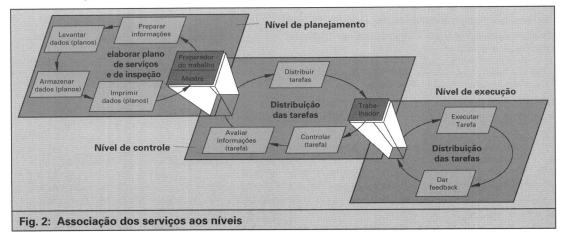

Fig. 2: Associação dos serviços aos níveis

2.2 Serviços de conservação

Para uma execução consequente dos serviços de conservação, é necessário que se disponha de instruções de trabalho corretas. Aqui tempos têm suma importância e, com isso, também as seguintes perguntas:

- Até quando se pode contar com a total capacidade funcional de um elemento, de uma instalação?
- Que parada programada das instalações seria necessária?
- Que intervalos de tempo são seguros para a realização dos serviços de conservação?
- Que alternativas existem na ocorrência de eventos inesperados, imprevisíveis?

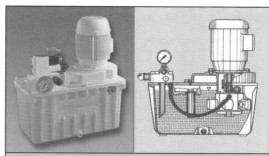

Fig. 1: Instalação hidráulica

Exemplo 1:
Serviços de conservação em instalação hidráulica (fig. 1)

A execução regular dos serviços de conservação é precondição para um funcionamento sem perturbações, sem paradas e para uma vida útil longa. As frequências dos serviços dependem da intensidade de uso.

Classe de uso A (uso eventual):	a cada 2 anos
Classe de uso B (uso regular):	anualmente
Classe de uso C (uso contínuo):	no máximo, a cada 5.000 h

A lista dos serviços de um agregado hidráulico (tab. 1) é um exemplo de uma representação simplificada. Ainda é preciso determinar um protocolo de inspeção.

Exemplo 2:
Serviços de conservação em estação de abastecimento pneumática

Na geração de ar comprimido ocorre a formação de água de condensação (fig. 2), retirada em vários pontos da instalação. Após o compressor, segue um coletor de condensado. No tanque de ar comprimido, a água de condensação deve ser retirada regularmente. A rede de tubulação é inclinada e no seu ponto mais baixo tem uma válvula de escape de água. Antes de o ar chegar ao usuário, ele passa por um filtro (unidade de serviço de conservação), que deve ser limpo com regularidade. A pressão do ar pode ser regulada. No final, o ar é enriquecido com óleo para olear os equipamentos seguintes. É preciso controlar o nível do óleo e completar com o óleo certo.

Exemplo 3:
Para os serviços de conservação de uma válvula proporcional (fig. 3), é necessária uma instalação de teste. É preciso medir tensões e fluxos e ajustar os valores-limites.

Tab. 1: Lista de serviços de conservação

N.	Serviços	Resultado
1.0	Estado atual	
1.1	Estado extremo	bom
1.2	Ruídos	96 dB(A)
1.3	Pressões	130 bar
1.4	Nível de enchimento	em ordem
2.0	Tarefas	
2.1	Limpar todos os grupos construtivos	realizado
2.2	Testar óleo/trocar	
2.3	Testar estado do filtro de óleo/trocar	realizado
2.4	Testar estado do filtro de ar/trocar	realizado
3.0	Recolocar em funcionamento	
3.1	Fluxo de óleo de fuga	pouco
3.2	Pressão com manômetro	130 bar
Máquina n. 4711/03	Data 01.07.2003	trabalhador: Maier Assinatura: Maier

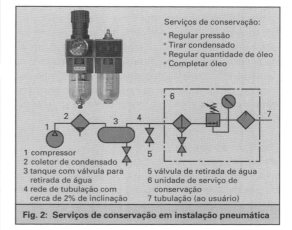

Serviços de conservação:
* Regular pressão
* Tirar condensado
* Regular quantidade de óleo
* Completar óleo

1 compressor
2 coletor de condensado
3 tanque com válvula para retirada de água
4 rede de tubulação com cerca de 2% de inclinação
5 válvula de retirada de água
6 unidade de serviço de conservação
7 tubulação (ao usuário)

Fig. 2: Serviços de conservação em instalação pneumática

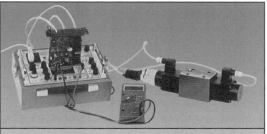

Fig. 3: Serviços de conservação em válvula proporcional

Exemplo 4: Serviços de conservação em máquinas-ferramentas

As guias e os agregados hidráulicos e para resfriamento necessitam, regularmente, de serviços de conservação. As diretrizes de uso fornecem planos para esses serviços. Para melhor compreensão, usam-se símbolos padronizados (tab. 1). Períodos são especificados com relógios e o número de horas de funcionamento é escrito embaixo. Os números de posição correspondem aos colocados no desenho funcional, o que permite associação inequívoca. Para a descrição das tarefas, também há símbolos prefixados.

Diagnóstico e serviços de conservação a distância

Máquinas e plantas são usadas longe dos locais em que são fabricadas. Para casos de falha, é preciso garantir assistência rapidamente. Há diversas possibilidades de uso de comandos CNC e SPS com diagnóstico e serviços de conservação prestados a distância. Os comandos podem ser conectados à rede pública de telefone através de um modem. Frequentemente ainda se intercala uma estação da rádio (fig. 1). O aparelho de *tele-service* serve também para o envio de mensagens curtas (SMS – *short message service*). Pode-se enviar textos de notificação com até 160 sinais ASCII. Com o software do projeto correspondente é possível gerenciar número de telefone e parâmetros de conexão (fig. 2). O *tele-service* também pode enviar as mensagens (SPS) para um provedor, que as entrega via fax ou e-mail. Programas SPS podem ser controlados e alterados. Estão disponíveis todas as funções da programação normal de software, como numa conexão local por cabos com a SPS. Assim, *tele-service* contribui muito para reduzir custos com viagens e pessoal e, sobretudo, possibilita prestar assistência quase que imediatamente.

Proteção ao acesso

Medidas preventivas de segurança garantem proteção contra acesso não autorizado aos sistemas da planta. A concepção compreende mais passos. Além da senha no primeiro passo, dispõe-se da função *call back*. Se esta função estiver ativada, a planta que se tenta acessar "chama" por um número predefinido e só com esse número é feita a conexão. Há outras possibilidades com teleacoplamento, quando há conexão ininterrupta:

- De um PC transferem-se dados, por exemplo, parâmetros para receitas, a uma planta distante;
- A planta envia mensagens informando o estado, dados de processo a um PC distante;
- Teleacoplamento entre duas plantas: elas trocam dados de processo entre si e podem ser sincronizadas.

Tab. 1: Serviços de conservação e engraxe

Tempo (h)	Posição	Ponto de intervenção	Atividades	Símbolo
50	①	Reservatório de óleo refrigerante	Controlar nível de enchimento, completar (manter cheio)	
250	①	Reservatório de óleo refrigerante	Havendo necessidade, esvaziar, limpar e encher (250 l)	
	②	Agregado hidráulico	Controlar nível, completar	
	③	Agregado para engraxe, engraxe com óleo e ar	Controlar nível, completar (± 2,7 l)	
500	⑤	Agregado central para engraxe	Controlar nível, completar (1,8 l)	
2.000	⑥	Agregado de arrefecimento (opção)	Esvaziar, limpar e encher (± 15 l)	
4.000	②	Agregado hidráulico	Esvaziar, limpar e encher (± 2,5 l) Limpar peneira	

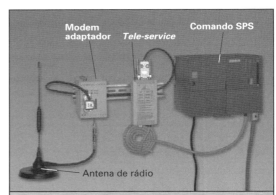

Fig. 1: Composição técnica de uma estação de serviços de conservação a distância

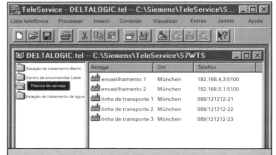

Fig. 2: Software dos projetos – tela no monitor

2.2 Serviços de conservação

Uma peça de ligação importante é o modem industrial. Ele está localizado no lado do comando e do PC (fig. 1). A tensão de entrada desses modens situa-se na faixa de 10 a 80 VDC e eles estão ligados em série. Todos os equipamentos são controlados por um conjunto ampliado de comandos. O "cão-de-guarda" integrado controla o funcionamento do modem continuamente e, havendo necessidade, o reinicia. Em caso de perturbação na planta, os próprios equipamentos enviam uma mensagem de alarme em forma de SMS ou e-mail a uma estação de controle especificada. Para isso, conecta-se uma saída digital do comando com a entrada de alarme do modem. Com o software de projeto (fig. 2), introduz-se o texto necessário. Modens industriais são concebidos para diferentes tipos de conexão, por exemplo, para uma rede telefônica analógica ou para ISDN ou para rádio ou intranet.

Exercício:
Dois PCs estão conectados por intranet e contêm endereços IP. Com o software de programação, são gerados números aleatórios. Se o número é maior que 0,5, deve acender uma lâmpada. Então, é gerado um arquivo HTML e o software é liberado para servidor de WEB. Um outro PC abre o arquivo HTML com o browser. Agora as janelas de comando do programa estão no monitor e pode-se assumir todo o controle do programa no primeiro PC, como se o operador estivesse diante dele.

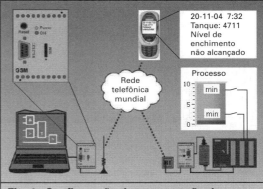

Fig. 1: Configuração de uma estação de serviços de conservação a distância

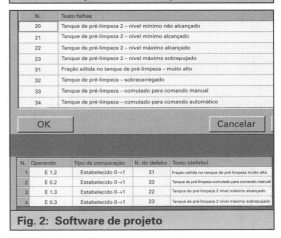

Fig. 2: Software de projeto

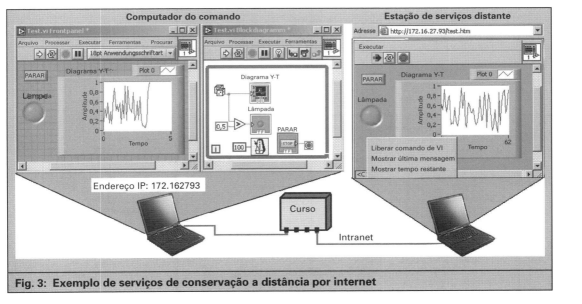

Fig. 3: Exemplo de serviços de conservação a distância por internet

2.3 Inspeção

Por inspeção, entendem-se as ações para a constatação do estado atual dos componentes técnicos de sistemas. Essas ações ou medidas incluem:
- Elaboração de um plano para detecção do estado atual (local, data, método, equipamentos e ações);
- Preparativos para a realização;
- Realização;
- Avaliação dos resultados para julgamento do estado atual;
- Derivação das consequências necessárias com base no julgamento.

Para a elaboração de tais planos, há diretrizes que ajudam na sistematização (fig. 1).

Ao lado das próprias experiências, é preciso aqui considerar também as recomendações dos fabricantes. Na execução prática e documentação, usam-se cartões ou um software adequado (fig. 2). Isso possibilita fazer estatísticas sobre o ciclo de vida das máquinas. Além das inspeções maiores, são de grande importância as curtas inspeções diárias do trabalhador. Estas são necessárias no início e durante todo o funcionamento da máquina. Nelas o trabalhador limita-se a "ver", "ouvir" e "sentir" (tab. 1).

Inspeção gera custos decorrentes da própria inspeção e das perdas de produção, que precisam ser minimizados. A manutenção não deve ser estanque em termos de tempo, mas sim dinâmica, de acordo com a idade e a carga da instalação. As inspeções devem orientar-se pelo estado da instalação (inspeção orientada pelo estado). As curvas na figura 3 mostram que a inspeção e a manutenção orientadas pelo tempo só acertam, por acaso, o momento ótimo do ponto de vista econômico.

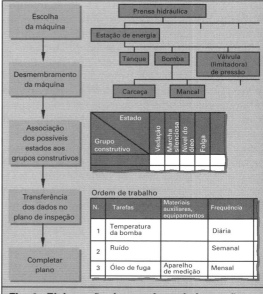

Fig. 1: Elaboração de um plano de inspeção

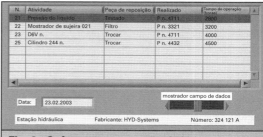

Fig. 2: Software para gestão da inspeção

Tab. 1: Possibilidades de inspeções simples	
Tipo	Tipo de defeito
Ouvir	Ruídos em motores, em mancais, em árvores ou fusos, ruído de rodar em engrenagens, cavitação em instalações hidráulicas, ruídos incomuns de vibração
Ver	Nível de líquidos, todos os mostradores (p. ex., pressão, temperatura), trincas em peças e correias, sujeira, instalações elétricas com defeitos, perdas por fuga, ranhuras em guias
Sentir	Vibração em partes da máquina, p. ex., com danos em mancais, temperaturas, cavitação em sistemas hidráulicos

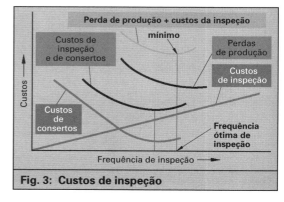

Fig. 3: Custos de inspeção

2.3 Inspeção

Inspeção de máquinas orientada pelo seu estado
Exemplos:

Danos em mancais levam, frequentemente, a paradas de máquinas e perdas inesperadas de produção. Contudo, esses danos já podem ser diagnosticados, em estado precoce. Com inspeções regulares, as mudanças podem ser acompanhadas, o que facilita o planejamento de serviços de conservação.
Para o controle de mancais de rolamentos, há aparelhos com multicanais para análise da vibração confiáveis para o diagnóstico de danos (fig. 1). As vibrações da máquina são constatadas com sensores e avaliadas. O sistema de diagnóstico integrado reconhece modelos típicos de danos em máquinas a partir da vibração, por exemplo, danos em mancais de rolamentos, como mudanças na estrutura do material e descamação da superfície (*pittings*). Com essa granulação é gerada, no rolar sobre a superfície, uma sequência periódica de socos, que resultam em pequenas ressonâncias na carcaça da máquina. As frequências dos impulsos são diferentes, de acordo com o local do dano (anel externo, anel interno, corpo de rolagem), permitindo um diagnóstico preciso com a análise da vibração (fig. 2). No aparelho, as vibrações levantadas são decompostas por frequência e representadas em gráfico.

Fig. 1: Diagnóstico de danos

FMEA – Análise de modos de falha e efeitos
A lista das perturbações da máquina serve como base para uma análise sistemática. O objetivo da FMEA é, a partir de uma avaliação, selecionar, entre todos os defeitos, os mais frequentes e os mais graves. Os defeitos são avaliados quanto a frequência, significado e facilidade de detecção e recebem notas de 1 a 10 nesses itens, em que 10 = defeito muito frequente e/ou muito grave e/ou muito fácil de detectar. A multiplicação dessas notas resulta no número de risco prioritário (RPZ). Os defeitos com o maior número RPZ devem ser tratados prioritariamente (tab. 1).

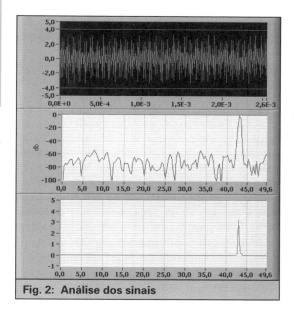

Fig. 2: Análise dos sinais

Tab. 1: Lista de perturbações em máquina (exemplo)						
N. Máquina	Data e hora	Perturbação	Causa	Índice do defeito	Eliminado por	Medida
17	10.07.2006 11h05	Objeto de trabalho se desloca	Falta pressão de tensionamento		Kaiser	Troca da mangueira hidráulica

⬇ ⬇ ⬇ ⬇ ⬇ ⬇ ⬇

FMEA										
N.	Defeito	Consequência	Causa	Evitação	Detecção	Frequência	Significado	Detecção	RPZ	Medida
1	Tensão de tensionamento cai	Tensionamento inseguro da peça	Má qualidade da mangueira	Melhor indicação	Trabalhador	2	8	9	144	Usar melhor qualidade
2										

2.4 Conserto

É tarefa do conserto deflagrar e executar medidas para restabelecer o estado desejado de componentes técnicos em sistemas. As causas da piora de sistemas técnicos podem ser:

- Desgaste,
- Corrosão,
- Fadiga do material,
- Sobrecarga dos elementos construtivos.

Nesta área se introduziu o termo reserva de desgaste. O diagrama da reserva de desgaste (fig. 1) mostra um estado possível de uma peça ou de um grupo construtivo no decorrer do tempo de operação. A nova máquina tem uma reserva de desgaste de 100%. Nos tempos T1 e T2, são constatados os estados atuais mediante inspeções. Se a máquina continua em operação, pode-se usar toda a reserva de desgaste e, no fim, ela para. Com consertos e reparos, pode-se alcançar novamente o estado desejado da máquina e todo o processo é repetido. Se a peça de reposição é melhor, a reserva de desgaste pode agora ser maior que 100%. Por causa dos custos, faz-se um conserto preventivo antes da parada da máquina (fig. 2). Quando um dano começa a se manifestar, é o tempo ótimo para um conserto (manutenção preditiva). Com isso, o tempo útil das peças é utilizado de forma ótima. Em sistemas com altos requisitos de segurança (p. ex., usinas de energia atômica, aviões), a troca de elementos críticos já ocorre mais cedo.

Nos consertos, diferencia-se entre consertos planejados e consertos decorrentes de perturbações. A figura 3 mostra o decurso sistemático de um conserto como circuito de controle. A precondição para isso é conhecimento suficiente do sistema técnico. Só então se pode fazer consertos bem direcionados.

Achado um defeito, ele deve ser documentado e suas possíveis causas devem ser encontradas. A documentação (lista de perturbações de máquinas) dá informações sobre a estabilidade da máquina. Com o tempo, convém fazer uma FMEA sobre a lista de perturbações (tab. 1). O objetivo da FMEA é encontrar, com base numa avaliação, os defeitos muito frequentes e/ou muito graves entre a grande quantidade de possíveis.

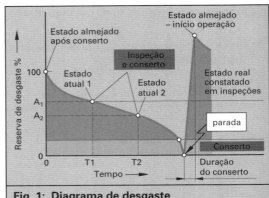

Fig. 1: **Diagrama de desgaste**

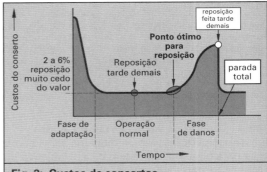

Fig. 2: **Custos de consertos**

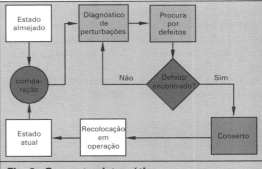

Fig. 3: **Conserto sistemático**

Tab. 1: **Documentação de defeitos**

Lista de perturbações de máquina: máquina N. 4711/03

N.	Data	Perturbação	Causa	Eliminado por	Medida
1					
2					

FMEA

N.	Defeito	Consequência	Causa	Evitação	Frequência	Significado	Medida
1							
2							

2.5 Pôr em funcionamento (início)

Os objetivos de pôr um sistema em funcionamento são:
- Gerar a capacidade funcional dele;
- Ajustá-lo de forma a obter os valores indicativos e tolerâncias requeridos;
- Torná-lo conhecido do usuário, juntamente com a sua documentação;
- Instruir o usuário para o seu conserto.

Exemplo 1:
Colocar uma válvula proporcional em funcionamento
Numa sequência de comandos (fig. 1), é preciso executar os passos:
- Controlar ligações hidráulicas e elétricas;
- Fazer regulagem base no amplificador (rampa, liga-desliga);
- Ligar tensão de entrada;
- Ligar hidráulico;
- Regular pequenos valores almejados;
- Ligar sinal de liberação;
- Regular valores almejados máximos;
- Ajuste de linhas indicativas (aparelho de teste);
- Ajuste das rampas;
- Detectar e documentar dados de desempenho, parâmetros, listas de regulagem;
- Entregar instalação.

Exemplo 2: Colocar em funcionamento o sistema em rede PROFIBUS-DP
PROFIBUS-DP mostrou-se um sistema em rede robusto e confiável na prática empresarial. Contudo, a alta confiabilidade só é atingida se forem seguidas as recomendações especiais na instalação do carro, e conferidos e ajustados importantes parâmetros de operação ao se pôr o sistema em funcionamento. A experiência mostra que 70% de falhas e defeitos decorrem de lapsos na instalação e colocação em operação.

Instalação de cabos
Deve ser usado cabo do tipo A. A extensão máxima da rede vai depender do número de bits (fig. 2).

Número de bit (kbits/s)	Extensão máxima de um segmento
187,5	1.000 m
1.500	200 m
3.000, 6.000, 12.000	100 m

Se a rede consiste de mais de 32 estações (participantes), são necessários amplificadores (*repeater*) de sinal. Na configuração da rede, é recomendável evitar derivações da rede, pois causam reflexões sobre os cabos. Havendo necessidade da derivação, é preciso inserir um amplificador de sinal.

Terminais
Cada segmento do PROFIBUS deve ter, no início e no fim, um terminal, que consiste de uma combinação de resistências ativada nos plugues do PROFIBUS. Em trabalhos de manutenção, nem todas as estações estão em funcionamento. Para toda estação não em funcionamento, é preciso prever uma conexão externa.

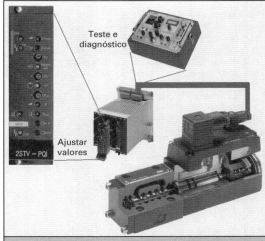

Fig. 1: Pôr uma válvula proporcional em funcionamento

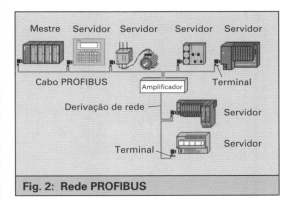

Fig. 2: Rede PROFIBUS

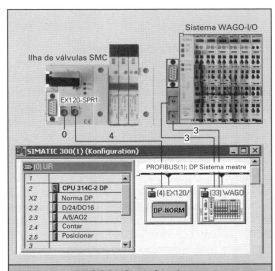

Fig. 3: Pôr PROFIBUS em funcionamento

Endereçamento

Ao se pôr o sistema em funcionamento, é preciso colocar nas estações (fig. 3 p. 125) os endereços, que já foram criados no software SPS Mestre. Endereçamento duplo traz mensagem de erro. É preciso desligar e religar o sistema para que ele assuma os novos endereços. A inobservância disso já levou à perda de tempo. Alguns inspetores do carro têm uma lista das funções com que se constatam rapidamente os endereços atuais.

Blindagem e aterramento

Em especial por causa do grande número de bits e do uso no meio industrial, é importante que blindagem e aterramento sejam bem executados (fig. 1).
Regra 1: Blindar ambos os lados do cabo.
Regra 2: Aterrar todo ponto de conexão.

Testar instalação e documentar

No final, recomenda-se testar o cabeamento com um aparelho de teste e diagnóstico. A instalação é testada sistematicamente com ciclos de medição em diálogo. A medição é dinâmica, quer dizer, constantemente são enviados sinais e avaliada a qualidade do sinal de eco. Com isso, pode-se reconhecer a falta de terminais, sinais pouco intensos e reflexões muito altas. O protocolo das medições mostra o local e o tipo de defeito.

Para garantir alta disponibilidade da rede, recomenda-se submetê-la a medidas de controle com regularidade e comparar os protocolos. Mudanças podem indicar pontos fracos precocemente.

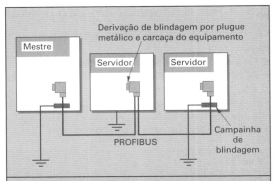

Fig. 1: Aterramento e blindagem

Pôr plantas virtuais em funcionamento

Tempos reduzidos para pôr plantas em funcionamento e menores custos são objetivos importantes. Modernas concepções de engenharia, por exemplo, engenharia baseada em simulação (*simulation based engineering*), perseguem esses objetivos. Com isso, células de fabricação e processos podem ser concebidos, simulados e otimizados – virtualmente e tridimensionalmente – no computador. O controle do decurso de uma SPS já está integrado nisso (fig. 2). O funcionamento é com base num contexto digital de desenvolvimento. Ocorre uma geração automática do programa SPS. Por um controle virtual do programa SPS (PLCSIM), toda a instalação pode ser acessada. Na fabricação da planta, ela pode ser colocada em funcionamento em curto espaço de tempo.

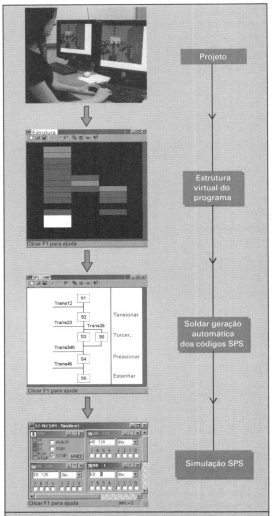

Fig. 2: Desenvolvimento do programa e teste de uma planta virtual

Exemplo de uma simulação de planta

Inicia-se uma planta virtual (p. ex., ProMod-Pro, Fa. DELTALOGIC) no PC. As plantas virtuais podem ser criadas com uma plataforma de engenharia, por exemplo, SIMIT. Todos os componentes podem ser associados a parâmetros que têm comportamento semelhante ao das peças reais. As plantas virtuais se comportam como plantas reais. No mesmo PC, desenvolve-se o programa SPS. Depois, inicia-se uma SPS e o programa é transferido. A SPS virtual comunica com a planta virtual. O sistema como um todo se comporta como um sistema real (fig. 1).

Defeitos do programa podem ser eliminados. Parâmetros de controle podem ser ajustados *a priori*. Atingem-se tempos de ciclo de 20 ms ou menos. Como alternativa, o programa SPS poderia ser transferido a uma SPS real. Então, a planta virtual comunica com a SPS através da interface MPI ou pelo PROFIBUS.

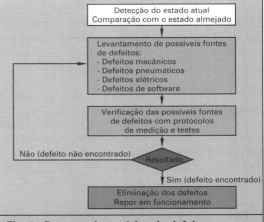

Fig. 1: Teste de uma planta virtual

Recapitulação e aprofundamento

1. Por que é importante documentar o processo de pôr plantas, sistemas, dispositivos, etc. em funcionamento e os valores dos parâmetros ajustados?
2. Por que aumenta o significado de concepções como *simulation based engineering*?
3. Por que é importante dispor de aparelhos de teste que protocolizam o processo de pôr sistemas de controle em funcionamento?

2.6 Procura de defeitos

Não há receitas universais para a procura das causas de perturbações e o reconhecimento de defeitos. Quem procura defeitos deve ter as seguintes capacidades:

- Conhecer toda a estrutura técnica e as funções da planta;
- Saber ler e conferir esquemas elétricos;
- Saber tirar conclusões.

De grande ajuda pode ser um caderno de máquina, em que estão documentados os defeitos até o presente detectados e, eventualmente, também observações sobre outros defeitos e pontos fracos possíveis. Para a procura sistemática por defeitos, pode-se proceder segundo o diagrama da figura 2. Depois de encontrar o defeito, é preciso decidir como continuar procedendo (fig. 3). Havendo um ponto fraco, verifica-se como eliminá-lo. Igualmente é necessário verificar se é possível consertar ou se todo um grupo construtivo precisa ser trocado.

Fig. 2: Procura sistemática de defeitos

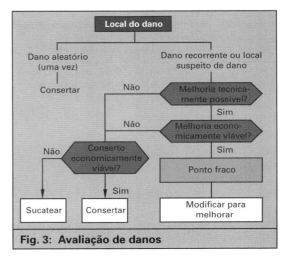

Fig. 3: Avaliação de danos

2.7 Recuperação/restauração

Em muitos casos, só algumas peças de grupos construtivos estão com defeitos, o que permite uma recuperação desses grupos. A decisão entre recuperação e troca do grupo construtivo é determinada por muitos fatores (fig. 1):

Custos – é preciso comparar os custos da recuperação com os da nova aquisição de aparelhos ou grupos construtivos. Frequentemente ocorrem custos na recuperação difíceis de levantar.

Tempo – quando o defeito leva à parada de toda uma planta, a solução mais rápida pode ser também a mais econômica.

Estado – se o grupo construtivo já atingiu seu tempo de vida projetado, é melhor trocá-lo inteiro.

Conhecimento técnico e experiência – o trabalhador deve ter o conhecimento técnico adequado para fazer os reparos – a recuperação – em pouco tempo e corretamente, o que inclui a limpeza.

Precondições técnicas – para a desmontagem e montagem, é preciso dispor de ferramentas adequadas, eventualmente também de uma estação de teste. Não havendo tais recursos, é melhor não pensar em recuperação.

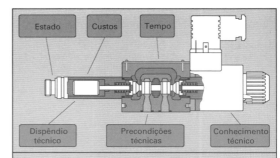

Fig. 1: Condições de contorno para recuperação

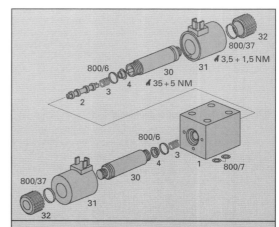

Fig. 2: Desenho técnico com número das peças de reposição

Exemplo: Recuperação de uma válvula de 4/3 vias
O fornecedor disponibiliza um desenho explodido de todas as peças (fig. 2) e uma lista de peças de reposição (tab. 1). É comum que peças normalizadas possam ser compradas diretamente no mercado, por exemplo, anéis. Peças sem número não podem ser compradas separadamente. Havendo defeito nelas, a válvula toda precisa ser trocada. Vedações são, frequentemente, fornecidas só em jogos (tab. 2). Ao lado da lista de peças, pode-se obter, muitas vezes, recomendações para executar a recuperação, com observações para a montagem e momentos de aperto, instruções que devem ser seguidas.

Recapitulação e aprofundamento:
1. Descreva o procedimento sistemático para executar os serviços de manutenção.
2. Por que é importante ter/elaborar um caderno de máquina numa planta?
3. Mencione problemas que podem ocorrer numa recuperação.

Tab. 1: Lista de peças de reposição

Produto: válvula de vias

Posição	Número	Quantidade	Nome	Observação
1		1	Carcaça da válvula	
2		1	Registro de distribuição	
3	1 814 617 075	2	Mola de pressão	
4		2	Prato da mola	
30		2	Tubo de pressão	
31	1 837 001 227	2	Bobina magnética	
32	1 833 343 009	2	Porca de capa	
800	1 817 010 310	1	Jogo de vedação	
80016		2	Anel	16,56 x 1,78
800/7		4	Anel	9,25 x 1,78
800/37		2	Anel	22 x 2

Tab. 2: Associação das peças de reposição

Posição	Nome	Peça de fabricação	Peça normalizada	Peça especial	Número da peça Com remessa	Sem remessa – impossível
1	Carcaça da válvula	x			x	
2	Registro de distribuição	x				
3	Mola de pressão			x	x	
4	Prato da mola	x				
30	Tubo de pressão	x				
31	Bobina magnética			x	x	
32	Porca de capa			x	x	
800	Jogo de vedação		x		x	
800/6	Anel 16,56 x 1,78		x			*) Remessa
800/7	Anel 9,25 x 1,78		x			*) Remessa
800/37	Anel 22 x 2		x			*) Comércio especializado

3 Segurança do trabalho

3.1 O homem como referencial

O trabalho deve ser projetado de forma humanizada, quer dizer, o homem, com suas capacidades e necessidades, deve ser o referencial para o projeto do trabalho, de modo que o trabalho

- Seja realizável,
- Seja suportável,
- Seja pertinente,
- Conduza à satisfação.

Um trabalhador satisfeito será sempre motivado e, em comparação com um trabalhador desmotivado, vai render muito mais na sua tarefa. O projeto do trabalho compreende os postos de trabalho no sentido da ergonomia, a forma de realizar o trabalho e a organização do trabalho.

Ergonomia

Por Ergonomia entende-se a boa adequação dos meios de trabalho e do ambiente de trabalho ao trabalhador. Por isso, mede-se e investiga-se há tempo o ser humano para ajustar a ele seu ambiente e seu trabalho (fig. 1). A ciência da medição do ser humano chama-se antropometria[1].

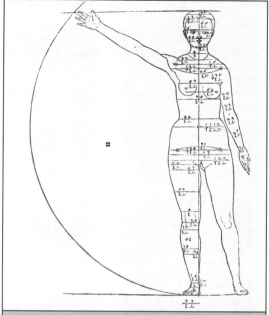

Fig. 1: O ser humano é a medida – desenho de Albrecht Dürer[2]

> Do homem vêm as medidas para o projeto do posto de trabalho.

O projeto de máquinas, equipamentos e ambientes de trabalho deve ser bem adequado ao ser humano e não que ele tenha que se ajustar à máquina, aos equipamentos e ao ambiente, com danos à sua saúde. Critérios importantes para um posto de trabalho ergonomicamente projetado são:

- O ser humano não deve ser sub nem supersolicitado;
- Os meios de trabalho devem poder ser usados sem riscos de acidentes;
- O trabalho deve poder ser realizado em postura natural, não forçada;
- O ambiente de trabalho deve ser suportável, no que diz respeito à circulação de ar, ruído, calor, frio, iluminação, radiação, poeiras e vibrações.

Se esses critérios forem considerados, todos têm vantagens: os trabalhadores, os empregadores e a sociedade, pois com isso, se fomenta-se a saúde e a capacidade de trabalho.

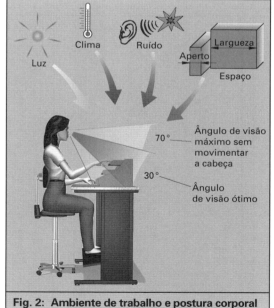

Fig. 2: Ambiente de trabalho e postura corporal

---

[1] Do grego *anthropos* = ser humano e *metron* = medida.

[2] Albrecht Dürer, artista alemão (1471-1528).

3.1.1 Participação dos trabalhadores

O fator de produção "ser humano" melhora o resultado econômico da empresa se os trabalhadores se identificarem com o seu trabalho e puderem participar de projetos de melhorias com sugestões e avaliações, sendo, assim, figura referencial na empresa. Com a participação dos trabalhadores no processo de projeto de seu trabalho, é possível conseguir melhor aceitação de mudanças e engajamento (fig. 1).

Para motivar e conseguir a participação dos trabalhadores nos processos de mudanças na empresa, são necessárias qualificações específicas por:

- Apresentação das chances que há num processo de melhoria ou mudanças contínuas;
- Fomento das competências sociais com treinamento para discussão de trabalho, resolução de conflitos, habilidades para trabalho em grupos, e o reconhecimento de sensibilidades e entendimentos;
- Instrução técnica com o objetivo de qualificar/reciclar continuamente o trabalhador em sua área de conhecimentos.

3.1.2 Cultura empresarial

Uma empresa só terá sucesso sustentável se tiver uma cultura empresarial que regule as relações de dependência em regime de parceria.

A participação se refere a:
- Projeto das tarefas de trabalho com certa liberdade de ação. Nem tudo tem que estar prescrito;
- Projeto do posto de trabalho;
- Projeto dos períodos de trabalho (turnos);
- Projeto da forma de trabalho – trabalho em grupos ou individual;
- Projeto dos níveis hierárquicos: quem recebe poder de decisão, e como substituir controle por responsabilidade?
- Projeto da comunicação interna à empresa: transparência dos dados da empresa e do produto;
- Projeto dos produtos e processos produtivos com auxílio de um sistema de sugestões;
- Projeto das capacidades futuras com participação na definição das diretrizes estratégicas da empresa.

É necessária uma direção que conscientemente coloca o ser humano como referencial. Isso inclui:
- Referencial formulado da empresa, com objetivos e visões;
- Transparência das decisões e das razões para elas;
- Pouca hierarquia e fluxo de informação também de baixo para cima; gestores precisam aprender a entender a linguagem dos trabalhadores;
- Cuidados com um bom clima empresarial com o objetivo de manter a saúde emocional das pessoas.

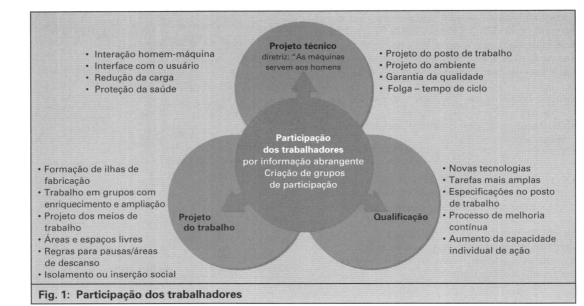

Fig. 1: Participação dos trabalhadores

3. 2 Gestão da segurança do trabalho

3.2.1 Generalidades

A gestão da segurança do trabalho tem estrutura semelhante a de outros tipos de sistemas de gestão:
1. Política da segurança do trabalho com linha mestra e objetivos;
2. Organização;
3. Planejamento e implementação;
4. Medição e avaliação;
5. Melhoria contínua (fig. 1).

O princípio básico para a política da segurança do trabalho na empresa deve ser a prevenção[1], ou seja, eliminar, evitar perigos antes que se manifestem. Com isso, perseguem-se os objetivos:

• Impedir acidentes;
• Evitar e minimizar perigos e riscos relacionados com segurança e saúde;
• Projetar o trabalho, adequando-o ao ser humano;
• Atender às prescrições de segurança do trabalho;
• Envolver os trabalhadores no sistema de gestão da segurança do trabalho.

Do ponto de vista organizacional, é preciso disponibilizar os recursos adequados para isto: recursos humanos, financeiros e espaço físico. As medidas de segurança do trabalho devem ser definidas e integradas no planejamento das tarefas regulares dos envolvidos. O espaço físico é necessário para fazer reuniões de trabalho e programas de ação; os recursos financeiros, para a instalação de proteções, qualificação de trabalhadores e aquisição de informações.

Em intervalos regulares, convém verificar a efetividade e atualidade das medidas de proteção do trabalho. Caso não sejam mais válidas ou adequadas, é preciso elaborar novas, o que também requer novas instruções de procedimento e trabalho.

É preciso elaborar também planos para primeiros socorros, apoio medicinal, combate a incêndios e evacuação de todas as pessoas nas áreas da empresa. Os planos devem ser divulgados e, em muitos casos, também testados na prática. É preciso garantir prevenção por parte do medicina do trabalho e promoção da saúde. Novos processos de trabalho, materiais ou máquinas requerem uma análise preliminar documentada dos riscos.

---

[1] Do latim *praevenire* = prevenir, impedir e evitar de antemão.

Política de segurança do trabalho
– Direção superior da empresa –

Política de segurança do trabalho escrita

• Objetivos obrigatórios	• Proteção e melhoria da saúde
• Informação para todos os trabalhadores	por impedimento de acidentes
• Inserção de externos, caso relevante	• Respeito às prescrições de segurança do trabalho
	• Melhoria contínua

– Participação dos trabalhadores –

Objetivos da segurança do trabalho

• Fixação de objetivos medíveis   • Auditoria

Disponibilidade de recursos

• Elaboração de estruturas e procedimentos para a segurança do trabalho e a proteção da saúde	• Definição de responsabilidades e nomeação de pessoas
• Implementação de programas de ação e prevenção	• Definição e criação de comissões e círculos de trabalho

– Nomear um responsável pela segurança do trabalho com a obrigação de fazer relatos –

Participação, direitos e deveres dos trabalhadores

• Planejamento de tempo para o trabalhador promover segurança do trabalho e proteção da saúde	• Acesso a dados e informações e possibilidade de fazer sugestões

Ensino e qualificação

• Participação em programas de ensino e treinamento	• Instrução preliminar e instruções repetidas na área de perigos e riscos
• Avaliação dos programas - efeitos	

Documentação

• Documentação de:	• Documentação de perigos e riscos característicos
- Política da segurança do trabalho	• Condução conveniente dos documentos
- Desempenho e alcance de objetivos	

Comunicação e trabalho conjunto

• Fixação de procedimento para comunicação interna com:	• Fixação de procedimento para comunicação externa com:
- Pessoal da direção	- Órgãos públicos
- Comissões de trabalho	- Serviços de saúde
- Círculos de trabalho	- Seguradoras
	- Sociedade

Planejamento e implementação

• Primeira verificação	• Avaliação dos riscos
• Prescrições legais	• Evitação de riscos
• Decursos do trabalho	• Regulamentos para casos de perturbação e extrema necessidade
• Prevenção da medicina do trabalho	• Gestão das mudanças

Medição e avaliação

• Monitoramento do desempenho	• Auditorias internas
• Pesquisa das causas	• Avaliação pela administração superior

Melhorias

• Medidas preventivas e corretivas	• Melhoria contínua

Fig. 1: Sistema de gestão da segurança do trabalho

3.2.2 Lei de segurança do trabalho

Lei sobre a realização de medidas de segurança do trabalho para melhoria da segurança e da proteção da saúde dos trabalhadores no trabalho (Lei de segurança do trabalho)

Extrato[1]

§ 1 Objetivo e área de aplicação

(1) Esta lei serve para garantir e melhorar a segurança e a proteção da saúde dos trabalhadores no trabalho por meio de medidas de segurança do trabalho. Ela vale para todos os setores.

§ 3 Obrigações básicas do empregador

(1) O empregador é obrigado a tomar as medidas necessárias para a segurança do trabalho, tendo em vista as situações que influenciam a segurança e saúde dos trabalhadores. Ele deve testar a efetividade das medidas e, havendo mudanças nas situações de trabalho, adequá-las. Com isso, terá de visar uma melhoria da segurança e proteção da saúde dos trabalhadores.

(2) Para o planejamento e a implementação das medidas do item 1, o empregador, tendo em vista o tipo de atividade e o número de trabalhadores, terá de:

1. Garantir uma organização adequada e disponibilizar os recursos necessários;
2. Garantir que as medidas sejam consideradas e inseridas em todas as atividades em que sejam necessárias, e que os trabalhadores possam exercer suas obrigações de participação.

(3) Assumir integralmente os custos das medidas segundo esta lei.

§ 4 Diretrizes básicas

Em medidas de segurança do trabalho, o empregador deve partir das seguintes diretrizes:

1. O trabalho deve ser planejado de forma a evitar riscos para a vida e saúde; riscos remanescentes devem ser reduzidos a um mínimo;
2. Perigos devem ser combatidos na sua fonte;
3. Nas medidas, é preciso considerar o nível tecnológico, da Higiene e da Medicina do Trabalho, bem como outros conhecimentos sobre o homem no trabalho;
4. Medidas devem ser planejadas com o objetivo de conectar adequadamente fatores técnicos, organizacionais, sociais, ambientais e demais influências sobre o trabalhador no trabalho;

5. Medidas de proteção individual vêm depois de outras medidas;
6. Perigos que requerem proteção específica dos trabalhadores expostos devem receber atenção especial;
7. O trabalhador deve receber instruções adequadas;
8. Regulamentos especiais, afetando direta ou indiretamente um sexo, só são permissíveis, quando isso for obrigatório por razões biológicas.

§ 5 Avaliação das condições de trabalho

(1) Pela avaliação dos riscos dos trabalhadores no seu trabalho, o empregador deve levantar as medidas necessárias para a segurança do trabalho.

(2) Essa avaliação terá de ser feita tendo em vista o tipo de atividade. De postos de trabalho ou atividades sob as mesmas condições de trabalho, basta avaliar um ou outro.

(3) Os riscos decorrem de

1. Configuração e instalação de local e posto de trabalho;
2. Efeitos físicos, químicos e biológicos;
3. Configuração, escolha e instalação de meios de produção, em especial, materiais, máquinas, equipamentos, dispositivos e plantas, bem como do uso deles;
4. Configuração de procedimentos e processos de fabricação e trabalho, decursos de trabalho e tempos no trabalho;
5. Qualificação e instrução insuficientes dos trabalhadores.

§ 6 Documentação

(1) O empregador deve manter documentados as avaliações de riscos, as medidas de segurança do trabalho tomadas e os resultados da verificação da efetividade delas. Para situações de riscos semelhantes, pode-se reunir informações nos documentos.

(2) O empregador deve documentar acidentes na empresa em que algum trabalhador foi morto, ou ferido de modo a falecer depois, ou ficar parcial ou totalmente incapaz para o trabalho por mais de 3 dias.

§ 7 Transferência de tarefas

Ao transferir tarefas para trabalhadores, o empregador deve levar em conta se eles têm capacidade de cumprir as determinações e medidas para a segurança do trabalho e a proteção da saúde.

---

[1] Aqui foram transcritas apenas as prescrições para a segurança de trabalhadores em empresas, ignorando-se também relações com outras leis.

§ 8 Trabalho conjunto de mais empregadores

(1) Em situações de trabalho a que concorrem trabalhadores de mais empregadores, estes devem cumprir conjuntamente as determinações de segurança do trabalho e de proteção da saúde. Dependendo da situação de trabalho, cada empregador deve informar os demais envolvidos sobre os perigos nas atividades exercidas por seus empregados; medidas para evitar ou reduzir os perigos devem ser acertadas em conjunto.

(2) O empregador deve assegurar-se de que empregados de outras empresas, realizando serviços na sua, tenham sido suficientemente instruídos sobre os perigos a que estão sujeitos, e de que possam tomar as medidas cabíveis.

§ 11 Prevenção da Medicina do Trabalho

O empregador deve dar ao trabalhador, quando desejado e sem prejuízo das obrigações segundo outras prescrições, a possibilidade de fazer, regularmente, consultas com médico do trabalho, exceto nos casos em que, com base nas avaliações e medidas de proteção tomadas, não são esperados danos à saúde.

§ 12 Instrução

O empregador deve instruir o trabalhador suficiente e adequadamente sobre segurança e proteção no trabalho, durante a jornada de trabalho. A instrução contém prescrições e explicações específicas para a situação ou posto de trabalho do empregado. Essa instrução deve ocorrer na admissão do trabalhador e antes de ele iniciar o trabalho, depois de mudanças na tarefa, da inserção de novos meios de trabalho ou de novas tecnologias. A instrução deve considerar a geração dos riscos e repetida com certa regularidade.

§ 17 Direitos dos empregados

(1) Os empregados têm direito de fazer sugestões ao empregador sobre questões relacionadas com segurança do trabalho e proteção da saúde.

(2) Se, com base em evidências concretas, os trabalhadores concluírem que as medidas tomadas pelo empregador e os recursos por ele disponibilizados não são suficientes para garantir a segurança do trabalho e a proteção da saúde no trabalho, e as consequentes queixas deles tiverem sido ignoradas, eles podem procurar ajuda no órgão competente. Os trabalhadores não podem ser penalizados por isso.

3.3 Análise de riscos e melhorias

Os perigos podem ser classificados em (fig. 1):
1. Perigos mecânicos,
2. Perigos elétricos,
3. Materiais perigosos,
4. Perigos por incêndio e explosão,
5. Riscos decorrentes de frio, calor, clima,
6. Iluminação,
7. Ruído e vibração,
8. Radiação,
9. Manipulação, condução,
10. Trabalho físico pesado,
11. Solicitação psíquica, estresse.

3.3.1 Perigos mecânicos

3.3.1.1 Peças móveis e partes móveis de máquinas

Riscos mecânicos decorrem, frequentemente, da movimentação de partes de máquinas e de peças, resultando em pontos com perigo de bater contra, cortar, perfurar, prensar, ralar, bater, aprisionar, aprisionar ou puxar para dentro (fig. 2).

As instalações de proteção são:
- Cercas, coberturas, revestimentos,
- Obstáculos ao acesso, repelentes de dedos,
- Comando com acionamento com as duas mãos, sensores de aproximação, capachos com comando.

É preciso tomar medidas para garantir que essas instalações de proteção não possam ser desativadas ou neutralizadas, e que funcionem com segurança. Convém evitar também que perigos adicionais se manifestem na falta de energia, na ruptura de arames ou de tubos em hidráulicos, por exemplo, por soltar e arremessar peças. Freios acionados hidraulicamente são projetados de modo que o duto se solte contra uma mola (fig. 3). Na falta do hidráulico, a frenagem segura é garantida pelas molas.

Sendo necessária a permanência de pessoas na área de risco, por exemplo, na programação de robôs, permitem-se apenas velocidades e forças reduzidas dele. Comandos "desliga emergencial" devem estar próximos, de fácil alcance, por exemplo, no dispositivo de comando manual.

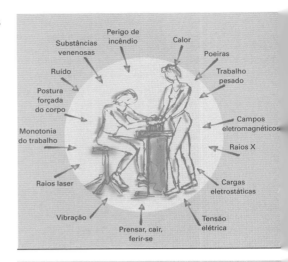

Fig. 1: Perigos

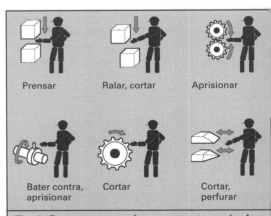

Fig. 2: Pontos com perigos em partes móveis de máquinas

Fig. 3: Freio hidráulico a mola (aberto)

3.3 Análise de riscos e melhorias

Exemplo: Segurança em robôs

O posto de trabalho do robô é de alta periculosidade por causa da movimentação dele e de seus braços, e deve ser isolado de áreas de trânsito e de trabalho das pessoas. O isolamento mais seguro consiste em cercá-lo com uma tela de metal (fig. 1) para que, apesar dos movimentos rápidos, peças, que eventualmente sejam arremessadas por causa de perturbações na operação de pega, não possam atingir pessoas.

Frequentemente, o posto de trabalho do robô deve ser abastecido manualmente com as peças de trabalho, o que se faz, de preferência, com uma mesa giratória (fig. 1).

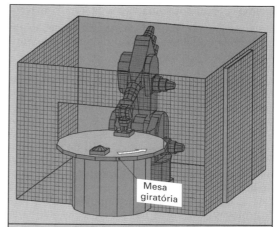

Fig. 1: Separação da área de perigos e alimentação das peças de trabalho em mesa giratória

Medidas de precaução:
- Antes de ligar o robô e enquanto ele se movimentar e oferecer risco, os protetores têm de estar ativos;
- Sem os protetores ou havendo falhas neles, o robô não deve funcionar, mas parar obrigatoriamente.

Na programação do robô (teach in modus), é necessário adentrar a área de perigos em torno do robô. Nesse caso, dispositivos protetores como a trava da porta têm sua função desativada. O programador terá de restringir sua aproximação para que o robô, também em caso de falha, não possa comprimi-lo, devendo sempre ser possível escapar para trás (fig. 2).
O dispositivo portátil de programação deve ter

- Um comando de desliga emergencial,
- Um comando de confirmação.

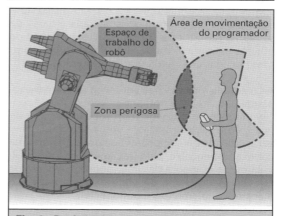

Fig. 2: Posição do programador

Fig. 3: Comando de desliga emergencial em aparelho portátil de programação

---

Recapitulação e aprofundamento
1. O que se entende por Ergonomia?
2. Em que áreas convém almejar uma participação dos trabalhadores?
3. Qual a linha mestra para os projetos técnicos?
4. Que objetivos se perseguem com a gestão da segurança do trabalho?
5. Enumere os tipos de perigos.
6. Cite exemplos de riscos devidos a partes móveis em máquinas.

Exemplo: Segurança em plantas de transformação

No trabalho em prensas e na manipulação de objetos de trabalho pesados ou quentes, sempre há perigos.

Na alimentação e retirada manual de objetos de trabalho em prensas e forjas, há perigo significativo de compressão dos membros superiores, dado que as estampas superior e inferior abrem e fecham rapidamente. Há a possibilidade de, instintivamente, corrigir se a posição de uma peça mal colocada, ou o pilão pode descer sem que tenha havido intenção ou expectativa do trabalhador para isso.

A proteção das mãos pode ser melhorada com um acionamento simultâneo com as duas mãos, o que limita os movimentos do trabalhador. Sempre que o trabalhador colocar, simultaneamente, as duas mãos sobre as teclas ou acionar os comandos, e somente então, o pilão desce num intervalo de 0,5 s. Outra possibilidade é o uso de sensores (fig. 1) que reconhecem a presença de objetos estranhos (mãos, p. ex.) na área de compressão e param imediatamente as máquinas.

As medidas técnicas de segurança requerem acoplamentos, freios e comandos seguros com controle constante do percurso do pilão. Isso significa – entre outras coisas – que a segurança não será reduzida ou comprometida por se soltar uma conexão de encaixe, pelo travamento de uma válvula ou pela quebra de uma mola. Os elementos relevantes do ponto de vista da segurança são alocados duplamente (redundância).

Protetores mecânicos móveis, como revestimentos externos e portinholas de acesso, devem estar integrados no circuito de proteção com comandos seguros (fig. 2), e deve ser impossível deixar de usá-los, ou contorná-los.

Ao lado da proteção do trabalhador, é preciso também proteger a máquina contra carga excessiva, por limitação da maior força. Em prensas mecânicas, por exemplo, prevêem-se intencionalmente pontos de quebra ou fratura e elementos de transmissão de força que relaxam, para que, em caso de sobrecarga, os efeitos subsequentes não sejam excessivamente altos. Em prensas hidráulicas, há válvulas limitadoras de pressão instaladas nos circuitos hidráulicos que desligam os pistões rapidamente quando a pressão alcançar o pico especificado.

A indústria elétrica desenvolveu, especialmente para o uso seguro de máquinas, chaves de segurança eletromecânicas e eletrônicas certificadas, que hoje fazem parte do padrão de segurança (tab. 1).

Fig. 1: Sensor (cortina de luz)

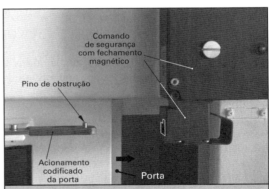

Fig. 2: Segurança de portas

Tab. 1: Categorias de segurança segundo EN 954-1

Categoria	Comportamento do sistema
B	A ocorrência de um defeito pode levar à perda da função de segurança.
1	A ocorrência de um defeito pode levar à perda da função de segurança, mas menos provável que no caso B.
2	A ocorrência de um defeito pode levar à perda da função de segurança entre os períodos de teste. Essa perda pode ser reconhecida pelo teste.
3	Se um dado defeito ocorrer, a função de segurança fica mantida. Alguns defeitos (não todos) são reconhecidos. O acúmulo de defeitos não reconhecidos pode levar à perda da função de segurança.
4	Se ocorrerem defeitos, a função de segurança fica sempre mantida. Os defeitos são reconhecidos em tempo, para evitar a perda da função de segurança.

Em prensas, requer-se categoria 4, quando a alimentação e a retirada das peças forem manuais.

3.3 Análise de riscos e melhorias

3.3.1.2 Riscos devidos a superfícies perigosas

Perigos em superfícies podem ser pontas e cantos vivos e rebarbas, especialmente, em situações ou locais em que não se espera por isso, por exemplo, quando peças com rebarbas estivem misturadas com peças sem elas. Para a manipulação de peças com perigos, é preciso disponibilizar luvas resistentes ou ferramentas, como cinzel com cabo comprido (fig. 1). Pontos em que há risco de prensar, devem ser evitados com medidas construtivas. Para circular em ambientes perigosos, por exemplo, ferrarias, é imprescindível o uso de capacetes, também por visitantes.

3.3.1.3 Riscos no transporte e por peças móveis

Ao transporte interno de peças com carros elevadores, guindastes, sistemas de transporte sem operador, robôs, etc. estão associados diversos perigos:

- As rotas de transporte e de fugas devem ter medidas adequadas e ser bem sinalizadas (fig. 2).
- A manipulação de cargas deve ser segura, por exemplo, com olhais de engate ou pegadores.
- Superfícies em que as pessoas pisam devem ter tamanho suficiente e ser revestidas por material antiderrapante.
- Não se pode permitir que pessoas circulem sob cargas suspensas (placa de advertência). Peças não devem poder se soltar, deslizar, tombar, rolar, explodir ou serem arremessadas.

Todos os corpos devem estar posicionados de forma estável (fig. 3). A estabilidade fica crítica quando o centro de massa se encontra perto da borda de tombamento. Ao empilhar objetos, a relação entre a maior altura e o lado mais estreito deve estar entre 4 e 6. Se a estabilidade não estiver garantida, é preciso fazer fixações e ancoragens. A proteção contra peças que caem pode ser feita com redes, telhados e dispositivos de suporte. Boa medida de proteção contra peças arremessadas pode ser a redução do número de giros e da velocidade. Para evitar a explosão de peças por centrifugação e pressão excessivas, devem ser tomadas medidas específicas.

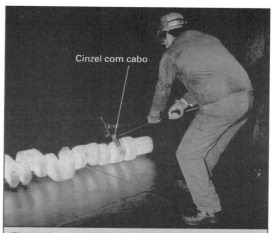

Fig. 1: Separação de amostra de material incandescente

Fig. 2: Sinalização de rotas de fuga

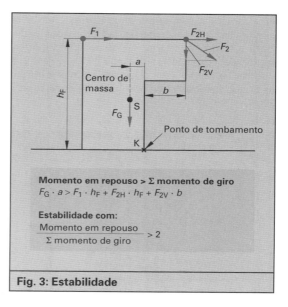

Momento em repouso > Σ momento de giro
$F_G \cdot a > F_1 \cdot h_F + F_{2H} \cdot h_F + F_{2V} \cdot b$

Estabilidade com:
$$\frac{\text{Momento em repouso}}{\Sigma \text{ momento de giro}} > 2$$

Fig. 3: Estabilidade

3.3.2 Riscos elétricos

Tipos de riscos

A corrente elétrica constitui perigo para as pessoas quando flui pelo corpo humano (fig. 1) por exemplo, pelo contato com peças condutoras de eletricidade (fig. 2) ou aproximação excessiva de condutores de alta tensão, ocasião em que se forma um arco voltaico. Arcos voltaicos aquecem gases que podem causar queimaduras em pessoas; objetos podem explodir; o ar pode ser ionizado e gerar ozônio; na exposição do olho humano, o arco voltaico pode causar danos à visão.

Medidas de proteção

As medidas de proteção são indispensáveis a partir de 50 V (DIN VDE 0100 – 410); para brinquedos, é preciso considerar medidas com voltagens menores.

Meios de produção elétricos com corrente alternada (CA) entre 50 e 1000 V ou com corrente contínua (CC) entre 75 e 1500 V devem ser concebidos segundo as prescrições de segurança da lei de segurança de equipamentos. A proteção contra contato direto pode ser obtida por:
- Isolamento de peças condutoras de tensão (fig. 3);
- Cobertura e revestimento, no que convém garantir proteção contra corpos estranhos com diâmetro a partir de 12 mm;
- Obstáculos a serem alocados de forma a impossibilitar um contato aleatório;
- Tensões mais baixas.

Para áreas úmidas, como laboratórios e ambientais de fábrica, são necessárias proteções especiais nos comandos (fig. 4 – dispositivo FI, interruptor de corrente residual ou RCD = Residual Current Device). Esses dispositivos interrompem os fluxos (residuais) de corrente não desejados > 30 mA.

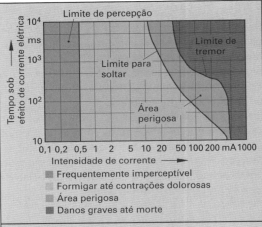

Fig. 1: **Área perigosa para adultos (trajeto da corrente: mão – ambos os pés)**

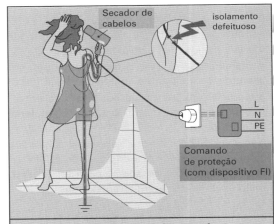

Fig. 2: **Risco por peças condutoras de eletricidade**

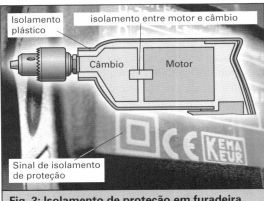

Fig. 3: **Isolamento de proteção em furadeira manual**

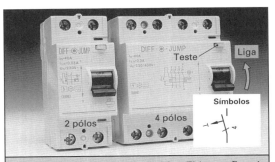

Fig. 4: **Comando com dispositivo FI (corta fluxo)**

3.3 Análise de riscos e melhorias

Obrigações do empregador

Trabalhos em instalações elétricas, ou com meios de produção elétricos, só devem ser executados por pessoas qualificadas na área ou sob a supervisão delas. O empregador é responsável pelo bom estado de conservação e funcionamento das instalações e dos meios de produção elétricos, sendo necessária sua verificação anual[1]. A função de comandos que interrompem o fluxo, em caso de fluxos indesejados, deve ser verificada semestralmente.

Medidas de segurança do trabalho da alçada do eletricista

1. Desligar
A instalação ou meio de produção elétrico é desligado da corrente elétrica no comando geral ou por desativar o disjuntor. A separação dos circuitos elétricos deve ser visível.

2. Assegurar contra religação
Pode-se colocar tampa ou passar cadeado no comando geral (fig. 1) e guardar a chave, retirar o disjuntor ou impedir o acesso a ele. Placas com avisos alertam sobre trabalhos com eletricidade.

3. Constatar ausência de tensão
Com um medidor de tensão confirma-se a ausência de tensão no posto de trabalho.

4. Aterrar e ligar em curto
Isso é necessário em linhas aéreas ou em trabalhos com tensões > 1000 V em CA e > 1500 V em CC.

5. Cobrir ou barrar peças próximas e sob tensão elétrica
Isso vale para peças condutoras de eletricidade, funcionando alimentadas por outros circuitos.

Fig. 1: Comando principal

---

[1] Para meios de produção móveis, em especial em canteiros de obras, há ainda prescrições do sindicato a serem observadas.
[2] Extrato de BGI (informação do sindicato dos profissionais)

Procedimento em caso de acidente do trabalho e perturbações[2]

A rotina esconde perigos que, em geral, estão sob controle no trabalho. Mais difícil é proceder corretamente em caso de acidente do trabalho e perturbações. Nesses casos, fica evidente quão boas são a organização da empresa e a instrução dada aos trabalhadores.

- Seus empregados são instruídos regularmente, ao menos, anualmente, sobre seu proceder em caso de acidentes do trabalho e perturbações no decurso do trabalho para, em caso de necessidade, garantir o decurso seguro?
- Todos os trabalhadores sabem onde e como fazer um chamado de emergência?
- Há um número suficiente de prestadores de primeiros socorros treinados em todos os turnos, também em períodos de férias, finais de semana e feriados?
- Está assegurado que as informações sobre primeiros socorros afixadas, incluindo chamados de emergência, socorristas, materiais, médicos e hospitais, estão atualizadas?

- O médico da empresa está incluído na organização de emergência?
- Está assegurado que todo acidente é comunicado ao superior imediato e registrado?
- Está assegurado que todos os trabalhadores sabem quem precisa ser avisado (polícia, etc.) em caso de acidentes graves e que o local deve ser isolado e mantido intacto?
- Seus trabalhadores sabem que, em geral, não devem resolver perturbações em máquinas e instalações, mas devem informar ao superior ou o pessoal da manutenção?
- Perturbações e quase acidentes são informados por seus trabalhadores, para assim obter informações valiosas para a melhoria da segurança do trabalho em sua empresa?

Como regra geral, todas as peças que conduzem eletricidade devem ser protegidas de forma a impedir um contato direto com ela, exceto para tensões de, no máximo, 25 e 60 V com corrente alternada e contínua, respectivamente.

Em ambientes com risco de explosão, todas as peças condutoras de eletricidade devem ser protegidas contra contato direto. Correntes pequenas, da ordem de 10 mA, podem ser mortais, quando o fluxo passa pelo músculo do coração. O fluxo da corrente pelo corpo depende de sua resistência e do ponto de contato com a eletricidade. A resistência do corpo humano à eletricidade oscila muito, igualmente a resistência na transmissão dela ao corpo. Mãos molhadas e corpo suado facilitam essa transmissão. Especialmente perigoso é o uso de aparelhos elétricos em ambientais úmidos (fig. 1), podendo ser mortal na banheira (fig. 2).

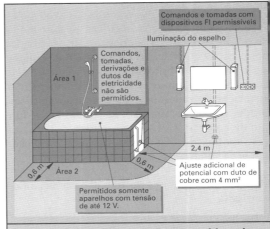

Fig. 1: Medidas de proteção em ambientais úmidos

O uso de aparelhos elétricos na banheira é muito perigoso (mortal) e proibido!

Para aparelhos elétricos, há uma indicação dos tipos de proteção com validade internacional IP (*International Protection*) (fig. 3). Frequentemente se usa IP 65, impermeável a pó (6), e protegido contra jatos de água (5)).

Fig. 2: Situação com risco de vida

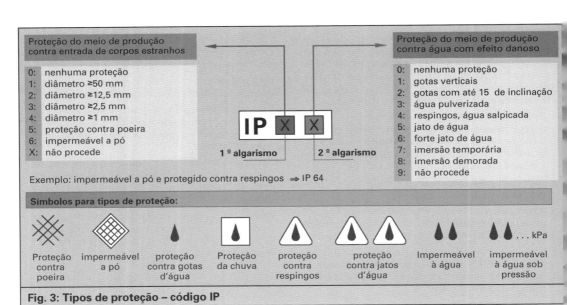

Fig. 3: Tipos de proteção – código IP

3.3 Análise de riscos e melhorias

Carga e descarga eletrostática

Ao se caminhar com vestimenta de fibras sintéticas (Nylon, perlon, elastano, acrílico, etc.) em assoalhos com revestimento isolante, ocorre um carregamento eletrostático (fig. 1). Também em máquinas, por exemplo, quando correias transportadoras deslizam sobre rolos, peças isoladas ou de material isolante podem carregar-se eletrostaticamente. As tensões atingem, frequentemente, dezenas de Volts. Nisso, ocorrem descargas com faíscas visíveis e audíveis.

Essas descargas não são diretamente perigosas para o ser humano, dado que a energia delas é pequena. Mas quando a descarga ocorre em atmosfera explosiva, por exemplo, em ambiente saturado com poeira (explosão de poeira), com vapor de gasolina, o risco pode ser grande.

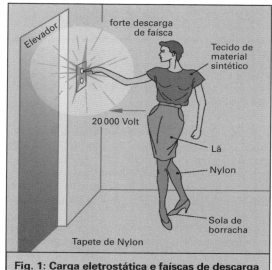

Fig. 1: Carga eletrostática e faíscas de descarga

> Descargas eletrostáticas podem desencadear explosões em ambientais com risco para tal.

Em trabalho com partes eletrônicas, por exemplo, consertos, troca de módulos de armazenagem, é preciso tomar muito cuidado. Por causa da carga eletrostática do trabalhador, a peça eletrônica pode sofrer danos. Por isso, os postos de trabalho na eletrônica devem ter proteção especial (fig. 2).

Peças eletrônicas com semicondutores unipolares (FET – semicondutores) podem ser destruídas com tensões da ordem de 100 V.

> Antes de iniciar o trabalho com partes eletrônicas, o trabalhador deve descarregar sua carga eletrostática pelo contato com fio terra, em especial quando usar roupas de fibras sintéticas.

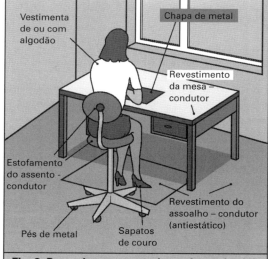

Fig. 2: Posto de montagem de produtos eletrônicos com proteção contra carga eletrostática

---

Repetição e aprofundamento

1. Que áreas de risco são diferenciadas na eletricidade?
2. Que influência tem o tempo de contato com a eletricidade sobre o seu efeito no corpo humano?
3. Como o ser humano pode proteger-se de um fluxo elétrico pelo corpo?
4. Que medidas de proteção especiais são necessárias em ambientes úmidos e laboratórios?
5. Com que medidas construtivas pode-se isolar aparelhos elétricos?
6. Desenhe o símbolo do isolamento de proteção.
7. Cite as obrigações do empregador ou dos supervisores de tarefas em instalações elétricas.
8. Que medidas de segurança do trabalho são necessárias em instalações elétricas?

Compatibilidade eletromagnética

> Instalações elétricas são eletromagneticamente compatíveis quando suas cargas eletrostáticas influenciam seu entorno apenas em níveis permissíveis, e quando funcionam sem perturbações, apesar de sujeitas a efeitos ambientais eletrostáticos permissíveis.

Todos os aparelhos influenciam o seu entorno por causa dos fluxos e tensões existentes. Os fluxos geram campos magnéticos e as tensões, campos elétricos. Havendo alternância entre campos elétricos e magnéticos por troca de energia, são geradas ondas eletromagnéticas que se propagam.

Descargas de faíscas também geram ondas eletromagnéticas e podem provocar reações mecânicas, térmicas e químicas. Finalmente, fluxos elétricos por redes condutoras podem causar perturbações.

> Compatibilidade eletrostática é fruto da eliminação de fontes de perturbações e da proteção contra perturbações.

Evitar perturbações – Fontes de perturbações especialmente fortes são:

- Todos os dispositivos elétricos com geração de faísca, por exemplo, interruptores, chaves, relés, motores com comutadores;
- Raios naturais e artificiais e descargas eletrostáticas;
- Instalações de emissão e de radar;
- Gerador de micro-ondas;
- Linha de alta tensão;
- Reguladores eletronicamente cadenciados (fig. 1).

É preciso evitar a formação de faíscas. Isso obtém-se com o uso de diodos, articulações RC e resistência VDR. Cargas e descargas eletrostáticas podem ser evitadas pelo uso de materiais condutores em contato com a terra. A propagação de campos magnéticos pode ser evitada com proteções de metais, bons condutores magnéticos, por exemplo, ferro e aço. Cabos são conduzidos em tubos de aço ou envoltos por manta de arame de aço. Interruptores podem ser alocados em armários de aço. Os condutores elétricos são torcidos, com que se obtém campos em sentidos opostos que praticamente se anulam.

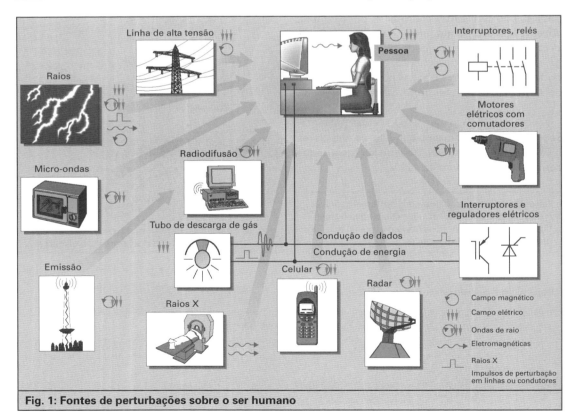

Fig. 1: Fontes de perturbações sobre o ser humano

3.3 Análise de riscos e melhorias

Perturbações provenientes de reguladores/comutadores – A regulagem rápida dos modernos semicondutores de alto desempenho leva a altas variações de tensão e, consequentemente, a sinais de perturbação através de capacidades parasitárias, indesejadas. Essas descargas elétricas se dão dos transistores à massa ou da bobina do motor à sua carcaça (fig. 1). Podem ser gerados campos eletromagnéticos de até 1Ghz. Para assegurar a compatibilidade eletromagnética, todas as linhas são alocadas com proteção ao longo de corpos massivos ou em dutos massivos, para manter pequenas as emissões de ondas eletromagnéticas. Os protetores devem ter grande área de contato com massas e acompanhar as linhas até o ponto de comutação.

Proteção contra perturbações – Campos eletrostáticos podem ser contidos em carcaças de metal (jaula de Faraday). Ondas eletromagnéticas também podem ser contidas em carcaças de metal ou de vidro de chumbo, por exemplo, em aparelhos de micro-ondas e de raios X.

Por indução, campos magnéticos alternados geram tensões perturbadoras. Isso pode ser evitado ou reduzido à medida que as linhas são torcidas ou trançadas. As tensões se manifestam em sentidos contrários e se anulam. Boa proteção também pode ser obtida pelo uso de isolamento com metal bom condutor. A oscilação dos campos magnéticos gera fluxos turbulentos no protetor, e esses anulam os campos atuantes. Aparelhos podem ser protegidos contra campos magnéticos contínuos com carcaças de metais.

Influência capacitiva pode ser evitada com a alocação de linhas não paralelas a outras perturbadoras, além da proteção metálica aterrada. Aparelhos podem ser protegidos de ondas eletromagnéticas com protetores e carcaças de materiais bons condutores. Influências da rede de energia podem ser evitadas com o uso de filtros. A proteção contra supervoltagens pode ser obtida com descarregadores (descarregadores de gás, diodos supressores) de tensão excessiva.

Em linhas de sinal, influências galvânicas podem ser evitadas com a inserção de acopladores óticos. Acopladores óticos são pequenos elementos eletrônicos que, através de um diodo, transformam o sinal elétrico em luz e, depois, com um receptor, a luz novamente em sinal elétrico.

Efeitos sobre o ser humano – Como o ser humano não tem órgão de sentido para captar campos eletromagnéticos, ele não os percebe na maioria das vezes. (Campos elétricos elevados fazem os cabelos ficarem em pé.)

Campos eletromagnéticos têm, certamente, efeitos sobre tecido vivo condutor de eletricidade e sobre as linhas dos nervos (fig. 2).

Enquanto o ser humano estiver eventualmente sujeito a campos eletromagnéticos pequenos, como os provenientes de instalações de baixa tensão (até 1000 V), não são esperados danos sobre sua saúde. Diferente é a situação em instalações de emissão e de radar. Especialmente perigosas são ondas eletromagnéticas com altas frequências, como as do micro-ondas e os raios X. Por essa razão, o forno micro-ondas só pode ser usado com a porta fechada.

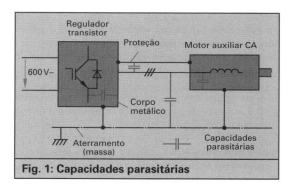

Fig. 1: Capacidades parasitárias

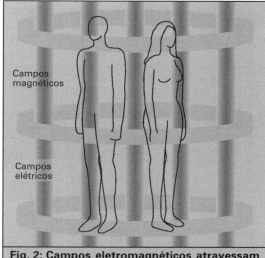

Fig. 2: Campos eletromagnéticos atravessam o corpo humano

3.3.3 Materiais perigosos

Chamamos de materiais perigosos os que são
Perigosos por si mesmos,
Perigosos na sua obtenção ou transformação.

Os característicos de materiais perigosos são (tab. 1, p. 171):
• Explosivos,
• Comburentes,
• Inflamáveis,
• Venenosos,
• Nocivos à saúde,
• Corrosivos,
• Irritantes,
• Cancerígenos,
• Mutantes da fertilidade,
• Mutagênicos (mutantes da herança genética),
• Nocivos ao meio ambiente.

Os materiais perigosos estão listados e classificados na diretriz da União Europeia de n. 67/548/EWG. Nas embalagens dos produtos devem constar: nome químico, símbolo do perigo, advertências sobre perigos especiais, endereço da empresa e identificação válida na União Europeia (fig. 1).

Alertas sobre perigos (frases R) informam sobre as características perigosas do material e a forma de chegar ao organismo humano, por exemplo, pela respiração. Frases S são conselhos de segurança que chamam a atenção sobre a precaução e informam sobre manuseio seguro e contenção de danos (fig. 2).

Regras técnicas para materiais perigosos (TRGS) – Para a implementação prática da legislação sobre materiais perigosos, há regras técnicas, classificadas em 9 áreas (tab. 1); por exemplo, TRGS 500-599 sobre medidas de proteção nos trabalhos com materiais perigosos. A TRGS 555 determina a estrutura das instruções de trabalho e mostra como, com o auxílio da instrução, o empregado deve ser treinado em intervalos regulares.

Tab. 1: Característicos de materiais perigosos

TRGS N°	Conteúdo
TRGS 001 - 099	Generalidades, estrutura e observação
TRGS 100 - 199	Conceitos
TRGS 200 - 299	Lançamento de materiais, preparados e produtos
TRGS 300 - 399	Prevenção da Medicina do Trabalho
TRGS 400 - 499	Avaliação de riscos
TRGS 500 - 599	Medidas de proteção no trabalho com materiais perigosos
TRGS 600 - 699	Materiais substitutivos e processos substitutivos
TRGS 700 - 899	Proteção contra incêndio e explosão
TRGS 900 - 999	Valores-limite, classificação, justificativas e resoluções

Alertas sobre perigos (frases R)
Conselhos de segurança (frases S)

R22: nocivo à saúde por ingestão. R31: Em contato com ácidos, gera gases venenosos. R36/37 irrita os olhos e os órgãos respiratórios. R50/53: muito venenoso para organismos aquáticos; em águas causa danos por longo prazo. S2: crianças não devem ter contato. S8: manter seco o recipiente. S26: ...

Fig. 2: Frases R e frases S

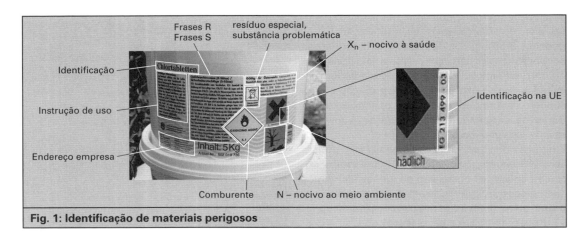

Fig. 1: Identificação de materiais perigosos

3.3 Análise de riscos e melhorias

Tab. 1: Identificação característica de materiais perigosos

	Característico	Observações (seleção)	
E Risco de explosão	Explosivos – São substâncias que podem explodir em qualquer estado, também na ausência de oxigênio do ar, bastando fonte de ignição; reação exotérmica, com rápida geração de gases; podem detonar.	R2	explosão por choque, impacto, atrito, fogo ou outra fonte de ignição
O Comburente	Comburente – em geral não são combustíveis, mas intensificam incêndios, quando em contato com materiais combustíveis, pela entrega de oxigênio.	R7	pode causar incêndio
		R8	risco de fogo quando em contato com combustíveis
		R9	risco de incêndio quando misturado com combustível
F+ altamente inflamável **F facilmente inflamável**	São altamente inflamáveis quando: a) têm, em estado líquido, baixo ponto de inflamação e evaporação; b) em estado gasoso, são explosivos quando misturados com ar a temperatura e pressão normais.	R12	altamente inflamável
		R11	facilmente inflamável
		R15	reage com água e forma gases altamente inflamáveis
		R17	autoinflamável no ar
		S1	manter frasco seco
T+ muito venenoso **T venenoso**	São substâncias que, se ingeridas, inaladas ou absorvidas pela pele, mesmo em pequenas quantidades, levam à morte ou a danos agudos ou crônicos graves.	R26	muito venenoso se inalado
		R27	muito venenoso no contato com a pele
		R28	muito venenoso se ingerido
		R60	pode afetar a capacidade reprodutiva
		R61	pode afetar o feto no útero da mãe
X$_n$ nocivo à saúde **X$_i$ irritante**	São substâncias que, se ingeridas, inaladas ou absorvidas pela pele, mesmo em pequenas quantidades, levam à morte ou a danos agudos ou crônicos graves.	R20	nocivo se inalado
		R21	nocivo no contato com a pele
		R36	irrita os olhos
		R37	irrita as vias respiratórias
		R38	irrita a pela
		R41	risco de danos graves dos olhos
C corrosivo	Substância que pode destruir tecido vivo pelo contato.	R34	causa corrosão
		R35	causa corrosão grave
N perigosos para o meio ambiente	Substâncias capazes de, elas mesmas ou os produtos de suas transformações, modificar as características do ambiente natural (água, solo, clima, ar, animais, vegetais, micro-organismos), que levam a danos imediatos ou futuros.	R50	muito venenoso para organismos aquáticos
		R51	venenoso para organismos aquáticos
		R52	nocivo para organismos aquáticos
		R53	pode ter efeitos nas águas no longo prazo
		R54	venenos para plantas
		R55	venenos para animais
		R56	venenos para organismos no solo

3.3.4 Riscos de incêndio e de explosão

O risco decorre do calor das chamas e, em explosões, também do efeito da pressão. Em incêndios, também há geração de fumaça, cuja inalação é sempre nociva à saúde. A inalação de gases nocivos gerados em incêndios e explosões, por exemplo, monóxido de carbono, leva à morte em poucos minutos.

Para um incêndio, são necessários: um material combustível, um meio de oxidação, por exemplo, oxigênio do ar e uma fonte de ignição (fig. 1). Ocorre uma explosão, se a mistura do material combustível com o oxidante for explosiva e houver a ignição (fig. 2).

Os materiais combustíveis são classificados em 4 classes:
A materiais sólidos, incandescentes,
B materiais líquidos,
C materiais gasosos,
D metais combustíveis (fig. 1).

As fontes de ignição mais frequentes são:
• Chamas,
• Superfícies quentes,
• Faíscas (geradas mecânica ou eletricamente, faísca de solda),
• Descargas eletrostáticas,
• Relâmpagos,
• Autoinflamação.

Podem ocorrer explosões, quando líquidos combustíveis, por exemplo, gasolina, estiverem presentes em estado de vapor ou de névoa.

Riscos de explosão de poeiras são, frequentemente, ignorados, uma vez que as poeiras só se tornam explosivas depois de bem misturadas com o ar (num turbilhão). Poeiras explosivas ocorrem em processos de transformação, por exemplo, de metais leves, madeira e papel.

Risco de explosão é sempre presente na manipulação de materiais explosivos. Aqui há prescrições especiais a serem observadas.

Uma identificação é obrigatória para:
• Rotas de fuga,
• Áreas com risco de incêndio,
• Locais em que há extintores de incêndio.

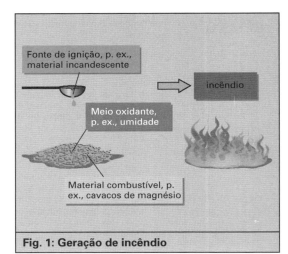

Fig. 1: Geração de incêndio

Fig. 2: Explosão de poeira com ignição por descarga eletrostática

Magnésio

Magnésio e ligas de magnésio são cada vez mais usados na indústria automobilística, aeronáutica e eletrônica por serem leves e terem boa resistência. Magnésio tem cerca de 2/3 da densidade do alumínio. Magnésio em peças compactas não é combustível nem inflamável.

Magnésio em pó ou cavacos, com grande superfície de contato com o ar, é facilmente inflamável e queima com o oxigênio do ar a altas temperaturas (± 3000° C). Ao tentar combater o incêndio com água, esta é decomposta em hidrogênio e oxigênio, ou seja, em gás detonante. Isso leva a outras reações exotérmicas, piorando muito a situação de incêndio. Magnésio em estado líquido, por exemplo, na transformação em processos de fundição, não deve ter contato com o oxigênio do ar. Ele queima na superfície. Enquanto peças de magnésio são totalmente inofensivas, há diversos riscos potenciais na fabricação, no processo de fundição e nos acabamentos das peças fundidas. Há prescrições a serem observadas com rigor, nesses processos.

Fig. 1: Peça de magnésio moldada sob pressão

Derreter e fundir – As máquinas e fornos usados na fundição e conformação devem ser especiais para magnésio. Pontos que possam vir a ter contato com magnésio em estado líquido devem estar secos, limpos e preaquecidos a ± 150°C. Coletores de magnésio líquido também devem ser mantidos secos. Ferramentas a serem usadas nos processos devem ser de aço de baixa liga e não podem estar oxidadas ou com carepas, uma vez que o magnésio reage violentamente com óxido de ferro (reação metalotérmica). É preciso proteger as superfícies de magnésio derretido com sais ou gases de proteção.

Usinagem com cortes geometricamente definidos – Na usinagem de peças de magnésio, a inflamabilidade dos cavacos é problemática. Na fabricação de poucas peças com pouca geração de cavacos, trabalha-se a seco e os cavacos são removidos, frequentemente, com as mãos. Os cavacos devem ser coletados em recipientes fechados e transportados para fora do ambiente de trabalho, regularmente. O trabalho a seco só é permitido, se eventuais meios refrigerantes/lubrificantes usados em processos anteriores tiverem sido totalmente removidos das peças. Na produção em série, é necessária a aspiração ou separação úmida dos cavacos e compactação deles em briquetes. Com a prensagem dos briquetes, a superfície ativa dos cavacos e o risco de incêndio são reduzidos.

Usinagem com cortes geometricamente indefinidos – Ao esmerilhar ou polir peças de magnésio, é preciso remover imediatamente as poeiras em processo úmido ou seco com posterior umidificação. Os lodos devem ser coletados em recipientes fechados e considerados resíduos perigosos. A unidade de aspiração das poeiras deve ser limpa depois de cada turno de trabalho.

Jatear – Jatear peças de magnésio só deve ser feito em cabines especialmente preparadas para isso. O ar que deixa a cabine deve ser aspirado e limpo por um processo de separação úmido. Jatear em ambiente aberto, ou com equipamento manual, e com operador na cabine, não são permitidos. Como meio de jateamento não se deve usar granulado de aço ou de ferro fundido, mas de alumínio e escória.

Obrigações do empregador:
Incêndios e explosões devem ser notificados. Ao fornecer peças de magnésio para processamentos subsequentes, o fornecedor é obrigado a alertar o cliente sobre os riscos. Na empresa, é preciso elaborar instruções de trabalho específicas para lidar com magnésio; além de divulgadas, os trabalhadores envolvidos devem ser, repetidas vezes, treinados segundo essas instruções. Os treinamentos devem ser documentados. Um número suficiente de trabalhadores deve estar treinado para combate a incêndios, e meios e instalações adequados para combate a incêndios de magnésio devem estar disponíveis. Jamais se pode usar água nesses incêndios.

Meios adequados para combate de incêndio são: pós de combate a incêndio do grupo D, sais ou areia secos para cobertura.

3.3.5 Materiais quentes e frios

Materiais quentes

Nos processos de fabricação, há diversas possibilidades de contato com materiais quentes em estado sólido, líquido ou gasoso, por exemplo, na
• Fundição (fig. 1),
• Forja,
• Solda,
• Têmpera.

Para o trabalho em ambientes quentes, há medidas especiais de proteção do trabalhador: especialmente importante é o uso de equipamentos de proteção individuais (EPIs), por exemplo, luvas, jaquetas, protetores faciais e máscaras de gás, para evitar queimaduras e outros danos ao corpo humano. As temperaturas das superfícies que levam a queimaduras dependem da duração do contato e da condutibilidade térmica do material. Elas são relativamente baixas (tab. 1). Temperaturas normais de funcionamento de acionamentos elétricos, por exemplo, de robôs (> 100° C), já podem causar queimaduras graves (fig. 2). Quanto maior o tempo de exposição ao material quente e quanto maior a temperatura da superfície da pele em consequência, tanto mais graves os danos à pele (fig. 3).

Medidas de segurança do trabalho com meios quentes ou frios

Ao lado do uso de EPIs por parte do trabalhador, é preciso tomar todas as medidas possíveis para reduzir quantidades, extensão e temperatura de materiais quentes ou frios. É preciso:
• Conduzir meios quentes ou frios em sistemas fechados;
• Isolar, por exemplo, fornos e tubulações quentes;
• Instalar protetores separadores – anteparos;
• Configurar comandos, por exemplo, alavancas em fornos e câmaras frias, que não se aquecem ou resfriam muito; eles devem ser de materiais maus condutores de calor.

As superfícies de contato dos comandos podem ser estruturadas de forma a reduzir a área de contato com eles. Além disso, é preciso alertar (fig. 2) e fixar regras de conduta.

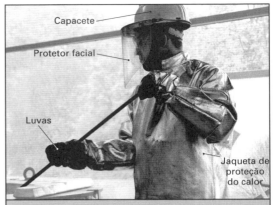

Fig. 1: Proteção do trabalhador na fundição

Tab. 1: Temperaturas de queimaduras (limiar)

Material	Duração do contato		
	1 min	10 min	>8h
	Temperatura °C		
Metais	51	48	43
Cerâmica, vidro, pedra	56	48	43
Plástico madeira	60	48	43

Fig. 2: Alerta num robô sobre temperatura elevada da superfície

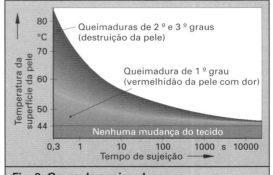

Fig. 3: Graus de queimadura

3.3 Análise de riscos e melhorias

3.3.6 Clima no posto de trabalho

Diferencia-se entre trabalhos em ambientes:
• Frios, por exemplo, câmaras frias;
• Normais ou agradáveis;
• Quentes, por exemplo, forjas e fundições.

O clima sentido pelo corpo humano resulta:
• Da temperatura do ar, acrescida da radiação de calor;
• Da umidade do ar;
• Da velocidade do ar.

Acrescente-se a isso a solicitação do trabalho físico e a vestimenta (tab. 1). Em ambientes frios, protegemo-nos com roupas quentes. Em ambientes quentes são desejáveis roupas leves, mas por causa do risco de queimaduras, são necessárias, frequentemente, vestimentas isolantes. Com trabalho físico pesado, a transformação energética no corpo humano é grande, o que aumenta a carga devido ao calor.

Em trabalhos realizados na posição sentada, o desempenho será negativamente afetado se a temperatura ambiente estiver acima de 26 °C.

Conforto é dado quando o corpo estiver em equilíbrio térmico, quer dizer, o trabalhador não sua nem sente frio. A temperatura tida como agradável é individualmente diferente e também muda com a estação do ano: no verão ela é cerca de 3 °C mais alta do que no inverno.

Medidas de segurança no trabalho

Postos de trabalhos normais – As medidas dizem respeito, primeiramente, à configuração do edifício: evitar insolação direta, garantir boa ventilação com baixa velocidade do ar, climatização (por resfriamento de paredes e não por insuflação de ar frio).

Postos de trabalho em locais quentes – reduzir o esforço físico do trabalho, por exemplo, com robôs e manipuladores, usar veículos de transporte interno com cabines climatizadas (fig. 1), e usar protetores contra a radiação do calor, como enclausuramento, anteparos e cortinas, são as medidas mais importantes.

Postos de trabalho em locais frios – uso de manipuladores e veículos com cabines aquecidas, instalação de chapas de aquecimento para as mãos e ambientes quentes para reaquecimento são exemplos de medidas a serem tomadas.

Fig. 1: Manipulador em forja com cabine climatizada

Tab. 1: Efeito isolante de vestimentas (Unidades Clothing), segundo DIN 33403-3

Vestimenta	clo
Sem vestimenta	0
Shorts	0,1
Vestimenta tropical: camisa aberta, manga curta, calça curta, meia fina, sandália	0,3 até 0,4
Vestimenta leve de verão: camisa aberta, manga curta, calça comprida leve, meia fina, sapato	0,5
Vestimenta leve de trabalho: cueca, camisa aberta de manga comprida ou casaco leve, calça de trabalho, meias de lã e sapatos	0,6
Sobretudo (algodão) – roupa de baixo, camisa, meias, sapatos	0,8
Vestimenta de proteção de chuva – conjunto de duas peças (poliuretano) – camisa, roupa de baixo, meias e sapatos	0,9
Vestimenta de trabalho – roupa de baixo comprida, macacão, meias e sapatos firmes	1,0
Traje leve de passeio – roupa de baixo curta, camisa, casaco leve, calça comprida, meias, sapatos	1,0
Macacão de fundidor (antichama) – camisa, roupa de baixo curta, meias e sapatos	1,0
Traje passeio – roupa de baixo curta, camisa, pulôver, casaco, calça, meias e sapatos	1,2
Macacão de fundidor e casacão protetor de calor – camisa, roupa de baixo curta e meias e sapatos	1,4
Vestimenta de inverno – roupa de baixo comprida, camisa, casaco, calça, pulôver, casacão de lã, meias de lã e sapatos grossos/forrados (sola impermeável)	1,5
Vestimenta para tempo úmido e frio – roupa de baixo comprida, camisa manga comprida, casaco e calça, pulôver, casacão de lã, meias de lã e sapatos grossos (sola impermeável)	1,5 até 2,0

3.3.7 Ruído

Ruído é som que perturba. Como o ruído perturba, ele causa estresse com todos os aspectos negativos deste e, a partir de certo nível, ruído é danoso para a saúde e pode ser letal para a audição (tab. 1).

3.3.7.1 Fundamentos físicos

Som é a vibração mecânica direcionada de átomos ou moléculas (fig. 1). Os átomos ou moléculas vibram em torno de sua posição de repouso e incitam outros átomos e moléculas a vibrarem também. Com isso, a vibração se dissipa em forma de onda sonora.

O ouvido humano percebe ondas sonoras como vibrações do ar na faixa de frequência de 16 Hz a 20 kHz. Som com frequência de vibração abaixo de 16 Hz chama-se infrassom, som com frequência de vibração entre 20 kHz e 1GHz recebe o nome de ultrassom, e quando essa vibração ultrapassar 1GHz, fala-se em hipersom. O som se propaga em gases, por exemplo, o ar (som do ar), em líquidos, por exemplo, a água (som da água), e em corpos sólidos (som de sólidos).

A velocidade de propagação do som depende, sobretudo, da densidade do meio em que se propaga. No caso do ar, a densidade depende da pressão atmosférica, da temperatura e da umidade dele. Por exemplo, com pressão de 1.030 hPa, 15 °C e 40 % de umidade, a velocidade do som no ar é de 340 m/s.

Velocidade do som c é a velocidade de avanço da onda sonora, com unidade m/s. Ela depende das características elásticas e da temperatura do material em que se propaga.

$$\lambda = \frac{c}{f}$$

c   velocidade de propagação
f   frequência
λ   comprimento de onda

Intensidade do som é a potência sonora (Watt) que atravessa uma superfície perpendicular à direção de propagação da onda sonora com área de 1 m², cuja unidade é W/m².

$$L_J = 10 \log \frac{J}{J_0}$$

L_J nível de intensidade sonora em dB
L intensidade sonora em W/m²
J_0 intensidade sonora de referência = 10^{-12} W/m²

Tab. 1: Nível de pressão sonora

Tipo de som	Nível de pressão sonora dB(A)	
Limiar audível	0	
Ciciar das folhas	20	
Sussurrar, cochichar, nível de som em ambiente calmo	30	Área segura
Conversação normal	40	
Som de quarto	50	55
Som de escritório	60	Área de perturbação
Ruído de tráfego médio	70	
Ruído de fábrica	80	85
Grande orquestra sinfônica	100	Área de danos
Martelo pneumático	125	130
Martelo de rebitar	135	Área dolorosa
Propulsão a jato	140	

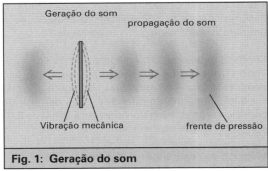

Fig. 1: Geração do som

Nível de pressão sonora L_p é o logaritmo do cociente entre a pressão sonora p e a pressão sonora de referência p_0 (20 µPa), multiplicado por 20 e dado em decibéis dB.

$$L_P = 20 \log \frac{p}{p_0}$$

L_P nível da pressão sonora em dB
p pressão sonora
p_0 pressão sonora de referência
       – p_0 = 20 µPa , sendo 1 Pa = 1 N/m²

Potência sonora P é a potência acústica gerada por uma fonte de som. Ela é calculada a partir da pressão sonora e da área de medição. O logaritmo da relação entre P e P_0 fornece o nível de potência sonora L_W.

$$L_W = 10 \log \frac{P}{P_0}$$

L_W nível de potência sonora em dB
P potência sonora
P_0 potência sonora de referência, $P_0 = 10^{-12}$ W

3.3 Análise de riscos e melhorias

Tom: vibração do som em forma de senoide com certa frequência (fig. 1).

Sonoridade: vibração sonora constituída de uma vibração-base e mais supervibrações que são múltiplas da primeira.

Rumor, murmúrio, sussurro: trata-se de um som constituído de tons com diferentes, até infinitas, frequências. "Rumor branco" contém tons de todas as frequências de uma área do espectro, com amplitude constante.

Estouro, batida de martelo: impulso muito curto com rápida elevação e decaída do nível da pressão sonora.

Avaliação da frequência

Tons muito altos e tons muito fundos são sentidos pelo ouvido humano como menos intensos do que os que têm frequência em torno de 2 kHz, com igual nível de pressão sonora. Por isso, a pressão sonora real é avaliada com auxílio de uma curva dependente da frequência, por exemplo, a curva ou o filtro A (fig. 2). O valor obtido é expresso em dB(A). Outros filtros de avaliação menos utilizados são B e Q. Na maioria dos instrumentos de medição do nível de pressão sonora, já está integrado o filtro A, e o valor indicado no mostrador já está em dB(A).

Avaliação no tempo

Quando a emissão de som não é constante (geração de som), calcula-se uma média do nível de pressão sonora. Os tempos para calcular essa média devem ser adequados ao tipo de decurso da pressão sonora. Por exemplo, ao se calcular a média dos impulsos de batidas de martelo por alguns segundos, obtém-se um nível de pressão sonora relativamente baixo, embora os impulsos sonoros sejam sentidos como muito intensos.

Medidores de nível de ruído mostram o nível da pressão sonora em 3 categorias possíveis:

- Em dB(AS), devagar (S vem de slow), média de um período de avaliação de 1 s;
- Em dB(AF), rápido (F vem de fast), média de um período de avaliação de 125 ms;
- Em dB(AI), impulso (I vem de impulse), média de um período de avaliação de 33 ms para a elevação e de 1,5 s para o amortecimento.

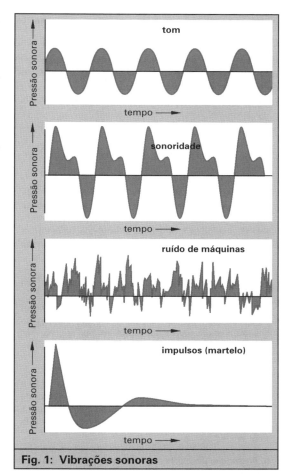

Fig. 1: Vibrações sonoras

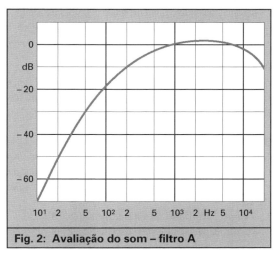

Fig. 2: Avaliação do som – filtro A

Nível de ruído e pressão sonora são avaliados por frequência e expressos em dB(A).

Nível de pressão sonora equivalente - julgamento

O nível de pressão sonora equivalente L_r dá uma medida da emissão média durante o tempo de avaliação, frequentemente a duração de um turno de trabalho de 8 horas, como se a pressão sonora fosse constante durante todo esse período.

Valores-limites

a) Regulamento sobre ambientes de trabalho § 15 – proteção contra ruído

Em ambientes de trabalho, o ruído deve ser mantido tão baixo quanto for possível para esse tipo de processo e indústria. O nível de pressão sonora equivalente em postos de trabalho internos deve considerar também os ruídos vindos de fora e não deve ultrapassar:
- 55 dB(A) em tarefas mais intelectuais;
- 70 dB(A) em tarefas simples, mecanizadas em escritórios ou semelhantes;
- 85 dB(A) em todas as outras tarefas; se estiverem esgotadas todas as possibilidades de redução do ruído e esses níveis não puderem ser respeitados nas condições da empresa, permitem-se valores até 5 dB(A) mais altos.

Em ambientes para pausas, de espera e prontidão e ambulatórios, o nível de ruído equivalente não pode ultrapassar 55 dB(A).Na avaliação são considerados os sons produzidos no ambiente e também os que vêm de fora.

b) Prescrição para prevenção de acidentes com ruído
Áreas de ruído de que trata essa prescrição são aquelas em que o nível de ruído equivalente atinge 90 dB(A) ou os sobrepuja.

Normas e diretrizes

As normas e diretrizes mais importantes para medição, emissão e redução de ruído estão na tabela 1.

Som de corpo sólido

São vibrações mecânicas que se propagam em corpos sólidos. Esse som pode ser caracterizado pela velocidade das vibrações ou pela aceleração delas.

L_v = nível com base na velocidade em dB(A),
Y = amplitude da velocidade da vibração
V_0 = velocidade de referência = 10^{-9} m/s
L_a = nível de aceleração em dB(A)
a = amplitude da aceleração da vibração
a_0 = aceleração de referência = 10^{-6} m/s²

Som de corpo sólido é perturbado em sua propagação por áreas de separação entre materiais diferentes (por exemplo, camada de borracha). No abafamento do ruído de corpo sólido, a energia sonora é transformada em calor. Uma medida para o abafamento é o fator de perda d.

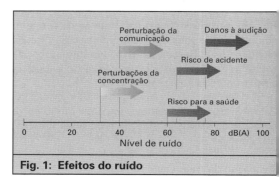

Fig. 1: Efeitos do ruído

Tab. 1: Normas e diretrizes

Norma	Nome
DIN 45630	Fundamentos da medição de sons
DIN 45633	Medidor preciso de nível de ruído
DIN 45641	Levantamento uniforme do nível equivalente na emissão de ruídos
DIN 45635	Medição de ruídos em máquinas
DIN 45649	Especificação de emissão de ruídos para máquinas
VDI 3742	Emissão de fontes técnicas de ruído; ferramentas para remoção de cavacos: Folha 1: tornos, 1981 Folha 2: fresas, 1981 Folha 3: fresas por rolamento, 1983 Folha 4: serras circulares, 1983 Folha 5: retíficas, 1983 Folha 6: furadeiras, 1983
VDI 2711	Proteção contra o ruído por enclausuramento, 1978
VDI 3720	Projetar sem ruído: Folha 1: Fundamentos genéricos, 1980 Folha 2: Coleção de exemplos, 1982 Folha 3: Procedimento sistemático (concepção), 1978 Folha 4: Peças giratórias e seu posicionamento, 1984 Folha 5: Componentes e sistemas hidráulicos Folha 6: Impedância mecânica de peças, em especial perfis normalizados (concepção), 1984 Folha 7: Avaliação de forças oscilantes na geração do ruído (concepção), 1989 Folha 9.1: Engrenagens de alto rendimento: redução da incitação do som de corpo sólido no engate dos dentes, 1990
VDI 2567	Proteção contra o ruído por amortecedores, 1971
VDI 2570	Redução do ruído em empresas Fundamentos gerais, 1980
VDI 3760	Cálculo e medição da propagação do som em ambiente de trabalho / empresarial, 1992

3.3 Análise de riscos e melhorias

3.3.7.2 Emissão e imissão de ruído

Na emissão de ruído, trata-se de som gerado, por exemplo, por máquinas. Esse som é uma característica da máquina e independe do ambiente. Indica-se a emissão de som por:

- Nível de potência sonora L_w,
- Nível de pressão sonora emitido L_p no posto de trabalho na máquina (fig. 1).

Imissão de ruído descreve a incidência de som no posto de trabalho e é expresso pelo nível de pressão sonora equivalente. É, portanto, um nível de ruído médio, expresso em dB(A). A imissão sonora é tanto menor quanto menor for a emissão dos causadores do ruído. Ela depende também da absorção e reflexão sonora das superfícies no ambiente de trabalho (fig. 2). Superfícies que absorvem som são moles e têm estrutura grosseira, áspera, enquanto superfícies lisas e duras, por exemplo, vidro, refletem muito bem o som. Também a distância entre a fonte emitente e o posto de trabalho é relevante na imissão do ruído.

Em ambientes de trabalho, o som deve ser mantido tão baixo quanto for possível para esse tipo de indústria. (Regulamento sobre ambientes de trabalho § 15).

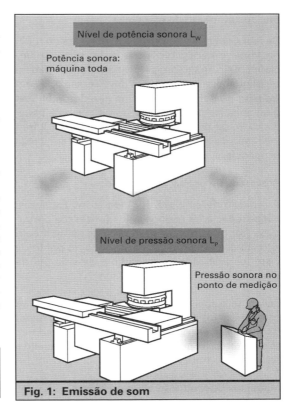

Fig. 1: Emissão de som

3.3.7.3 Medidas contra o ruído

Compras

Na compra de qualquer máquina ou aparelho, é preciso observar as prescrições legais sobre ruído e comparar com o ruído gerado pelo meio de produção. Uma redução do nível de ruído em 6 dB(A) corresponde, mais ou menos, à divisão por 2 da intensidade do som.

Redução do ruído

As medidas para a redução do ruído são:

- Evitar ou reduzir a geração de ruído,
- Frear a propagação do ruído,
- Conter a reflexão do ruído.

Pode-se reduzir a geração de ruído com camadas de borracha em rodas que rolam, pelo uso de correias dentadas em vez de correntes ou engrenagens.

A propagação do ruído pode ser dificultada e, assim, reduzida, por exemplo, com camadas de material amortecedor, massas de bloqueio ou pelo uso de materiais maus condutores de som.

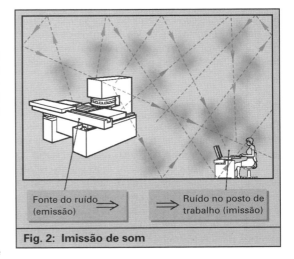

Fig. 2: Imissão de som

Trata-se de materiais não muito homogêneos e com densidade irregular.
A reflexão do ruído pode ser diminuída com a redução do tamanho das peças que vibram ou com a colocação de nervuras nas peça maiores.

Enclausuramento de máquinas

Se não se obteve uma redução suficiente do ruído na fonte, é necessário enclausurar total ou parcialmente a máquina, colocando-a numa cabine ou blindagem. A blindagem deve ser isolada contra som de corpo sólido. Uma parede de blindagem consiste de chapa com furos, filme de polietileno, lã de pedra, camada antivibratória, 2 mm de chapa de aço (fig. 1), de dento para fora, nesta sequência.

Processos de produção sem ruído

A redução da emissão de ruído é, muitas vezes, consequência da melhoria dos processos produtivos. Por exemplo, uma remoção de cavacos com alta vibração é também inadequada do ponto de vista da qualidade do trabalho e da vida útil da ferramenta.

Peças de trabalho com paredes muito finas, ao serem transformadas, podem ser fontes de ruído. Para reduzir esse ruído, pode-se usar fixadores absorventes, o que também leva a um melhor resultado do trabalho.

Máquinas de produção pouco ruidosas

Há máquinas que, por causa de seu princípio de funcionamento, geram nível de ruído elevado, por exemplo, serras circulares (as serras vibram e balançam), todos os procedimentos de prensagem (impulso). Técnicas alternativas menos ruidosas seriam serrar com serras fitas e cortar com raios laser.

3.3.7.4 Ruído e saúde

Ruído causa estresse e, com carga excessiva, danos à audição. A carga diária de ruído permissível no trabalho é de 85 dB(A). O ser humano só pode ser exposto por poucas horas ou até minutos (fig. 2) a níveis mais altos de ruído. Com carga excessiva de ruído ocorrem, aos poucos, danos à audição. A pessoa fica surda. A figura 3 mostra as alterações na capacidade de ouvir ou a perda auditiva de um trabalhador que, por 30 anos, trabalhou num posto de trabalho com carga sonora de até 95 dB(A).

Toda redução de ruído possível promove a saúde e deve ser almejada, também se os níveis permissíveis estiverem sendo respeitados.

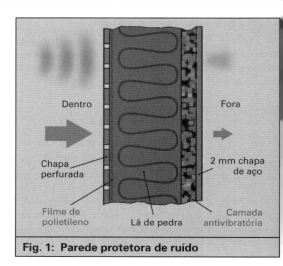

Fig. 1: Parede protetora de ruído

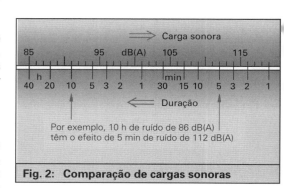

Fig. 2: Comparação de cargas sonoras

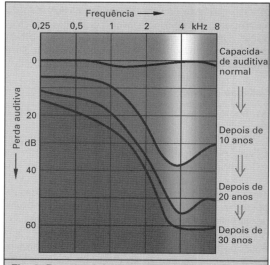

Fig. 3: Desenvolvimento da perda auditiva - surdez

3.3 Análise de riscos e melhorias

3.3.8 Vibrações e impactos

Vibrações e impactos também representam perigos para o ser humano. Diferencia-se entre efeitos sobre o sistema mão-braço, por exemplo, por ferramentas que trabalham em rotação ou com impacto, e efeitos sobre o corpo todo.

Esses efeitos ocorrem frequentemente no trabalho com ferramentas elétricas e pneumáticas comuns, como furadeiras, martelos pneumáticos, furadeiras de impacto e parafusadeiras (fig. 1). Em trabalho de montagem, no apertar parafusos, ocorre, frequentemente, um impulso de impacto, a ser absorvido pelo sistema mão-braço.

Fig. 1: Proteção do trabalhador – furadeira de impacto

Os trabalhadores estão sujeitos a vibrações e impactos de corpo inteiro, nas imediações de prensas, martelos, mesas vibratórias, e transportadores vibratórios. Além disso, também estão sujeitos a vibrações e impactos de corpo inteiro os condutores de veículos, como tratores, escavadeiras e caminhões.

Vibrações e impactos levam a degenerações de ossos e articulações no longo prazo. Especialmente suscetíveis são as articulações das mãos, dos cotovelos e dos ombros, e a degeneração manifesta-se em forma de dor e limitação nos movimentos.Tudo inicia com formigamento e amortecimento dos dedos devido a perturbações na circulação.

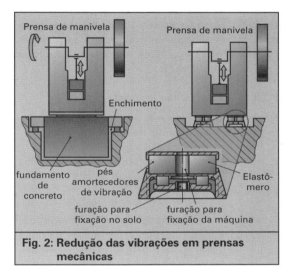

Fig. 2: Redução das vibrações em prensas mecânicas

Medidas de segurança do trabalho

No projeto de ferramentas, deve-se escolher princípios de funcionamento sem ou com pouca vibração As máquinas devem ser dinamicamente equilibradas, não superdimensionadas, e os pegadores e demais comandos devem ser revestidos com material que amortece as vibrações. Máquinas com ciclos de trabalho curtos, como prensas mecânicas, devem estar sobre um fundamento próprio, isolado com amortecedores (fig. 2). Quando a emissão de vibrações não puder ser suficientemente reduzida, os postos de trabalho podem ser colocados sobre amortecedores (fig. 3).

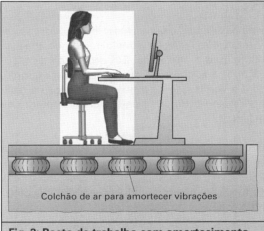

Fig. 3: Posto de trabalho com amortecimento de vibrações

> Ferramentas manuais devem vibrar pouco ou nada. Prensas recebem um fundamento amortecedor de vibrações.

3.3.9 Radiação

Na solicitação por radiação, diferencia-se entre radiação não ionizante, com os subgrupos:
- Radiação ótica,
- Radiação laser,
- Campos eletromagnéticos[1],

e radiação ionizante, com os subgrupos:
- Raios X,
- Raios gama,
- Radiação de partícula.

O característico das radiações (exceto na radiação de partículas) é a grandeza física frequência f ou o comprimento de onda λ (lamda).

Os efeitos da radiação sobre o ser humano dependem da frequência e da intensidade da radiação. Na tabela 1, há exemplos de fontes de radiação com suas frequências.

3.3.9.1 Radiação não ionizante

Na radiação não ionizante a energia não é suficiente para deslocar elétrons do núcleo do átomo.

A radiação ótica compreende a infravermelha, que o ser humano percebe como calor, a luz visível e a ultravioleta.

A radiação ultravioleta tem efeitos biológicos. É usada para matar bactérias. Os efeitos da radiação ultravioleta sobre a pele humana, sobretudo, no longo prazo, são envelhecimento e câncer de pele.

Para os olhos, são perigosos raios luminosos muito intensos e radiação ultravioleta, sendo que esta última não é percebida. Em processos de fabricação usa-se radiação ultravioleta, por exemplo, para a verificação de trincas com meios de teste fluorescentes (fig. 1) e para o endurecimento de plásticos.

Efeitos danosos da luz aos olhos ocorrem quando se olha sem óculos de proteção para luzes brilhantes, por exemplo, na solda (fig. 2), em fornos de fundição, no aço líquido ou se a iluminação no posto de trabalho ofuscar muito.

---
[1] Veja p. 168 e seguintes.

Tab. 1: Comprimento de onda e uso da radiação eletromagnética

λ	f	Tipo	Exemplo
10^7 m	30 Hz	Baixa frequência	Corrente alternada
10^6 m	300 Hz		
10^5 m	3 kHz		
10^4 m	30 kHz	Alta frequência e frequência superalta	Radiodifusão Rádio
10^3 m	300 kHz		
10^2 m	3 MHz		
10 m	30 MHz		
1 m	300 MHz		Televisão Telefonia celula
10^{-1} m	3 GHz		
10^{-2} m	30 GHz		Micro-ondas Radar
10^{-3} m	300 GHz	Radiação infravermelha Luz Radiação ultravioleta	Fontes de calor
10^{-4} m	3T Hz		Lâmpadas
10^{-5} m	30 THz		
10^{-6} m	300 THz		Sol
10^{-7} m	$3 \cdot 10^{15}$ Hz	Raios X	Tomógrafo computadorizado
10^{-8} m	$30 \cdot 10^{15}$ Hz		
10^{-9} m	$300 \cdot 10^{15}$ Hz	Radiação radioativa	Usina de energia nuclear
10^{-10} m	$3 \cdot 10^{18}$ Hz		
10^{-11} m	$30 \cdot 10^{18}$ Hz		

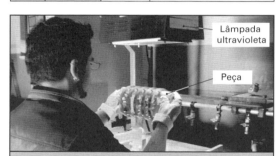

Fig. 1: Verificação de trincas com radiação ultravioleta

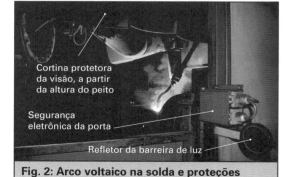

Fig. 2: Arco voltaico na solda e proteções

Segurança em instalações com laser

A radiação laser é intensa em energia, o que a torna capaz de destruir e modificar organismos vivos e células vivas. Com isso, há um perigo significativo para o ser humano quando ele está direta ou indiretamente – por reflexão ou dispersão – exposto à radiação laser. Especialmente os olhos estão em perigo, pois pode ocorrer a queima da retina e consequente perda da visão.

Também a pele pode ser seriamente danificada, à semelhança do que ocorre na exposição intensa à radiação solar. A radiação laser na área infravermelha do espectro – como emitida por laser de CO_2 – é especialmente crítica, por não ser visível.

Medidas de proteção – Há filtros de proteção contra raios laser com que se pode reduzir a exposição a valores não perigosos, contudo somente por tempos muito curtos, como 10 s sob radiação direta. Esses filtros podem ser utilizados em óculos (fig. 1) e janelas para observação de processos, por exemplo.

Em instalações produtivas, são necessários revestimentos ou proteções impermeáveis a essa radiação e, para o controle visual dos processos com radiação refletida ou dispersa, é necessário instalar janelas com filtros protetores para evitar o risco de que sejam usados óculos com os filtros errados. Os óculos são identificados por nível de proteção, comprimento de onda e tipo de laser.

O uso de laser em locais frequentados pela população em geral, como em discotecas, deve ser de conhecimento dos órgãos públicos competentes.

No uso industrial do laser das classes 3 A, 3 B ou 4, a empresa precisa ser assessorada por um expert aprovado em laser que deve assumir as funções de:

- Controlar as instalações de laser;
- Recomendar medidas de proteção;
- Colaborar com os responsáveis pela segurança do trabalho.

A empresa que mantém instalações de laser deve assegurar que:

- Haja instruções de trabalho com advertências e menção dos perigos;
- Todos os trabalhadores nas instalações com laser recebam instruções sobre os perigos e treinamento sobre a conduta correta, antes de iniciar com tais tarefas, e que isso seja repetido ano a ano;
- Estejam disponíveis dispositivos de proteção e EPIs como óculos adequados, por exemplo, para o trabalho de ajuste de máquinas.

Para completar, é imprescindível também eliminar ou reduzir perigos indiretos decorrentes da radiação laser em máquinas e plantas, como na ocorrência de vapores venenosos, poeiras, calor, névoa, explosão, etc.

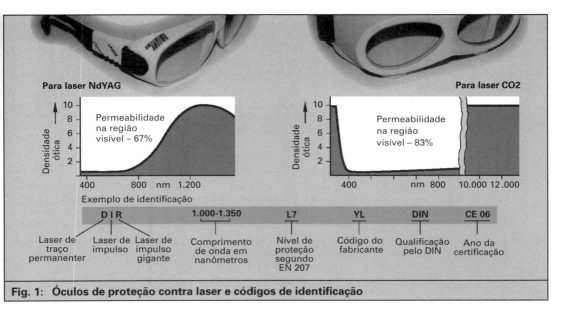

Fig. 1: Óculos de proteção contra laser e códigos de identificação

Classificação dos aparelhos de laser – Para reconhecimento do potencial de risco de um aparelho de laser, a norma EN 60825-1 definiu 4 classes de risco (tab. 1).

Na fabricação de uma planta que funcione a laser, o risco é classificado segundo essa norma e consta da declaração de conformidade dela com as normas. É necessário tomar todas as precauções construtivas para que a planta possa ser operada sem perigos graves.

Para isso, pode-se, além da instalação de janelas com filtros protetores, entre outras coisas, instalar:
* Carcaça ou cabine protetora,
* Condução segura dos raios,
* Travas de segurança,
* Chave desliga emergencial,
* dentificação por classe, bem como placas de alerta sobre danos da radiação.

> Instalações com laser 3 A, 3 B e 4 devem ser registradas em seguradoras (seguro de acidentes) e órgãos oficiais competentes.

Tab. 1: Classes de perigos de laser

Classe 1	Laser da classe 1 são inofensivos para tempos de 100 ou 30.000 segundos. Isso vale também para instalações com laser de classe maior, em que há protetores contra a radiação, e a emissão tiver sido reduzida a ponto de se tornar inofensiva quando do uso correto da instalação. **Classe 1M:** Essas plantas com laser emitem radiação com comprimento de onda entre 302,5 e 4.000 nm e são inofensivas aos olhos sem instrumentos óticos. Contudo, raios divergentes focalizados com lupa e raios de diâmetro grande focalizados com telescópio podem tornar-se inseguros para os olhos.
Classe 2	À classe 2 pertencem laser de comprimento de onda na área do espectro visível (400 a 700 nm). Essa radiação é inofensiva para os olhos, se o olhar para ela for muito rápido, por menos de 0,25 s. Por isso, pode-se dispensar medidas protetoras adicionais em instalações com laser da classe 2, se for assegurado que não seja necessário olhar dentro dela, esporadicamente, por mais de 0,25 s nem focalizar repetidas vezes aquela radiação direta ou refletida. **Classe 2M:** Em instalações com laser da classe 2M, é emitida radiação com comprimento de onda do espectro visível – 400 a 700 nm. Se se tratar de radiação divergente ou ampliada, a focalização dele por mais de 0,25 s, com lupa ou telescópio, pode se tornar perigosa.
Classe 3	**Classe 3R:** Essa classe é de raios laser com comprimento de onda entre 302,5 e 10^6 nm e se caracteriza por sobrepujar a radiação máxima permissível. O desempenho dele é limitado a 5 vezes o limite de radiação de acesso da classe 1, com o que o risco está abaixo do risco na classe 3B. **Classe 3B:** A radiação direta de laser proveniente de instalações da classe 3B é perigosa para os olhos em quaisquer circunstâncias. Quanto maior o comprimento de onda, tanto maior também o risco para a pele.
Classe 4	Instalações com laser da classe 4 são de alto rendimento, cujas energias de saída sobrepujam os limites de radiação de acesso da classe 3B. A radiação laser da classe 4 pode ser tão intensa que, em qualquer exposição, é certo que haverá danos aos olhos e à pele. Além disso, são necessárias medidas contra os perigos de explosão e incêndio, e a existência e a eficácia de medidas de proteção em instalações de laser da classe 4 devem ser verificadas regularmente.

3.3 Análise de riscos e melhorias

3.3.9.2 Radiação ionizante

Raios X

Na verificação da qualidade de peças, usam-se mais e mais raios X por causa da possibilidade de detectar defeitos internos nas peças, como trincas e rechupes. Além disso, a tomografia computadorizada com raios X (fig. 1), fornece figuras tridimensionais da geometria interna ou externa de peças e de cortes de toda ordem. Nessas instalações, o trabalhador pode ser protegido pelo uso correto de paredes de chumbo. A execução de verificações só é permitida com porta fechada (fig. 2) e vestimenta de chumbo.

Para a operação segura das instalações com raios X, é necessário nomear na empresa, um responsável pela proteção contra radiações.

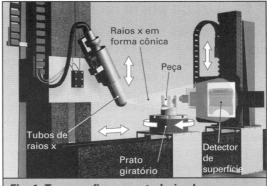

Fig. 1: Tomografia computadorizada para verificação de peças

Os responsáveis pela proteção contra radiações devem informar a todos os trabalhadores sobre questões relacionadas com radiações. Além disso, eles agem no sentido de que todas as leis e prescrições sejam respeitadas, todas as medidas de proteção tomadas para reduzir os perigos. Eles também acompanham os licenciamentos dessas instalações.

Responsáveis pela proteção contra radiações têm um superior na alta administração e são responsáveis pela implementação das medidas de segurança necessárias. Nessa matéria, eles dão ordens a todos os trabalhadores da empresa.

Fig. 2: Porta com visor e advertência "cuidado Raios X"

Radiação de partículas

Radiação de partículas é radioativa e é subdividida em radiação α, β, γ e de nêutrons. Na fabricação industrial, essas radiações são pouco usadas. Para esterilizar, também, alimentos, usam-se essas radiações.

Materiais radioativos

Exemplo de material radioativo é o tório. Na solda pode-se usar um elemento de solda de wolfrâmio com 4% de óxido de tório. O acréscimo de tório melhora a inflamabilidade. Riscos decorrem da inalação de poeiras na preparação dos eletrodos e de fumaças na solda. A solicitação é medida na unidade Sievert (Sv). A dose anual cumulativa não deve ultrapassar 6 mSv.

Exemplo:
A solicitação na solda é de 8,4 µSv por hora, na preparação de eletrodo, 0,58 µSv.
Calcule a dose anual de um soldador que trabalhou 1300 h e preparou 2000 eletrodos.
Solução:

$G = 1300 \cdot 8,4$ µSv $+ 2000 \cdot 0,58$ µSv
  $= 12080$ µSv $= $ **12,08 mSv**

Essa dose ultrapassa muito o limite permitido. Os trabalhos devem ser organizados de outra forma: um soldador não pode fazer todas as soldas com esses eletrodos.

3.4 Luz no posto de trabalho

Luz é uma radiação eletromagnética com comprimento de onda entre 380 e 780 nm (de ultravioleta a infravermelho), percebida pelo olho humano (visão de cores) por células fotossensíveis distintas (cones e bastonetes), com sensibilidade espectral distinta (fig. 1). Para perceber a cor verde, por exemplo, dominam os cones médios. Os bastonetes são importantes na visão noturna, acromática. Câmaras de vídeo podem "ver" e fazer figuras com comprimentos de onda acima ou abaixo do espectro visível.

A luz nos possibilita a visão numa grande faixa de intensidade luminosa. Partindo de uma fonte de luz puntiforme, a luz se dispersa em todas as direções no ambiente. A quantidade de luz por unidade de área diminui com o afastamento da fonte. O fluxo de luz numa superfície perpendicular é a intensidade luminosa em lux. O olho humano vê com intensidade luminosa de 0,2 lux (luar) até 100 000 lux (sol intenso).

A luz é importante para a visão, influencia o bem-estar do ser humano, o processo de digestão, o equilíbrio hormonal e a atenção. Os critérios de qualidade da iluminação estão na DIN EN 12464-1 e incluem:
- Intensidade luminosa suficiente para as tarefas a executar (tab. 1),
- Distribuição harmônica da luz,
- Limitação de ofuscamento direto ou por reflexão,
- Direção da incidência da luz e cor da luz corretas,
- Aproveitamento da luz do dia,
- Evitar cintilação ou tremulação.

A intensidade luminosa tem efeitos diretos sobre o desempenho no trabalho (fig. 2). Em geral, aumentam o número de defeitos e a fadiga visual com a redução da intensidade luminosa. Mas, também, é preciso observar limites superiores. A intensidade luminosa deve levar em conta as necessidades nos postos de trabalho e depois, gradativamente, passar para iluminação geral.

Além da intensidade luminosa, é importante considerar, em postos de trabalho, a necessidade de ver bem, contrastes e as cores dos objetos, sem ofuscamento.

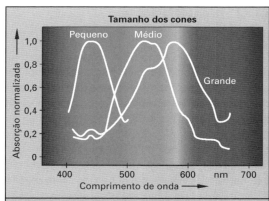

Fig. 1: Área de sensibilidade dos cones pequenos, médios e grandes

Tab. 1: Intensidade da iluminação

Lx[1]	Trabalho/posto de trabalho	Profissões típicas
250	Trabalho com tarefas visuais simples, trabalho de montagem	Padeiro, açougueiro, encadernador
500	Laboratórios, trabalho de montagem, trabalho com PC	Laboratorista químico, modelador, montador
750	Tarefas de controle com verificação de cor, montagem fina	Montador, inspetor
1000	Desenho técnico, mecânica fina	Desenhista, projetista
1500	Montagem de elementos eletrônicos minúsculos, na ótica e mecânica fina	Eletrotécnico, ótico, mecatrônico
2000	Trabalhos muito finos gráfico	Relojoeiro,

[1] Lux – unidade de medida lx (do latim, lux= luz) = fluxo de luz em lúmen/m^2

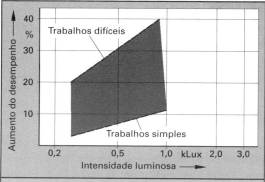

Fig. 2: Desempenho no trabalho e intensidade luminosa

3.4 Luz no posto de trabalho

Para evitar ofuscamento direto, pode-se colocar anteparos nas fontes de luz, de forma que essas não sejam visíveis no campo visual do ser humano (fig. 1). Ao lado do ofuscamento direto, há o ofuscamento por reflexão de superfícies polidas. Isso ocorre frequentemente em postos de trabalho com monitor.

O número e o tipo de luminárias determinam as sombras. Luminárias com área maior e tubos fluorescentes geram luz difusa, especialmente quando distribuída de forma difusa, e pouca sombra. É a iluminação comum nos postos de trabalho.

Emissores de luz pontuais com refletores parabólicos dirigem a luz, de forma concentrada, sobre o objeto, e há formação de muita sombra (fig. 2). Com isso, pode-se perceber mais facilmente trincas e ondulações do que com luz difusa.

A cor da luz, ou seja, a composição espectral da luz, é fundamental para a percepção de cores, uma vez que a cor dos objetos resulta da absorção espectral da luz. Um objeto vermelho parece vermelho, se todas as outras cores tiverem sido absorvidas. Na falta de luz vermelha no espectro, objetos vermelhos parecem pretos. Há lâmpadas fluorescentes que têm boa reprodutibilidade das cores, porque seu espectro é semelhante ao da luz do dia (fig. 3).

Sistemas de gestão da luz são instalações de iluminação controladas por computador e guiadas por sensores, que atendem a diferentes situações de necessidade quanto à intensidade luminosa, cor da luz e pontos com tarefas visuais, por exemplo, em eventos noturnos, congressos, etc. Isso inclui o uso da luz do dia. Sensores de luz e de movimentos informam o sistema. Com isso, faz-se boa economia de energia, uma vez que a iluminação é sempre ajustada à necessidade, também em atividades de manutenção desses ambientes.

É importante cuidar da manutenção das instalações de luz: a intensidade luminosa das luminárias diminui com o tempo e há perdas por poeira e sujeira nelas acumuladas.

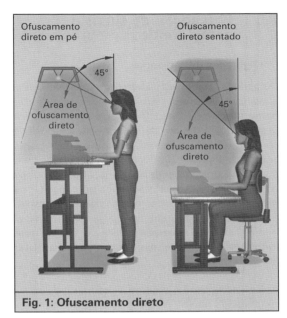

Fig. 1: Ofuscamento direto

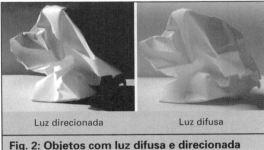

Fig. 2: Objetos com luz difusa e direcionada

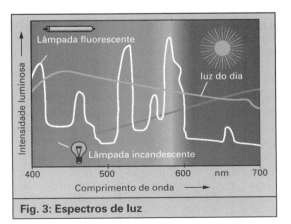

Fig. 3: Espectros de luz

3.5 Percepção de sinais e característicos de processos

Configuração de comandos

Comandos, como por exemplo, rodas manuais e alavancas, devem ser adequados à tarefa de trabalho no que diz respeito à pega e ao tamanho. Enquanto no início da industrialização esses comandos eram necessários para exercer forças sobre os meio de produção, por exemplo, para avanço da máquina-ferramenta, hoje, muitos comandos têm servomecanismos para facilitar os movimentos. Para evitar acionamentos indesejados, involuntários, é importante garantir um nível mínimo da força necessária. Por isso, botões giratórios têm, frequentemente, entalhes para evitar perda da regulagem.

Acionamentos involuntários de comandos podem ser evitados por:
- Suficiente resistência do comando;
- Tramelas, fixações;
- Alocação em rebaixamentos na superfície ou em área de pouco contato;
- Cobertura ou fechamento do comando.

A movimentação dos comandos deve ser compatível com a reação das máquinas (tab. 1). Para a condução de movimentos complexos e compostos, por exemplo, em robôs, usam-se, com vantagens, alavancas 3D (fig. 1) e botões 6D. O efeito da movimentação para frente da alavanca 3D é um movimento para frente do robô. O mesmo vale para outras direções. Para comando tridimensional da garra do robô (girar, virar e inclinar), o módulo da alavanca do comando é comutado. Com isso, é possível fazer uso sequencial dos 6 graus de liberdade do robô.

Com uso do botão de comando 6D (fig. 2), os movimentos no espaço são efeitos de forças e momentos exercidos nas direções correspondentes. Ao se gerar um momento de giro sobre o botão, a garra do robô executa um movimento de virar-girar-inclinar correspondente à posição espacial do momento. Trabalhar com o botão de comando 6D exige muito treinamento. O botão torna possível o comando manual, rápido e confortável; a desvantagem está no fato de a compatibilidade dos movimentos só valer num local, sendo necessário adaptá-la a outros.

Tab. 1: Sentido de acionamento e alocação de comandos*

Função	Sentido do movimento
Ligar	Para cima, para a direita, para frente, no sentido horário, puxar (botão de pressão ou de tração)
Desligar	Para baixo, para a esquerda, para trás, no sentido anti-horário, pressionar
Direita	No sentido horário, para a direita
Esquerda	No sentido anti-horário, para a esquerda
Levantar	Para cima, para trás
Abaixar	Para baixo, para frente
Recolher, retrair	Para cima, para trás, puxar
Ascender, sair	Para baixo, para frente, pressionar
Aumentar	Para frente, para cima, para a direita, no sentido horário
Reduzir	Para trás, para baixo, para a esquerda, no sentido anti-horário
Exceções:	
Abrir válvula	Sentido anti-horário
Fechar válvula	Sentido horário

*segundo *H. Schmidtke*, Ergonomia, Ed. Carl Hanser, Munique, Viena, 1993

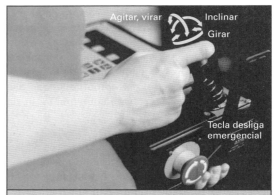

Fig. 1: Alavanca de controle para comando de robôs com comutação (6 funções)

Fig. 2: Botão de controle 6D para a comando de robôs

3.5 Percepção de sinais e característicos de processos

Um aparelho de controle 6D infravermelho permite um ajuste automático das coordenadas espaciais à localização do usuário.

A posição e orientação espaciais do aparelho 6D são identificadas por, no mínimo, duas câmaras infravermelhas fixas no local, com auxílio das 5 esferas refletoras (fig. 1)

Com movimentos retilíneos do aparelho, o usuário pode gerar movimentos retilíneos de objetos. Um movimento do comando para frente e inclinado para cima ocasiona um movimento para cima, a partir do usuário. Com movimentos de viração, giro e inclinação, o objeto é virado, girado, inclinado. Tais aparelhos de comando são usados em ambientes virtuais (Virtual Environments – VE).

Fig. 1: Aparelho de controle 6D

Rodas manuais eletrônicas com acoplamento de reação dão ao usuário a sensação de que os movimentos nos comandos são pesados. Com os acionamentos eletrônicos, o usuário não exerce força no processo de trabalho; um freio na roda manual – dita reativa – dá a sensação de pesado (fig. 2). Essa resistência da roda é proporcional às forças necessárias para a execução da função.

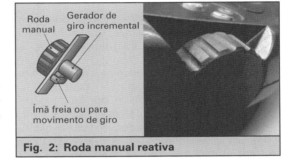

Fig. 2: Roda manual reativa

Sinais acústicos

Em caso de perigos, é importante usar sinais acústicos. Quando for de emergência, deve ser, no mínimo, de 75 dB(A) (DIN EN 981).

Sinais óticos

Mostradores óticos devem ser bem legíveis. O tamanho de letras depende do afastamento na leitura: a 1 m de distância, as letras devem ter 5 mm de altura; para afastamentos de 10 e 100 m, as letras devem ter 40 e 400 mm, respectivamente.

Perigos são sinalizados com sinais óticos:

- Sinais de alerta: amarelo ou vermelho (fig. 3);
- Sinal de emergência: vermelho (DIN EN 842), eventualmente mais intenso, com pisca ou acoplado com sinal acústico, para diferenciá-lo do sinal de alerta.

Fig. 3: Sinal de alerta girando

3.6 Cargas no trabalho

Nas cargas no trabalho, diferencia-se entre cargas no trabalho físico e cargas no trabalho psíquico.

3.6.1 Trabalho pesado

A carga física no trabalho solicita, sobretudo, os músculos e a estrutura óssea. Com recursos auxiliares, pode-se evitar a supersolicitação. É preciso observar que esses recursos também devem ser utilizados pelo trabalhador. O levantamento de carga, por exemplo, deve ser feito de forma a preservar a saúde (fig. 1).

Um mesmo trabalho pode resultar em solicitações individuais bastante diferentes, dependendo, por exemplo, de
- Estrutura corporal,
- Treinamento,
- Sexo (fig. 2).

Cargas especiais em trabalho físico se caracterizam por:
- Trabalho muscular devido à postura, por exemplo, ao sentar sem encosto, dirigir caminhão;
- Trabalho muscular estático, por exemplo, ao limar, montar peças;
- Trabalho muscular dinâmico pesado, por exemplo, engraxar, movimentar peças pesadas;
- Trabalho muscular unilateral, por exemplo, trabalho de montagem repetido em ciclos muito curtos, em que o trabalhador usa apenas pequena parte de seu corpo.

A transformação energética das pessoas é individualmente diferente e é limitada em cerca de 20.000 kJ/dia, o que engloba:
- A transformação energética básica,
- A transformação energética no lazer,
- A transformação energética no trabalho (fig. 3).

A transformação energética no trabalho leve situa-se em torno de 4.000 kJ/ dia, em trabalho pesado é da ordem de 8.000 kJ/dia, e no trabalho muito pesado chega a 12.000 kJ/dia.

Embora se usem cada vez mais recursos e dispositivos técnicos (por exemplo, robôs) que geram as forças necessárias no trabalho físico pesado, há ainda muitas tarefas de trabalho de pessoas em que a carga física é pesada, em especial associada com posturas forçadas, como no revestimento interno de caldeiras, na pintura de peças grandes de aço, na colocação de pisos e em muitas tarefas de manutenção e transporte. A organização do trabalho deve ser tal que a um trabalho com carga física pesada siga uma pausa, ou uma tarefa que solicita outras partes do corpo do trabalhador, por exemplo, sua atenção ou concentração, para que possa haver uma recuperação da fadiga elevada.

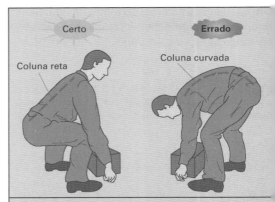

Fig. 1: Levantamento de carga certo e errado

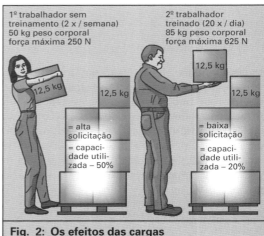

Fig. 2: Os efeitos das cargas

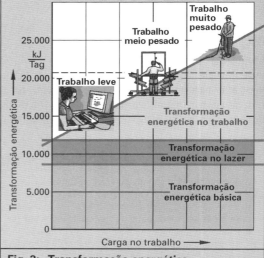

Fig. 3: Transformação energética

6.2 Solicitações e sobrecargas

Articulações – Em especial, as articulações da bacia, dos joelhos e dos pés (fig. 1) são muito solicitadas ao permanecer em pé e parado por longo tempo. As articulações servem para a movimentação, e a falta de movimentação delas pode levar à falta de alimentação das cartilagens com o líquido das articulações, o que leva ao desgaste precoce dessa cartilagem.

Coluna vertebral – A forma normal da coluna lembra um S alongado (fig. 2). Nessa forma, vibrações e impactos podem ser amortecidos, também ao caminhar. No ficar parado em pé, a musculatura cansa e o peso do corpo pressiona sobre a coluna. Isso leva a posturas curvadas (desvio lateral da coluna) e também acentua o S.

Discos intervertebrais – Os discos intervertebrais são cartilagens elásticas entre as vértebras, também alimentadas por líquidos durante a movimentação. Em posturas curvadas da coluna, os discos são supersolicitados num lado, o que frequentemente leva a prolapso ou hérnia do disco (fig. 3). A alimentação deficiente do disco também o leva a secar, quer dizer, ele fica cada vez mais fino e se desgasta precocemente. As consequências podem ser inflamações e compressão de nervos com tensão muscular muito dolorida.

Pés – Os pés, assim como os joelhos e a coluna, são partes bastante sensíveis de nossa estrutura óssea quando submetidos a solicitações não naturais por um tempo maior.

O peso do corpo normalmente se distribui sobre os pés, agindo 2/5 na parte dianteira e 3/5 na traseira dos pés. Com a supersolicitação frequente e demorada dos pés, a musculatura relaxa e o pé fica chato, com consequentes alterações na postura corporal e diferentes danos à coluna. Também o uso de sapatos muito apertados na região dos dedos ou muito altos mudam a distribuição da carga e leva a danos e dores.

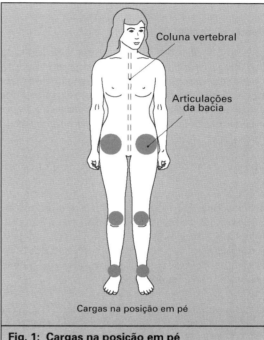

Fig. 1: Cargas na posição em pé

Fig. 2: Deformação da coluna vertebral – posição em pé em excesso

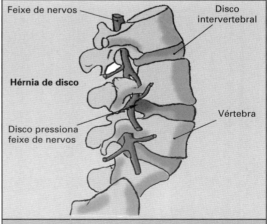

Fig. 3: Hérnia de disco, disco pressiona feixe de nervos

3.6.3 Posto de trabalho adequado ao corpo humano

Todo posto de trabalho deve ser projetado de forma a adequar-se suficientemente ao tamanho individual do trabalhador. Convém observar que as mulheres são, em média, um pouco menores que os homens (fig. 1) e que o dimensionamento das superfícies de trabalho, das alturas dos assentos e das áreas de alcance deve levar isso em conta (tab. 1).

Sentar e ficar em pé

A postura do corpo deve poder ser alterada durante o trabalho pela mudança de postura (inclinada, estendida, normal, relaxada) ou pela troca de posição na alternância entre sentar, ficar em pé e andar (fig. 2), o que melhora a circulação nos membros inferiores (fig. 3) e diminui a fadiga muscular.

Com o sentar dinâmico, quer dizer, com mudanças na postura, obtém-se uma redução da carga sobre a musculatura das costas e os apoios nas articulações. Com isso, aumenta o rendimento do trabalho das pessoas. Elas podem trabalhar com mais concentração e motivação e menos tensão. A longo prazo, também há uma redução dos afastamentos do trabalho por enxaqueca e tensão muscular nas costas e na nuca.

> O trabalho deve ser configurado de forma a ocorrer uma troca entre sentar, andar e ficar em pé.

1 1.540 mm mulher pequena – 5% são menores
2 1.660 mm mulher média – 50% são maiores, 50 % menores
3 1.760 mm mulher grande – 5% são maiores
4 1.660 mm homem pequeno – 5% são menores
5 1.760 mm homem médio – 50 % são maiores, 50 % menores
6 1.870 mm homem grande – 5 % são maiores

Fig. 1: Tamanhos de corpos

Tab. 1: Medidas no posto de trabalho

Altura da superfície de trabalho		Altura da cadeira
Trabalho sentado somente	Trabalho em pé somente	Altura do assento: 420-500 mm; profundidade do assento: 380-440 mm; largura do assento: 400-480 mm
Homem: ± 72 cm	Homem: ± 105 cm	
Mulher: ± 69 mm	Mulher: ± 95 cm	

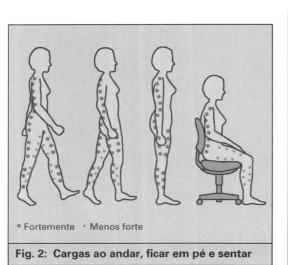

• Fortemente   • Menos forte

Fig. 2: Cargas ao andar, ficar em pé e sentar

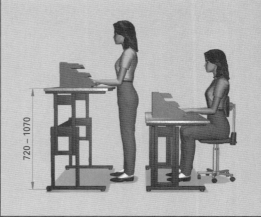

Fig. 3: Alternar entre sentar e ficar em pé para melhorar a circulação

3.6 Cargas no trabalho

Áreas de acesso e alcances

As medidas das áreas de acesso e alcance são dadas pelo comprimento e mobilidade dos braços; mas nem todas as zonas dentro de um espaço de acesso permitem um fluxo harmônico dos movimentos. Certas posições das articulações limitam o espaço de movimentação (fig. 1).

No projeto do posto de trabalho, todos os comandos, todas as ferramentas e todas as peças de trabalho devem ser alocados no espaço de alcance ótimo. Se isso não for possível, os objetos e comandos menos usados devem ser alocados de forma a serem acessados com um movimento simples do corpo. Para trabalho em pé, o espaço de alcance no trabalho é aumentado significativamente (fig. 2). Peças de trabalho volumosas podem ser mais bem posicionadas com auxílio de eixos de elevação ou giratórios (fig. 3).

Áreas de alcance e, com isso, o alcance de mãos, braços e pernas precisam ser verificados por questão de segurança. Há prescrições detalhadas na DIN EN 294 sobre afastamentos de segurança, ou seja, para garantir o não alcance dos pontos de perigos.

Os afastamentos de dispositivos de proteção (grades, cercas) de instalações a proteger (prensas, eixos girantes) estão tabelados. Se o risco for muito alto, deve-se aplicar afastamentos (distâncias entre) ainda menores. Convém considerar a probabilidade de ocorrência e a gravidade de um dano (ferimento). Numa fricção ou abrasão, por exemplo, trata-se de um risco pequeno; havendo risco de enrolamento, por exemplo, tem-se um risco grave.

Fig. 2: Espaços de movimentação das pessoas

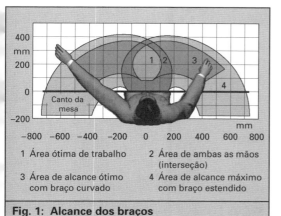

1 Área ótima de trabalho
2 Área de ambas as mãos (interseção)
3 Área de alcance ótimo com braço curvado
4 Área de alcance máximo com braço estendido

Fig. 1: Alcance dos braços

Fig. 3: Posicionamento correto dos objetos de trabalho

3.6.4 Cargas psíquicas e mentais

As cargas psíquicas são subdivididas em emocionais (relacionadas com os sentimentos) e mentais (relacionadas com o juízo). Processos de trabalho com alta responsabilidade, pressão temporal e aborrecimentos têm alta carga emocional.

> Quando
> - Carga de trabalho,
> - Pressa,
> - Pressão temporal,
> - Solicitação física,
> - Alta responsabilidade
>
> parecem fora de controle, a pessoa está estressada (fig. 1).

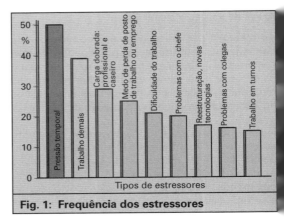

Fig. 1: Frequência dos estressores

Carga mental no trabalho significa que se requer uma atividade do tipo reconhecer, entender e avaliar ou julgar. Supersolicitações se mostram como estresse[1] e podem levar a muitas doenças, até o infarto do miocárdio. Por outro lado, estresse moderado sem supersolicitação, resulta em bom rendimento no trabalho e sensação de bem-estar.

Estresse é desencadeado pelos hormônios adrenalina[2] e noradrenalina[3] através do sistema nervoso vegetativo ou periférico. A causa disso é uma excitação emocional ou uma carga psíquica especial. Os hormônios causam uma agitação nervosa, e a pressão sanguínea e a frequência de pulso aumentam. O coração bate mais depressa, a respiração é acelerada (fig. 2) e a musculatura fica tensa.

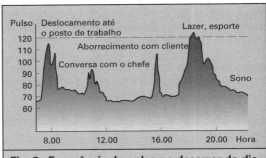

Fig. 2: Frequência do pulso no decorrer do dia

O ser humano está preparado para agir com muito rendimento e é capaz de realizar muito, enquanto não houver supersolicitação. Supersolicitação decorrente de estresse demorado ou muito frequente ou por forte carga psicossocial (por exemplo, brigas, discussões, morte) levam ao esgotamento nervoso e a diversas doenças (fig. 3)

> Para dominar o estresse é preciso
> - Enfrentar problemas com serenidade,
> - Ter disposição de mudar coisas e situações que podem ser mudadas,
> - Conseguir distinguir entre coisas muito importantes e menos importantes.

---

[1] Estresse, do inglês stress = pressão, carga, tensão
[2] Adrenalina é hormônio produzido pelas glândulas suprarrenais e aumenta a frequência de pulso e a pressão sanguínea.
[3] Noradrenalina é hormônio produzido pelas glândulas suprarrenais e tecido nervoso e seu efeito é de estrangulamento dos vasos sanguíneos.

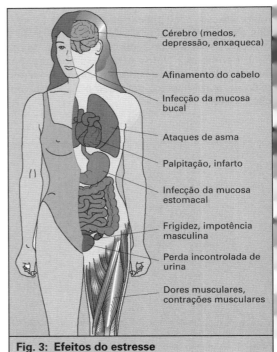

Fig. 3: Efeitos do estresse

3.6.5 Cargas devidas à organização do trabalho

Especialmente solicitante é o trabalho em turnos. Os trabalhadores em turnos têm que trabalhar, justamente quando a disposição fisiológica[1] do ser humano para o trabalho é reduzida, atingindo seu mínimo (fig. 1). As perturbações especialmente relevantes para esses trabalhadores é que o sono diurno, após o trabalho noturno, é pouco tranquilo, há muito ruído que o perturba. Com isso, a duração do sono é menor, e gera-se um déficit. Isso tem, como consequência, um rendimento menor, dificuldades de concentração, erros, falhas e maior risco de acidentes. Os efeitos fisiológicos do trabalho em turnos são diversos (tab. 1).

As funções fisiológicas do corpo humano têm decursos periódicos com ciclos de cerca de um dia, comandados pelas alterações entre claro e escuro (dia e noite). Dependendo do plano de turnos, os contatos sociais são bastante reduzidos por causa do trabalho em turnos. As doenças comuns entre esses trabalhadores – perturbações do apetite, do sono, males do sistema circulatório – são mais frequentes em pessoas com mais idade.

Em muitas profissões, especialmente na área de prestação de serviços, como em hospitais, o trabalho em turnos é inevitável. Também no setor industrial trabalha-se em 2 ou 3 turnos para melhor aproveitamento dos meios de produção e suprimento da demanda. Também há processos que duram mais tempo que um turno de trabalho e, por exemplo, altos-fornos, fábricas de cimento e usinas de geração de energia não podem ser desligados por que o turno diurno terminou. É preciso haver sempre pessoal de operação e também de manutenção disponível nessas plantas. Dever-se-ia evitar trabalho em turnos tanto quanto possível, reduzindo-se o número de pessoas trabalhando em turnos. Por exemplo, pela automação, diversos processos produtivos podem transcorrer sem controle e intervenção humanas por horas.

Empresas com escritórios ao redor do mundo podem, com auxílio da tecnologia da informação, organizar o trabalho de tal forma que há sempre alguém trabalhando no transcorrer do giro da Terra ao redor do Sol. Quando em Berlim termina o dia de trabalho, ele inicia em São Francisco e, em torno do término deste, inicia o dia de trabalho em Tóquio. Com isso, o trabalho está sendo realizado por 24 horas (fig. 2).

---

[1] Do grego physis = características naturais

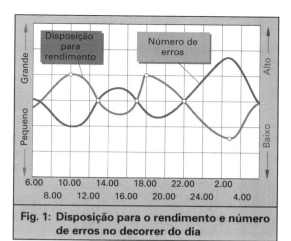

Fig. 1: Disposição para o rendimento e número de erros no decorrer do dia

Tab. 1: Efeitos do trabalho em turnos

Na saúde	Na esfera psicossocial
• Perturbações do sono	• Prática de esporte não regular
• Perturbações no apetite	• Perda de amizades
• Dores de estômago	• Problemas com cônjuge
• Problemas circulatórios	• Falta de possibilidade de participar de atividades culturais
• Menor capacidade de rendimento	
• Dificuldade de concentração	

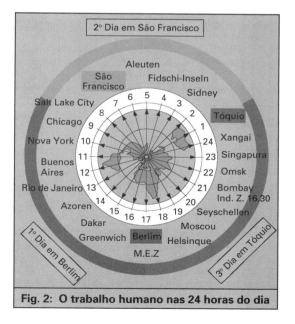

Fig. 2: O trabalho humano nas 24 horas do dia

3.7 Sinais de segurança

Exercício: Explique o significado dos seguintes sinais de proibição, alerta e indicação

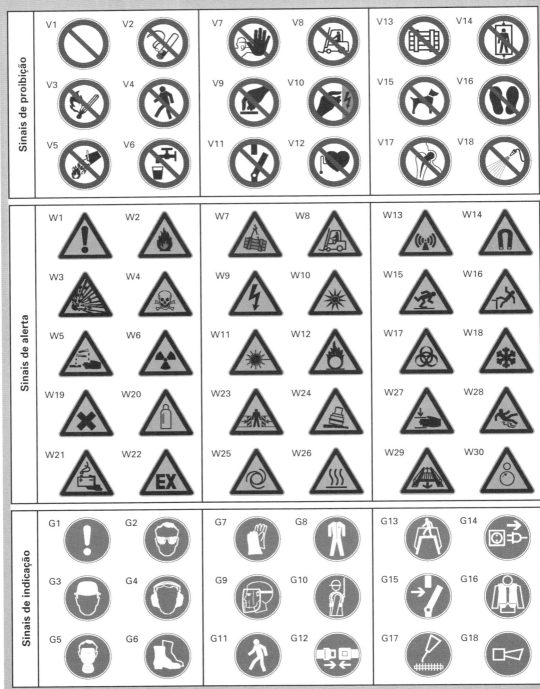

Solução: veja próxima página

3.7 Sinais de segurança

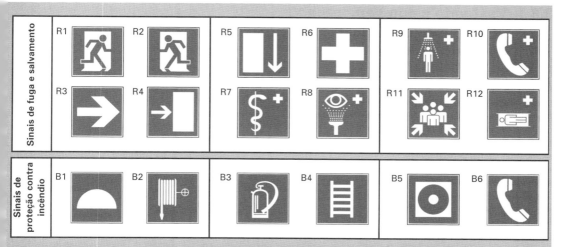

Solução:

Sinais de proibição:

V1 proibição genérica; V2 proibido fumar; V3 proibido fogo, faísca e cigarro; V4 proibido para pedestres; V5 proibido apagar com água; V6 água não potável; V7 proibido acesso de não autorizados; V8 proibido para meios de transporte interno; V9 proibido contatar; V10 proibido contatar, carcaça sob tensão; V11 não ligar, comutar; V12 proibido para pessoas com marca-passo, V13 proibido depositar algo; V14 proibido o transporte de pessoas; V15 proibido o transporte de animais; V16 proibido pisar na área; V17 proibido para pessoas com implantes de metal; V18 proibido respingar água.

Sinais de alerta:

W1 alerta sobre perigo; W2 alerta sobre materiais inflamáveis; W3 alerta sobre materiais explosivos; W4 alerta sobre venenos; W5 alerta sobre materiais corrosivos; W6 alerta sobre radiação radioativa ou ionizante; W7 alerta sobre cargas suspensas; W8 alerta sobre veículos nos corredores; W9 alerta sobre tensão elétrica; W10 alerta sobre radiação ótica; W11 alerta sobre radiação laser; W12 alerta sobre materiais comburentes; W13 alerta sobre campo eletromagnético; W14 alerta sobre campo magnético; W15 alerta sobre risco de tropeçar; W16 alerta sobre risco de queda; W17 alerta sobre riscos biológicos; W18 alerta sobre frio; W19 alerta sobre materiais perigosos; W20 alerta sobre cilindros de gás; W21 alerta sobre riscos com baterias elétricas; W22 alerta sobre atmosfera explosiva; W23 alerta sobre risco de prensar; W24 alerta sobre risco de tombamento na laminação; W25 alerta sobre acionamento automático; W26 alerta sobre superfície quente; W27 alerta sobre risco de machucar a mão; W28 alerta sobre risco de escorregar; W29 alerta sobre riscos – linha única; W30: alerta sobre risco de aprisionamento.

Sinais de indicação:

G1 sinal de indicação geral; G2 usar protetor visual; G3 usar capacete; G4 usar protetor auricular; G5 usar protetor respiratório; G6 usar protetor dos pés; G7 usar luvas; G8 usar vestimenta de proteção; G9 usar protetor facial; G10 usar cinto aparador (corpo em queda); G11 para pedestres; G12 afivelar cinto de segurança; G13 usar passagem; G14 antes de abrir, tirar plugue da tomada; G15 antes de iniciar, desligar energia; G16 usar colete se segurança; G17 olear usina de corte; G18 dar sinal principal.

Sinais de fuga e salvamento:

R1 saída de emergência – fuga para direita; R2 saída de emergência – fuga para esquerda; R3 para a direita; R4 saída de emergência – fuga para direita; R5 saída de emergência; R6 primeiros socorros; R7 médico; R8 instalação para lavar olhos; R9 chuveiro de emergência; R10 telefone de emergência; R11 local de ajuntamento; R12 maca.

Sinais de proteção contra incêndio:

B1 meios e aparelhos para combate a incêndio; B2 mangueira; B3 apagador de fogo; B4 condutor; B5 anunciante de incêndio (manual); B6 telefone para anunciar incêndio.

3.8 Vestuário e equipamentos de proteção individual (EPIs) no posto de trabalho

Caso as condições de trabalho tornem necessários apetrechos de segurança pessoal, têm-se:
• Capacetes de segurança,
• Óculos de segurança, protetores faciais, máscaras de segurança,
• Protetores auriculares,
• Protetores respiratórios,
• Luvas de proteção,
• Macacões de proteção, vestimentas resistentes a fogo,
• Sapatos de segurança.

Capacetes de segurança – (fig. 1) são de plástico termorrígido com boa resistência ao envelhecimento, por exemplo, poliéster, ou de termoplásticos, como polietileno, com uma vida útil limitada (± 5 anos). Capacetes de segurança devem ser usados sempre em locais, onde há risco de ferimentos na cabeça por bater em objetos, ou porque há objetos em movimento que podem cair ou ser lançados, por exemplo, em ferrarias.

Óculos de segurança (fig. 2) e **protetores faciais** – protegem olhos e rosto contra perigos mecânicos, óticos e químicos, por exemplo, ao limar, soldar, cortar com maçarico e trabalhar na limpeza. Para a soldagem, lentes e vidros devem ter a cor adequada à tarefa, aos raios emitidos pelo material de solda. Há também máscaras de proteção com filtros óticos que, automaticamente, em pouco tempo (< 3 ms) escurecem com a incidência de raios luminosos.

Diferencia-se entre óculos de segurança com armação e óculos de segurança em plástico maleável. Os óculos com armação têm uma proteção lateral e, frequentemente, também uma proteção das sobrancelhas. Os óculos em plástico maleável têm um corpo que se parece com um cesto, são de material elástico moldável e fecham toda a área em torno dos olhos. Eles também protegem contra respingos de fluidos.

Os protetores faciais protegem todo o rosto e, em parte, também o pescoço. As lentes e os vidros de óculos e protetores faciais são de policarbonato, acetato ou vidro composto. Não quebram, são não inflamáveis e, frequentemente, são pouco sensíveis a fagulhas incandescentes. Para tarefas de soldagem, os vidros são escurecidos. Para trabalhos com laser, há vidros especiais, adequados ao tipo de laser.

Fig. 1: Apetrechos de segurança pessoal ou equipamentos de proteção individual – EPIs

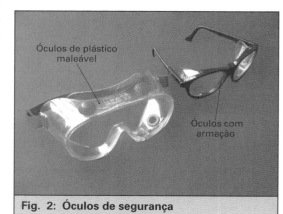

Fig. 2: Óculos de segurança

3.8 Vestuário e equipamentos de proteção individual (EPIs) no posto de trabalho

Protetores auriculares – tipo plugue e tipo concha – devem ser selecionados de forma que o nível de ruído no ouvido protegido não ultrapasse 80 dB(A). Na redução de ruídos, diferencia-se entre valores de abafamento de baixas (L), médias (M) e altas (H) frequências.

Máscaras para proteção respiratória – têm filtros para reter partículas ou gases, ou ambos. Na fabricação mecânica são necessários, sobretudo, filtros para reter partículas. Máscaras com filtro retentor de partículas e válvula de expiração protegem contra partículas finas líquidas e sólidas. Para a proteção contra gases venenosos, são necessários protetores respiratórios especiais.

Luvas de proteção – há luvas para proteger de perigos mecânicos e químicos, de eletricidade estática, frio, calor, tensão elétrica e de contaminação bacteriológica. Os materiais, por exemplo, couro, látex, termoplásticos, são escolhidos de acordo com o tipo de proteção a dar.

Sapatos de segurança (tab. 1) – servem, sobretudo, para a proteção dos pés e têm biqueiras resistentes a altas cargas para a proteção dos dedos, assim como solas perfiladas para o pisar seguro.

Vestimenta de proteção – vestimentas não inflamáveis são necessárias em trabalhos de solda (fig. 1), em fundições e forjarias e, se o trabalho exigir contato com metais candentes ou em fusão, o trabalhador precisa ainda de um casacão de material não inflamável.

Os materiais mais usados para vestimentas de proteção são Kevlar (fibra sintética) e lã de tosquia, que não inflamam facilmente. Em relação à vestimenta normal, a vestimenta de proteção tem suas desvantagens: é bem mais pesada e dificulta a perda de calor do corpo de trabalhador. Ele sua facilmente, mas o suor não é evaporado no ambiente. Ao lado do efeito de proteção contra calor, é também requerida uma proteção mecânica; para atender a ambas as características, são necessárias espessuras mínimas. No caso da lã, a espessura é maior que na fibra Kevlar – ± 3 vezes tanto. Vestimentas de proteção feitas de fibras de amianto – adequadas para múltiplos efeitos de proteção – não são mais utilizadas por causa do risco de câncer.

Roupa de baixo – Para trabalho físico meio pesado até pesado, recomenda-se roupa de baixo feita de mistura de fios, por exemplo, 20 % de fio de

Tab. 1: Requisitos para sapatos

Sapatos de segurança são calçados fabricados de acordo com a norma DIN EN 345-1/EN ISO 20345 com biqueiras para alta carga, cujo efeito de proteção foi testado com 200 J de energia.

Sapatos de proteção são calçados fabricados de acordo com a norma DIN EN 346-1/EN ISO 20346 com biqueiras para carga média, cujo efeito de proteção foi testado com 100 J de energia.

Sapatos profissionais são calçados fabricados de acordo com a norma DIN EN 347-1/EN ISO 20347 que não precisam ter biqueiras para proteção dos dedos (identificação 0).

Características gerais

Proteção dos dedos: proteção contra forças de pressão (proteção estática) e proteção contra forças de impacto (proteção dinâmica) podem ser obtidas com aço, alumínio e plástico.

Parte superior do sapato: a qualidade dessa parte está associada com a espessura, a força de rasgo, o comportamento de torção, a permeabilidade à água, a evaporação de água e o apoio lateral que o sapato oferece.

Sola: deve ser resistente a óleo, bem aderente à sola-base e perfilada por baixo para evitar escorregões.

Amortecimento para o calcanhar: na área do calcanhar, pode-se integrar material que amortece a energia de impacto – proteção do pé contra impactos e vibrações.

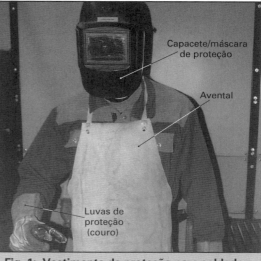

Fig. 1: Vestimenta de proteção para soldador

Angorá, 45 % de lã de tosquia e 35 % de poliamida, sendo essa mistura adequada por permitir transpiração e absorver o suor. Em fundições e outros trabalhos em que há fagulhas, é melhor não usar roupas feitas de algodão, exceto se este for tratado previamente com produto anti-inflamável.

3.9 Posto de trabalho com PC

A comunicação entre o computador e o usuário é chamada de comunicação homem-máquina.

O posto de trabalho diante de um PC é a parte mais importante da comunicação homem-máquina. Ele terá de ser projetado segundo pontos de vista ergonômicos, quer dizer, terá de ser adequado ao usuário de forma a não supersolicitá-lo por um lado e, por outro, permitir um uso eficiente do computador. Distingue-se entre ergonomia de software – a que se refere à interface – e ergonomia de hardware – a que se refere aos objetos materiais.

À ergonomia de hardware pertence o projeto dos meios de trabalho, por exemplo, o teclado e o monitor, mas também a alocação desses meios de trabalho no posto de trabalho e esse último, no ambiente de trabalho (fig. 1).

Os monitores devem ser posicionados perpendicularmente às janelas para que os olhos do usuário possam se ajustar à claridade do monitor e não sejam perturbados pelo fundo mais claro das janelas. As janelas devem ter venezianas ou persianas verticais ou horizontais para que se possa controlar a entrada de claridade do sol e inibir a incidência direta de raios solares. Postos de trabalho com PC são alocados, preferencialmente, para o lado norte.

A iluminação no teto deve ter lamelas e alocada de forma a evitar reflexos sobre os monitores. As luminárias especiais para postos de trabalho com PC (BAP) garantem a melhor iluminação do ambiente de trabalho mediante lamelas e refletores parabólicos (fig. 2).

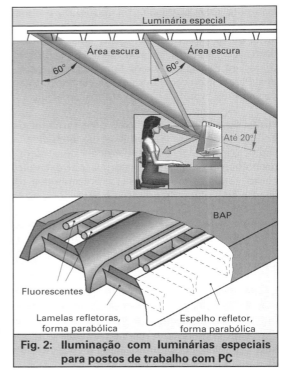

Fig. 2: Iluminação com luminárias especiais para postos de trabalho com PC

Fig. 1: Exemplo de um posto de trabalho com PC

3.9 Posto de trabalho com PC

Checklist **para um posto de trabalho com PC**

Superfície de trabalho – largura mínima ± 1.600 mm, profundidade mínima 800 mm, melhor 900 ou 1.000 mm; distância dos olhos até o monitor 450 a 800 mm.

Espaço para movimentação – área de movimentação de 1,5 m², ao menos 1 m livre atrás da mesa de trabalho.

Espaço de circulação – acesso livre a janelas, comandos de condicionadores de ar, de venezianas externas, etc. e largura de corredores de 800 mm; com mais de 5 usuários, 1.000 mm.

Espaço para guarda temporária – deve haver espaço para depor meios de trabalho e objetos temporariamente.

Alocação em relação às janelas – perpendicular, para que as superfícies das janelas não se possam espelhar sobre o monitor, nem o olho do trabalhador seja atraído pela luminosidade maior das janelas.

Alocação em relação a outros postos de trabalho – é recomendável que os trabalhadores possam decidir se querem ou não ter contato visual direto com os colegas.

Ergonomia – os postos de trabalho com PC ou de uma estação de CAD devem ser projetados e instalados sob consideração de pontos de vista ergonômicos, permitindo, por exemplo, um sentar dinâmico (diferentes posturas) e também trabalhar em pé.

Pelo ajuste das mesas e cadeiras de trabalho, deve ser possível que:
– Os pés estejam totalmente apoiados no chão;
– As coxas e as pernas façam um ângulo de ± 90° entre si;
– O braço e o antebraço façam, no mínimo, um ângulo de 90°;
– A linha superior do monitor não esteja acima da altura dos olhos;
– O espaço para as pernas tenha altura mínima de 650 mm, largura mínima de 580 mm e profundidade mínima de 600 mm;
– A cadeira de trabalho seja de escritório, estofada, regulável na altura, tenha 5 apoios ou rodas, descanso para os braços e encosto curvado, ajustando-se à curvatura das costas;
– A mesa seja ajustável em altura ou tenha 720 mm de altura fixa.

Teclado – o teclado deve estar separado do monitor.

Monitor – deve ser inclinável para a frente (5°) e para trás (20°).

Iluminação – a intensidade luminosa deve ser de 500 lux, e em postos de comando e controle, pode ser reduzida. A iluminação não pode ofuscar, espelhar ou refletir. É sempre necessária uma iluminação geral, além de, em muitos postos de trabalho, ainda ser necessária uma iluminação local.

Luz do dia – a incidência de luz do dia deve ser regulável por persianas ou venezianas externas ou internas.

Ofuscamento – luminárias ou superfícies claras e paredes, tetos, assoalhos ou móveis não devem ofuscar, também não por reflexão.

Trabalho com monitor – é preciso organizar o trabalho com o monitor de forma que haja troca de atividade, intercalando-se outras operações.

Acústica – para trabalho com PC, o nível de ruído deve estar abaixo de 40 dB(A), no máximo 55 dB(A).

Emissão de ruído e redução do ruído – deve-se comprar os equipamentos menos ruidosos. Copiadoras, impressoras e equipamentos de uso não contínuo (por exemplo, picadores de documentos descartados) devem ser colocados em outro ambiente.

Clima – volume de ar mínimo por trabalhador: 15 m³, temperatura de 21 a 22 °C (no máximo 26 °C), umidade do ar de 40 a 65 % e velocidade de movimentação do ar no posto de trabalho menor que 0,15 m/s.

Diálogo no monitor – ergonomia de software – O diálogo no monitor deve:
– ser adequado à tarefa, quer dizer, o diálogo não pode chatear o usuário com perguntas desnecessárias;
– ser autoexplicativo, dando clareza ao usuário em cada passo do diálogo;
– ser Dirigível: o usuário deve poder influir no decurso para poder desviar de passos desnecessários;
– Corresponder às expectativas, ou seja, parecer lógico e ter semelhança com outros diálogos;
– ser robusto quanto a erros: erros na entrada de dados podem ser corrigidos com facilidade;
– ser individualizável, customizável, permitindo supressões para o expert e detalhamentos para o iniciante;
– Fomentar aprendizado, ou seja, apoiando o usuário no aprendizado.

Recapitulação e aprofundamento

1. Quais os principais equipamentos de proteção individual (EPIs)?
2. Que EPIs são necessários para um trabalhador na fundição?
3. Por que roupa de baixo de algodão é inadequada para trabalhadores em fundições e forjas?
4. Como deve ser configurado um posto de trabalho com PC?
5. Que requisitos especiais devem ser considerados para a iluminação de um posto de trabalho com PC?
6. Que requisitos devem ser atendidos por um diálogo no monitor?

4 Diretriz para máquinas da União Europeia (UE)

A diretriz para máquinas da União Europeia (98/37/EG, de 22 de junho de 1998) vale para todos os países membros e foi prescrita como 9º decreto da lei de segurança de equipamentos na Alemanha. Ela vale para todas as máquinas e instalações com máquinas. Às máquinas também pertencem agregados de segurança e dispositivos móveis substituíveis. Por máquina entende-se a totalidade de peças, conjuntos e dispositivos conectados entre si, dos quais ao menos um é móvel.

A diretriz para máquinas contém 4 capítulos com 16 artigos e tem 8 anexos (tab. 1). Todas as prescrições da diretriz para máquinas são de observância obrigatória para fabricantes de máquinas, para organizações que as instalam e usam e para os operadores delas. No anexo 1 estão formulados os requisitos básicos de segurança e de preservação da vida.

Vale:
1. Eliminar ou minimizar os perigos;
2. Tomar medidas de proteção contra perigos não elimináveis;
3. Instruir o usuário sobre perigos remanescentes.

De preferência, deve-se construir máquinas livres de perigos e, quando isso não for possível, proteger o usuário dos perigos, por exemplo, enclausurando-as e, se também isso não anula todos os perigos, informá-lo sobre o fato (fig. 1).

4.1 Medidas de precaução

Materiais – Os materiais utilizados numa máquina não podem colocar a segurança e/ou a saúde em risco. Por exemplo, eles não podem ser venenosos ou quebradiços e, assim, gerar um perigo. É preciso prever fadiga e corrosão do material e envelhecimento e desgaste dele, e prever serviços de conservação e consertos para amenizar isso.

A escolha dos materiais deve oferecer segurança e não pode afetar a saúde.

Tab. 1: Sumário da diretriz para máquinas

Diretriz 98/37/EG, de 22 de junho de 1998	
Capítulo I:	Área de aplicação, entrada em vigor e circulação livre de mercadorias (artigos 1 a 7)
Capítulo II:	Procedimento e constatação de semelhanças (artigos 8 e 9)
Capítulo III:	Identificação CE (artigo 10)
Capítulo IV:	Determinações finais (artigos 11 a 16)
Anexo I:	Requisitos fundamentais de segurança e saúde para a concepção e projeto de máquinas e peças construtivas para segurança *(Aqui se descreve detalhadamente tudo que deve ser observado.)*
Anexo II:	A. Conteúdo da declaração de conformidade de máquinas da UE B. Conteúdo da declaração do fabricante C. Conteúdo da declaração de conformidade da UE para peças relevantes na segurança
Anexo III:	Identificação CE de conformidade
Anexo IV:	Tipos de máquinas e peças construtivas para as quais o procedimento do capítulo 8 é aplicado
Anexo V:	Declaração de conformidade da UE
Anexo VI:	Teste UE de modelo construtivo
Anexo VII:	Critérios mínimos para notificação dos locais de teste
Anexo VIII:	Diretrizes canceladas e espaço para tabelas

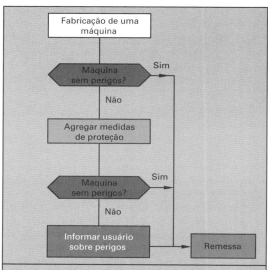

Fig. 1: Minimizar os perigos

4.1 Medidas de precaução

Iluminação – Além da iluminação geral, há quase sempre necessidade de iluminação local.

Manipulação – É preciso poder manipular máquinas sem contato com perigos, o que inclui o transporte e a instalação, que também não devem oferecer perigos. São necessários olhais e ganchos (pegadores) para facilitar a manipulação de máquinas pesadas (fig. 1).

Dispositivos de comando e controle – Dispositivos de comando e controle devem funcionar corretamente, de forma segura. Um simples erro na lógica do comando não pode gerar uma situação de risco.

Comandos – Em comandos (p. ex., alavancas, rodas, teclados), os efeitos dos acionamentos devem ser reconhecíveis inequivocamente, por exemplo, por figura, em mostrador ou por coerência entre os movimentos no acionamento e os efeitos. Há coerência entre os movimentos de acionamento e os efeitos quando um acionamento para a esquerda implica um movimento do dispositivo para a esquerda, e um deslocamento dele para a direita decorre de um movimento de acionamento para a direita. Comandos devem estar fora de áreas de perigos.

Acionamento da máquina – O acionamento de máquinas só pode ocorrer por uma ação deliberada sobre os comandos previstos para essa finalidade, quer dizer, pelo disparar de um tipo de operação.

> Em hipótese alguma uma máquina deve ter possibilidade de entrar em operação por si mesma.

Desligar – Toda máquina precisa ter comandos para seu desligar imediato em caso de emergência. O comando do desligar emergencial deve permanecer nesse estado até que haja intervenção maior para ser desacionado e a máquina poder, novamente, ser colocada em operação (fig. 2).

Escolha do tipo de operação – Os comandos para a escolha do tipo de operação têm primazia sobre os comandos gerais de operação, exceto o de desligar em caso de emergência.

A cada posição do comando para escolha do tipo de operação só deve estar associado um tipo, por exemplo, a operação automática, a operação de preparação, etc. (fig. 3).

> Durante as atividades de preparação e de manutenção algumas funções de proteção precisam estar desativadas, por exemplo, as travas de portas e outras aberturas, enquanto que durante a operação normal devem estar sempre ativas.

Fig. 1: Olhais para a manipulação de um robô

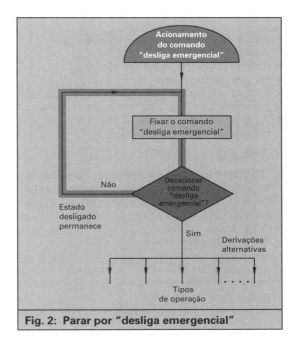

Fig. 2: Parar por "desliga emergencial"

Fig. 3: Escolha de tipo de operação

Perturbações no fornecimento de energia – Uma interrupção no fornecimento de energia (elétrica, hidráulica, pneumática, mecânica) não deve levar a uma situação de perigo. Também o retorno da energia não pode esconder perigos. Então, é preciso tomar medidas de precaução para que, na falta de pressão hidráulica num meio de tensionamento hidráulico, a peça de trabalho não seja arremessada para fora. Em último caso, pode-se instalar uma tela ou grade resistente ao impacto nesse evento.

Estabilidade – As máquinas devem ser robustas e estáveis a ponto de não quebrarem, tombarem, caírem ou se tornarem em algum perigo durante o seu uso intencionado e correto.

Medidas de proteção contra outros perigos
Outros perigos englobam:
- Perigos por causa da tensão elétrica;
- Perigos por carga elétrica;
- Perigos por outras energias que não a elétrica, por exemplo, ruptura de tanque ou cilindro;
- Perigos por defeitos de montagem, por exemplo, falta de um anel de segurança;
- Perigos por temperaturas extremas, por exemplo, alta temperatura da superfície de um motor;
- Perigos de incêndio pelo vazamento de fluido;
- Perigos de explosão, por exemplo, por aspiração insuficiente das poeiras;
- Perigos por ruído;
- Perigos por poeiras;
- Perigos por vibrações;
- Perigos por radiação;
- Perigos por luz de laser ou outras fontes de luz;
- Perigos de pessoas ou partes do corpo serem trancados ou pressionados em máquina;
- Perigos de queda de pessoas por escorregar ou tropeçar.

4.2 Identificação e recomendações de operação

Em toda máquina deve ser colocada a seguinte identificação, de forma legível e que não possa ser apagada:
- Nome e endereço do fabricante,
- Identificação CE[1] (fig. 1),
- Série e tipo,
- Ano de fabricação (fig. 2).

Além disso, é preciso colocar também alertas importantes do ponto de vista da segurança, por exemplo, a carga máxima permissível. Toda má-

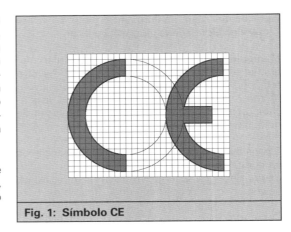

Fig. 1: Símbolo CE

Fig. 2: Identificação de máquina (exemplo)

quina deve ter instruções para operação, que devem conter:
- Uso intencionado, a finalidade;
- Recomendações e dados para pôr em funcionamento, sobre serviços de conservação, montagem e eliminação de perturbações;
- Recomendações sobre ferramentas e materiais adequados.

Também é necessário alertar sobre uso inadequado (mau uso). Às instruções de operação também pertencem documentos para o planejamento de serviços de conservação ou restauração, assim como instruções para a operação segura.

As instruções de operação devem conter:
- O nível de ruído permanente medido em dB(A), se este for acima de 70 dB(A);
- O maior valor da pressão sonora, se esta for acima de 63 Pa;
- O nível de ruído no posto de trabalho, caso este seja maior que 85 dB(A).

---
[1] CE = *controlé Européen* (francês) = testado na Europa.

4.3 Normas europeias de segurança

Resumo

As normas europeias de segurança são subdivididas em:

- Normas A – normas básicas,
- Normas B – normas de grupos,
- Normas C – normas de produtos.

As **normas A** contêm conceitos e determinações. A este grupo pertencem DIN EN 292 "Segurança de máquinas – conceitos básicos e fundamentos genéricos" e DIN EN 1050 "Segurança de máquinas – diretrizes para avaliação de riscos".

As **normas B** derivam das normas A para as diferentes áreas de aplicação. A este grupo pertence, por exemplo, a norma DIN EN 60204-1 "Aparelhamento elétrico de máquinas".

As **normas C** contêm sentenças sobre aspectos de segurança, por exemplo, para máquinas-ferramentas e robôs. Muitas dessas normas ainda estão em elaboração. Com isso, fabricantes, fornecedores e usuários de máquinas ainda precisam garantir a segurança requerida com base nas normas A e B. Estão previstas cerca de 650 normas C para máquinas.

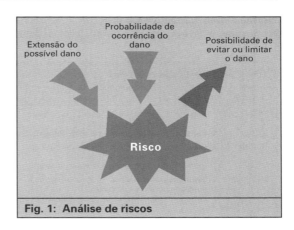

Fig. 1: Análise de riscos

Análise de riscos

Máquinas escondem riscos por causa de sua constituição e das tarefas que executam (fig. 1). Por isso, a diretriz europeia para máquinas requer uma avaliação dos riscos, para o que as normas A servem de auxílio. A norma DIN EN 292 descreve os riscos a observar e os preceitos construtivos para eliminar os riscos. DIN EN 1050 descreve o procedimento para a avaliação e eliminação dos riscos para o alcance da segurança. Esse procedimento é um processo interativo com algumas repetições de passos (fig. 2).

A análise de riscos engloba:

- Determinação dos limites da máquina;
- Identificação dos riscos;
- Procedimento para estimação dos riscos.

Avaliação dos riscos

Na avaliação dos riscos é preciso esclarecer se há necessidade de redução dos riscos (por medidas de proteção, por exemplo). Nesta avaliação é necessário considerar a extensão de um possível dano e a probabilidade de esse dano se manifestar ou materializar.

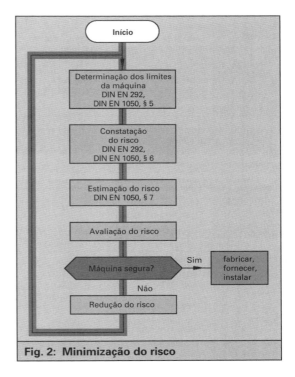

Fig. 2: Minimização do risco

O fabricante de uma máquina é obrigado a fazer uma análise dos perigos e levantar todos os perigos possíveis relacionados com a máquina. Sob consideração dessa análise deve, então, conceber, desenvolver e fabricar a máquina.

206   4 Diretriz para máquinas da União Europeia (UE)

Normas importantes A e C
As normas mais importantes para a fabricação estão nas tabelas 1 e 2.

Tab. 1: Normas importantes A

Norma	Nome	Norma	Nome
EN 292-1	Segurança de máquinas – conceitos básicos, diretrizes genéricas de projeto Parte 1: Terminologia básica, metodologia	EN 574	Segurança de máquinas – acionamento com duas mãos – aspectos funcionais – diretrizes de projeto
EN 292-1	Segurança de máquinas – conceitos básicos, diretrizes genéricas de projeto Parte 2: Diretrizes técnicas e especificações	EN 614-1	Segurança de máquinas – diretrizes ergonômicas de projeto Parte 1: conceitos e diretrizes básicas
EN 292-2/A1	Segurança de máquinas – conceitos básicos, diretrizes genéricas de projeto Parte 2: Diretrizes técnicas e especificações	EN 626-1	Segurança de máquinas – redução de risco à saúde por substâncias perigosas emitidas por máquinas Parte 1: Fundamentos e determinações para fabricantes de máquinas
EN 294	Segurança de máquinas – afastamentos seguros para o não alcance de pontos de perigo com os membros superiores	EN 692	Prensas mecânicas – segurança 7 Referência: 89/392/EWG M
EN 294	Segurança de máquinas – afastamentos mínimos para evitar a compressão (esmagar) de partes do corpo	EN 811	Segurança de máquinas – afastamentos seguros para o não alcance de pontos de perigo com os membros inferiores
EN 418	Segurança de máquinas – dispositivos de desliga emergencial, aspectos funcionais – diretrizes de projeto	EN 953	Segurança de máquinas – protetores (separação) – requisitos genéricos para projeto e construção de protetores fixos e móveis
EN 457	Segurança de máquinas – perigos acústicos – requisitos genéricos e teste (ISO 7731:1986, modificada)	EN 954-1	Segurança de máquinas – peças de comando com função de segurança Parte 1: diretrizes básicas
EN 457-1	Segurança de máquinas – medidas do corpo humano – Parte 1: Fundamentos para determinação de dimensões de acessos a postos de trabalho	EN 60204-1	Segurança de máquinas – agregados elétricos de máquinas Parte 1: requisitos genéricos

Tab. 2: Normas importantes C

Norma	Nome	Norma	Nome
Máquinas para a transformação de madeira – segurança		**Segurança de aparelhos de comando em cavalete**	
EN 1152	• Protetores para eixos articulados – teste de desgaste e de resistência (DIN EN 1152:1994-12)	EN 528	• Aparelhos de comando em cavalete – segurança
prEN 12965	• Eixos articulados e suas proteções	**Transportadores internos (corredores) – segurança**	
Máquinas para borracha e sintéticos – segurança		EN 281	• Meios de transporte internos mecanizados com assento do condutor, regras para projeto e alocação de pedais
EN 201	• Máquinas de fundição injetoras		
EN 289	• Prensas e prensas injetoras para borracha e sintéticos	EN 1175-1	• Parte 1: requisitos elétricos para meios de transporte interno movidos a bateria
EN 1114-1	• Extrusora e instalações para extrusão Parte 1: extrusora	EN 1175-3	• Parte 3: requisitos elétricos para sistemas elétricos de transmissão de força de meios de transporte interno com motor a combustão
EN 12012-1	• Máquinas para britar Parte 1: moinhos de corte	EN 1726-1	• Segurança de meios de transporte internos
prEN 12103	• Calandras	**Máquinas de fundição**	
EN 1612-1	• Misturadores e dosadores	EN 869	• Requisitos de segurança para plantas de fundição de metais e com pressão
Máquinas para embalar – segurança		EN 710	• Requisitos de segurança de plantas e máquinas de fundição (obtenção de forma e núcleo)
prEN 415-1	• Segurança de máquinas para embalar		
	• Parte 1: terminologia e classificação de máquinas para embalar e agregados	prEN 1247	• Requisitos de segurança de panela de fundição, máquinas de fundição com extrusão e centrifugação
EN 415-2	• Parte 2: máquinas para embalar em embalagens pré-preparadas e estáveis em sua forma	prEN 1248	• Requisitos de segurança de instalações para propulsão a jato
EN 415-4	• Parte 4: empilhadeiras e desempilhadeiras	**Robô industrial**	
Guindastes – segurança		EN 775	• Robô industrial – segurança
EN 12077-2	• Parte 2: Dispositivo de limitação e mostradores		

5 Gestão ambiental (GA)

5.1 Proteção ambiental em empresas

Nas últimas décadas, cresceu muito a compreensão das pessoas e, consequentemente, das empresas sobre a necessidade de proteger melhor o ambiente.

> Nenhuma empresa, gestor ou ocupante de cargo funcional vai negar a veracidade da frase: "Nós não herdamos o meio ambiente de nossos pais, mas o tomamos emprestado de nossos netos." Ninguém nega a obrigatoriedade de nossa geração deixar para filhos e netos um meio ambiente em que possam viver.

Para a empresa orientada por proteção ambiental, bem como para seus empregados, isso significa analisar sua responsabilidade do ponto de vista ambiental, reconhecer as áreas problemáticas, documentar a situação atual e fazer todo esforço no sentido de obter melhorias.

Para isso, não basta considerar apenas os processos produtivos, mas toda a cadeia de processos da empresa. Em toda parte é possível identificar e reduzir cargas ambientais, tanto em métodos de trabalho, matérias-primas e materiais utilizados, nos produtos fabricados e usados, até o descarte deles. Os limites permissíveis são especificados em diversos dispositivos legais sobre proteção ambiental, abrangendo as áreas ar, água, solo e resíduos.

> Vale o princípio:
> Evitar e reduzir cargas ambientais!

A consciência ambiental que se iniciou em 1960 resultou no desenvolvimento de uma série de instrumentos legais por parte das instâncias políticas. Hoje há prescrições em todos os níveis legais. A tabela 1 traz a legislação pertinente desde o direito constitucional, passando pelas leis nacionais e dos estados, até as prescrições municipais.

Também o cliente requer, ao lado dos requisitos funcionais, de segurança e confiabilidade, que os produtos tenham sido fabricados de forma ambientalmente correta. Juntamente com os requisitos de qualidade, a garantia da proteção ambiental ou da compatibilidade ambiental do produto tem peso igual numa concepção de qualidade total da empresa.

Os requisitos do produto que se referem à sua compatibilidade ambiental podem ser entendidos como requisitos de qualidade, uma vez que nela podem estar contidas muitas especificações ambientalmente relevantes. Na figura 1 estão, com exemplos, os principais componentes a que se referem os requisitos de compatibilidade ambiental.

Tab. 1: Leis e prescrições

Constituição e leis nacionais
- Lei básica
- Lei sobre proteção de imissões
- Lei sobre resíduos
- Lei sobre a gestão da água

Leis estaduais, Constituição
- Lei estadual sobre proteção de imissões
- Lei estadual sobre resíduos
- Lei estadual sobre águas
- Regulamentos regionais
- Regulamentos municipais
- Regulamentos associados para uma mesma finalidade

Prescrições
- Prescrição federal sobre imissões
- Prescrição sobre óleos usados
- Prescrição sobre embalagens
- Prescrição sobre controle de resíduos remanescentes
- Prescrição sobre nomeação de responsáveis ambientais
- Prescrição sobre uso de resíduos

Fig. 1: Compatibilidade ambiental de produtos e empresas

5.2 Gestão empresarial orientada para o ambiente

A proteção ambiente em empresas foi vista, primeiro, como tarefa da produção, mas, depois da publicação de normas e prescrições sobre gestão ambiental como EMAS e a ISO 14001, a visão da problemática foi ampliada. Hoje há áreas de gestão no centro das atenções, reguladas por prescrições legais europeias ou normas e acordos internacionais.

Em primeiro plano estão agora tarefas de gestão, como planejar, decidir, realizar, controlar e melhorar. Trata-se de definir objetivos e programas ambientais próprios para atender e, preferencialmente, sobrepujar os requisitos ambientais legais e outros aplicáveis. Sistemas de gestão ambiental (SGA) fornecem a moldura perfeita para isso, uma vez que os decursos organizacionais já são conhecidos da gestão da qualidade. A política ambiental deve atender a certos requisitos de acordo com as normas ambientais.

Fig. 1: Efeitos na implementação de SGA

Tab. 1: Série de normas ISO 14000

ISO 14001: Sistemas de gestão ambiental – especificação com instruções de uso	ISO 14040: Gestão ambiental – balanço ambiental – princípios e requisitos básicos
ISO 14004: Sistemas de gestão ambiental – guia geral de princípios, sistemas e suporte técnico	ISO 14041: Gestão ambiental – balanço ambiental – definição de objetivos, abrangência e balanço material
ISO 14010: Guias para auditorias ambientais – princípios gerais	ISO 14042: Gestão ambiental – balanço ambiental – estimativa dos efeitos/impactos
ISO 14011 Guias para auditorias ambientais – procedimentos de auditoria, auditoria de sistemas de gestão ambiental	ISO 14043: Gestão ambiental – balanço ambiental – interpretação
ISO 14012 Guias para auditorias ambientais –critérios de qualificação de auditores ambientais	ISO /TR 14047: Gestão ambiental – balanço ambiental – interpretação
ISO 14015: Gestão ambiental – avaliação ambiental de filiais e organizações	ISO /TS 14048: Gestão ambiental – balanço ambiental – documentação do balanço material
ISO 14020: Rotulagem e declarações ambientais – princípios básicos	ISO 14049: Gestão ambiental – balanço ambiental – exemplos de aplicação da ISO 14041 (abrangência e balanço material)
ISO 14021: Rotulagem e declarações ambientais – autodeclaração ambiental (rotulagem tipo II)	ISO 14050: Gestão ambiental – termos
ISO 14024: Rotulagem e declarações ambientais – rotulagem ambiental do tipo I – generalidades e procedimento	ISO /TR 14061: Informações para apoio do setor florestal na aplicação das normas ISO 14001 e 14004 Sistemas de gestão ambiental
ISO /TR 14025: Rotulagem e declarações ambientais – declaração ambiental tipo III	ISO 14062: Gestão ambiental – diretrizes para integração de aspectos ambientais no desenvolvimento de produtos
ISO 14031: Gestão ambiental – avaliação de desempenho ambiental - diretrizes	ISO / WD 14063: Gestão ambiental – balanço ambiental – comunicação ambiental – diretrizes e exemplos
ISO /TR 14032: Gestão ambiental – exemplos de avaliação de desempenho ambiental	ISO / WD 14064: Gestão ambiental – medição, relato e verificação de emissões de gases com efeito estufa

5.3 Sistema de gestão ambiental segundo NBR ISO 14001:2004

A primeira edição da norma internacional NBR ISO 14001 saiu em 1996 e fixa os requisitos de um sistema de gestão ambiental. Ela pode ser aplicada a empresas de qualquer tipo e tamanho e sob todas as condições geográficas, culturais e sociais. Os pontos mais importantes da norma são: política ambiental, planejamento, implementação e realização, controle e medidas corretivas, avaliação pela alta administração, tudo isso do ponto de vista da melhoria contínua (fig. 1).

Comparável ao sistema de gestão da qualidade, com que se pretende disseminar amplamente a qualidade empresarial, o sistema de gestão ambiental tem a finalidade de tornar imperativos os requisitos da proteção ambiental. A integração duradoura da proteção ambiental no dia-a-dia da empresa será perfeita se for carregada conjuntamente por todos os envolvidos: direção da empresa, empregados e representantes das diversas categorias de interessados (fig. 2).

Fig. 2: Proteção ambiental "carregamos" conjuntamente

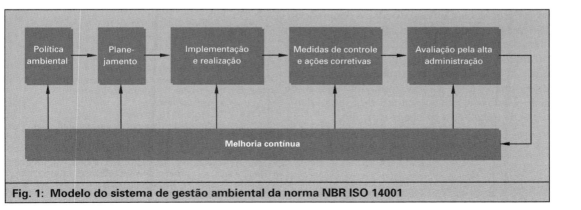

Fig. 1: Modelo do sistema de gestão ambiental da norma NBR ISO 14001

Os objetivos principais na implementação de um sistema de gestão ambiental segundo a NBR ISO 14001 são:

1. A melhoria da proteção ambiental da empresa com estruturas gerenciais e processos adequados. Nisso se espera o uso efetivo de novas tecnologias mais limpas para garantir um desenvolvimento que preserve o meio ambiente de forma duradoura.
2. O sistema de gestão ambiental integrado objetiva melhorias ambientais em toda a empresa, não se restringindo a algumas instalações ou meios a preservar, emitindo menos.
3. O controle e a divulgação sistemática dos impactos ambientais de atividades, produtos e serviços devem garantir o desempenho ambiental requerido da empresa.

Os benefícios para a empresa estão na minimização dos riscos, na redução de custos, na melhoria da competitividade e da própria organização (tab. 1).

Deve haver uma forte inter-relação entre os sistemas de gestão ambiental e da qualidade, uma vez que requisitos de proteção ambiental são parte dos requisitos supremos da qualidade. Por outro lado, requisitos da qualidade fazem parte da proteção ambiental. Por isso, as duas normas têm uma estrutura semelhante, o que facilita a integração dos sistemas. A comparabilidade é a base para o desenvolvimento de um sistema integrado de gestão que amalgama os dois sistemas e a aplicação dele é orientada por processos.

Tanto faz se garantia da qualidade, proteção ambiental ou segurança do trabalho – em empresas, sempre é preciso planejar, conduzir, controlar e melhorar processos. Com isso, pode-se obter eficientemente resultados de boa qualidade, preservando o ambiente e de forma segura e responsável. Esse objetivo é alcançado com um sistema de gestão que tem procedimentos e estruturas para trabalhadores motivados e competentes. A integração de sistemas de gestão na organização dificulta a duplicação de trabalhos e aproveita sinergias.

Tab.1: Benefícios de sistemas de gestão

Minimização de riscos
- Cumprimento das leis e prescrições
- Redução de danos por transparência
- Capacidade de ação e limitação de danos em eventos fora de rotina
- Redução do risco de responsabilização civil
- Melhoria da segurança do trabalho

Redução de custos
- Economias em energia, matérias-primas e tratamentos e deposição final
- Redução da necessidade de saneamentos caros
- Eliminação de reivindicações de direitos civis e penais
- Vantagens na contratação de seguros e obtenção de créditos
- Obtenção de recursos públicos de fomento

Competitividade e vantagens competitivas
- Imagem positiva da empresa, posição de vanguarda
- Rapidez na obtenção de licenciamentos
- Vantagens nas ofertas em relação à concorrência
- Asseguração da empresa a longo prazo
- Atendimento dos requisitos dos clientes

Melhorias organizacionais
- Processos transparentes
- Eficiência, proceder sistemático
- Motivação dos trabalhadores
- Alcance dos objetivos com ferramentas de gestão
- Documentação abrangente

Tab. 2: Estrutura da NBR ISO 14001

1.	Objetivo
2.	Referências normativas
3.	Termos e definições
4.	Requisitos do sistema de gestão ambiental
4.1	Requisitos gerais
4.2	Política ambiental
4.3	Planejamento
4.3.1	Aspectos ambientais
4.3.2	Prescrições legais e outros requisitos
4.3.3	Objetivos, metas e programas
4.4	Implementação e operação
4.4.1	Recursos, funções, responsabilidades e autoridades
4.4.2	Competência, treinamento e conscientização
4.4.3	Comunicação
4.4.4	Documentação do SGA
4.4.5	Controle dos documentos
4.4.6	Controle operacional
4.4.7	Preparação e resposta a emergências
4.5	Verificação
4.5.1	Monitoramento e medição
4.5.2	Avaliação do cumprimento de legislação
4.5.3	Não conformidade, ação corretiva e ação preventiva
4.5.4	Controle de registros
4.5.5	Auditoria do sistema de gestão ambiental
4.6	Avaliação
Anexos	
A	Orientações para uso desta norma internacional
B	Correspondência entre NBR ISO 14001:2004 e NBR ISO 9001:2000
C	Bibliografia

5.4 Da política ambiental ao programa ambiental

Convém salientar que a norma internacional NBR ISO 14001 não coloca requisitos absolutos ao desempenho ambiental da empresa, exceto a obrigação de cumprir a legislação e prescrições aplicáveis e o compromisso com a melhoria contínua, já contidos na política ambiental. Da estrutura da norma depreende-se que a política ambiental e os objetivos ambientais autodefinidos fornecem a base para a realização, o controle e a avaliação (tab. 2).

No ponto 4.2 da norma requer-se, referente à política ambiental:

"A alta administração deve definir a política ambiental da organização e assegurar que, dentro do escopo definido de seu sistema de gestão ambiental, a política

a) seja apropriada à natureza, escala e impactos ambientais de suas atividades, produtos e serviços,
b) inclua um comprometimento com a melhoria contínua e com a prevenção de poluição,
c) inclua um comprometimento em atender às prescrições legais aplicáveis e outros requisitos subscritos pela organização que se relacionem a seus aspectos ambientais,
d) forneça uma estrutura para o estabelecimento e análise dos objetivos e metas ambientais,
e) seja documentada, implementada e mantida,
f) seja comunicada a todos que trabalham na organização ou que atuem em seu nome,
g) seja disponível para o público."

Um exemplo da prática empresarial são as diretrizes ambientais de um fabricante de pneus:
"Nossa postura de referência é compatibilizar os desejos dos clientes, as necessidades ambientais e os interesses de nossa empresa. Com isso, proteção ambiental passa a ser parte obrigatória em nossas atividades empresariais. Sucesso econômico e responsabilidade ambiental não são contraditórios para nós. Nossos trabalhadores estão engajados em dar sua contribuição pessoal para a proteção ambiental.

- Já na concepção de nossos produtos e processos é garantido que cargas ambientais sejam evitadas o quanto possível, emissões e resíduos sejam reduzidos e recursos sejam preservados.
- Na produção aplicamos sempre as melhores tecnologias disponíveis, desde que economicamente viáveis.
- Prescrições legais e normas internas de comportamento são observadas.
- Influenciamos nossos fornecedores e demais parceiros de negócios para que apliquem as mesmas normas e requisitos ambientais que nós.
- Mantemos diálogo aberto sobre questões ambientais de nossa empresa com nossos clientes, com órgãos públicos e a sociedade em geral.
- A realização de nossa política ambiental e a concretização de nossos programas ambientais (fig. 1) são constantemente avaliadas. Correções necessárias são imediatamente introduzidas."

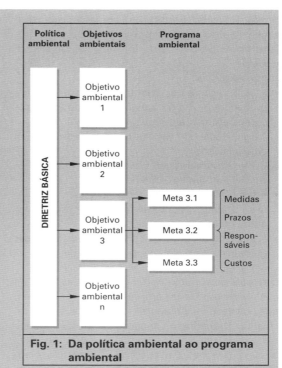

Fig. 1: Da política ambiental ao programa ambiental

5.5 Implementação da norma

No programa ambiental estão estabelecidas as medidas organizacionais e técnicas a serem implementadas nas diversas áreas da empresa. Como essas medidas são diferentes de empresa a empresa, pois dependem da estrutura organizacional e dos impactos ambientais causados, trata-se aqui somente do procedimento gerencial na implementação de tais medidas. Requer-se que essa implementação não seja tarefa de uma pessoa, no caso o responsável ambiental, mas que seja atribuição de toda a gestão, abrangendo todos os níveis (fig. 1).

Na organização de pequenas e médias empresas, mostrou-se sensato juntar a função proteção ambiental com outras funções transversais na empresa, como qualidade total e segurança do trabalho (fig. 2). O aproveitamento de sinergias existentes, por exemplo, nas áreas de desenvolvimento de recursos humanos e documentação de processos, simplifica e padroniza os procedimentos. Então, também se fala em sistema integrado de gestão (fig. 1, página seguinte).

Para a implementação de um sistema de gestão ambiental, é preciso reconhecer e documentar todos os processos com relevância ambiental, como planejamento de produtos, planejamento da produção, aquisição, os muitos processos de fabricação e outras tarefas empresariais. É preciso projetar esses processos de forma ambientalmente correta.

A norma requer:
- A elaboração e documentação de instruções de procedimentos e de trabalho para todos os processos ambientalmente relevantes;
- A introdução de procedimentos padronizados de aquisição;
- O monitoramento e o controle de todos os processos ambientalmente relevantes;
- A consideração explícita dos aspectos ambientais no planejamento de novos processos, produtos ou instalações;
- A determinação de indicadores que possam ser medidos, como o consumo de energia.

Direção da empresa
Fixar política ambiental, tomar decisões básicas, esclarecer responsabilidades, escolher sistema de informações.

Gestores intermediários
Definir objetivos ambientais, assegurar a realização dos objetivos, controlar os resultados, relatar, organizar treinamentos/qualificação.

Nível operacional
Executar medidas, levantar dados, dar *feedback*, fazer proposta de melhoria, otimizar procedimentos.

Fig. 1: Tarefas dos 3 níveis de gestores

Fig. 2: Qualidade, segurança do trabalho, meio ambiente

Um fator de suma importância para o sucesso da gestão ambiental na empresa é a comunicação, que abastece os tomadores de decisões e os participantes (trabalhadores) com informações, dados e fatos necessários para a execução de suas tarefas. Para isso é necessária uma estrutura em rede, fornecida por sistemas auxiliados por computador. A realização da política ambiental e dos objetivos ambientais só será bem-sucedida se cada trabalhador tiver condições de participar ativamente, pensando e agindo junto. São necessários consciência e sensibilização ambiental e o desenvolvimento de uma cultura do agir ambientalmente correto.

5.5 Implementação da norma

Sistema de gestão da qualidade
NBR ISO 9001

TQM
Total Quality Management

Requisitos de gestão
Objetivos
Realização
Processos

Sistema de gestão ambiental
NBR ISO 14001

EMAS
Eco Management and Audit Scheme

Requisitos de gestão
Objetivos
Realização
Processos

Sistema de gestão da segurança do trabalho

OHRIS
Occupational Health and Risk Management

Requisitos de gestão
Objetivos
Realização
Processos

Sistema de gestão integrado

Requisitos de gestão
Objetivos
Realização, efeitos de sinergia
Áreas de atuação

Processos e descrição de processos

Fig. 1: Sistema integrado de gestão

5.6 Projeto de implementação

A construção de um sistema de gestão ambiental abrange a estruturação organizacional de toda a empresa. Na maioria dos casos, o primeiro sistema de gestão na empresa é o da qualidade, e as estratégias lá aplicadas são comparáveis ao que é necessário aqui. Na introdução de um sistema de gestão da segurança do trabalho, são afetados todas as áreas, cada trabalhador, todos os processos internos e também aqueles que ultrapassam os limites da empresa.

O tempo de implementação de um SGA difere de empresa a empresa, pois depende do setor e do tamanho da empresa, como também da estrutura organizacional dela. Na fase de instalação do SGA, é possível utilizar elementos do sistema de gestão da qualidade. Em todo caso, pré-requisito para a implementação bem-sucedida do SGA é um planejamento orientado por objetivos. A moldura para isso vem da gestão de projetos, um instrumento de gestão com que se realiza com sucesso um projeto bem definido, num tempo determinado e com certos recursos. A gestão de projetos pode ser representada por um fluxograma, orientado pela estrutura da empresa (fig. 1, página seguinte).

As fases do projeto (primeiro nível) são:
- Largada do projeto,
- Análise da situação,
- Objetivos e programas,
- Realização,
- Verificação da ações/medidas.

As subdivisões são:
- Passos do projeto (nível 2),
- Conjuntos de tarefas (nível 3).

Os passos de projeto não precisam ser realizados, necessariamente, um após o outro; é possível trabalhar em mais passos simultaneamente. Após a conclusão de cada passo, é necessário verificar se se pode ir ao passo seguinte, ou se o passo deve ser repetido, ou ainda se é necessário voltar a algum passo anterior. Os passos do projeto (nível 2) são um detalhamento das 5 fases do nível 1. Essa divisão pode ser útil para a atribuição adequada das responsabilidades na direção da empresa. Os passos do nível 2 têm significado especial para o grupo de projetos responsável pela implementação do SGA. No terceiro nível é feita a discriminação das tarefas individuais, e conjuntos dessas tarefas podem ser realizados em paralelo sempre que as condições da empresa – capacidades financeira e pessoal – o permitirem

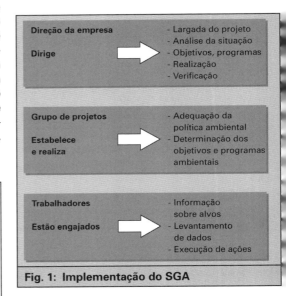

Fig. 1: Implementação do SGA

Recapitulação e aprofundamento
1. Que obrigações tem nossa geração para com nossos netos?
2. Qual o objetivo geral da proteção ambiental?
3. Mencione três leis e três prescrições que tratam da proteção ambiental.
4. Mencione duas normas importantes que fundamentam um sistema de gestão ambiental.
5. A estrutura da norma NBR ISO 14001 é semelhante à de outra norma de gestão. Qual?
6. Quem estabelece a política ambiental de uma empresa?

5.6 Projeto de implementação

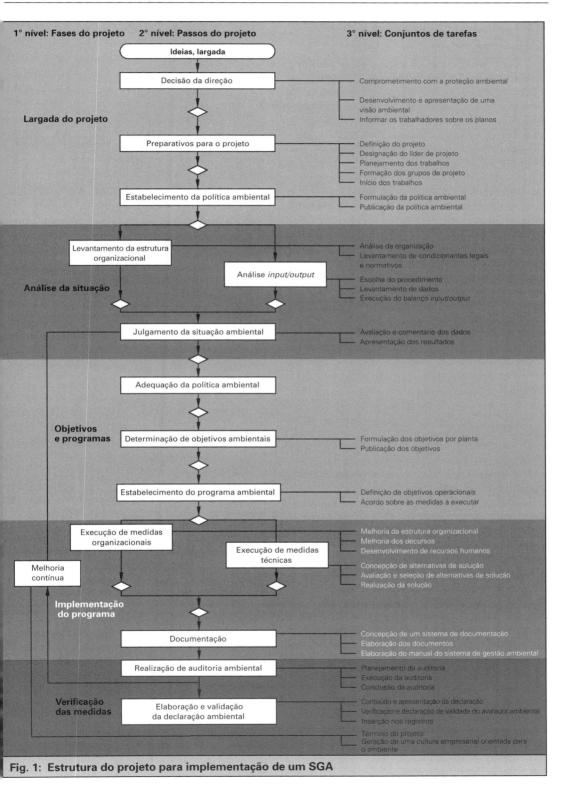

Fig. 1: Estrutura do projeto para implementação de um SGA

5.7 Análise das entradas e saídas – Balanço

A análise das entradas e saídas de um empresa consiste na verificação da situação ambiental dela, cujo conhecimento é imprescindível para o planejamento e a implementação de programas ambientais e também para a implementação de um sistema de gestão ambiental. O resultado da análise evidencia as áreas-problema e é a base para a definição de objetivos ambientais. Para o reconhecimento de pontos fracos e a definição de medidas para a eliminação deles são imprescindíveis um levantamento exaustivo e a documentação dos dados ambientalmente relevantes.

A abrangência e a profundidade dessa análise determinam a abrangência do projeto de proteção ambiental a ser planejado. O levantamento da situação atual encerra todas as áreas da empresa, incluindo, além das áreas produtivas, as administrativas. O levantamento dos dados ocorre em diversas contas e subcontas, à semelhança de um balanço empresarial, realizadas comumente em empresas orientadas para o ambiente. Para isso, deve ser desenvolvida uma estrutura de custos adequada às condições da empresa.

Essa estrutura serve de modelo de balanço e com base nela é feito o levantamento. Para garantir que todos os dados ambientalmente relevantes sejam levantados em cada balanço desses, é necessário que o grupo de projetos, inicialmente, analise todos os processos da empresa. Do lado das entradas, são incluídos todos os itens comprados, que devem estar registrados em bancos de dados, como matérias-primas, materiais auxiliares nas operações, materiais perigosos, outros materiais, água, óleos, combustíveis, etc.; no lado das saídas, verificam-se os produtos, os subprodutos, os resíduos, as emissões gasosas, os efluentes líquidos e os rejeitos perigosos que a empresa lança nos meios água, ar, solo, também no ambiente de trabalho. Os balanços incluem também os recursos em trânsito nos processos e tudo que está em estoque, também resíduos e rejeitos armazenados na empresa ou em outros depósitos ambientalmente corretos ou não (fig. 1).

Empresas organizadas têm todas as informações procuradas armazenadas em bancos de dados. É claro que esses levantamentos devem ser feitos com auxílio de sistemas computacionais. Muitos dos dados são agregados nesses balanços

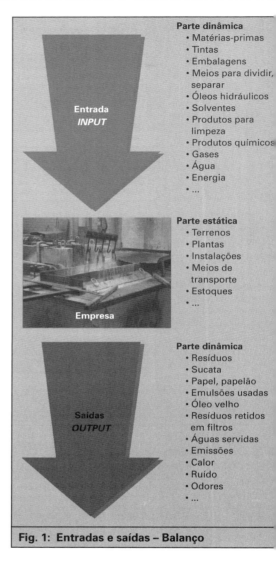

Fig. 1: Entradas e saídas – Balanço

(*input/output*). O balanço tem uma parte estática e outra dinâmica. Na parte estática estão os recursos que permanecem na empresa, não saindo de suas fronteiras. Na parte dinâmica estão todos os recursos materiais e energéticos que ultrapassam as fronteiras da empresa, quer dizer, entram ou saem depois de transformados. Para garantir a comparabilidade dos dados levantados em diferentes balanços, é imprescindível que os procedimentos, as fontes de informações, as assunções e os cálculos feitos a partir destas estejam todos registrados e possam ser repetidos.

5.8   Auditoria ambiental

A prescrição da UE sobre auditoria ambiental (EMAS) de 1993 tem como objetivo:

- O estabelecimento e a implementação de uma política ambiental, de programas ambientais e um sistema de gestão ambiental adequados e específicos para uma dada planta e o fomento da melhoria contínua da proteção ambiental;
- Uma avaliação sistemática, objetiva e regular do desempenho ambiental, bem como a disponibilização de informações sobre a proteção ambiental para a sociedade.

O procedimento prescrito prevê:

1. Estabelecimento da política ambiental;
2. Realização de uma primeira verificação ambiental;
3. Derivação de objetivos ambientais para a melhoria contínua da proteção ambiental;
4. Elaboração de um programa ambiental como reação à verificação ambiental e aos objetivos ambientais;
5. Implementação de um sistema de gestão ambiental;
6. Elaboração de uma declaração ambiental com base na verificação, por um avaliador independente;
7. Declaração de validade da declaração ambiental pela certificação;
8. Inserção na lista das empresas certificadas na publicação anual da UE;
9. Verificação regular da empresa de 3 em 3 anos (reauditoria);
10. Declaração de participação no EMAS vale como certificado de boa proteção ambiental para a planta verificada.

Ao ponto 1, estabelecimento da política ambiental, pertencem a prescrição de objetivos ambientais específicos para a empresa e o cumprimento da legislação e demais prescrições válidas. O conteúdo da política ambiental também deve incluir o compromisso com a melhoria contínua.

O procedimento para a auditoria ambiental segundo a prescrição da UE – com a realização de uma primeira verificação ambiental – consta de uma análise da situação atual em termos de efeitos, fluxos de materiais e de energias, tendo como parâmetro o cumprimento da legislação e de normas aplicáveis. A realização da análise da situação atual, quer dizer, o levantamento dos dados am-

bientais relevantes, com o balanço de materiais, de energias e dos efeitos de ambos (impactos), têm grande significado no sistema de gestão ambiental (tab. 1).

Tab. 1: Primeira verificação ambiental
Análise da situação atual (levantamento dos processos ambientalmente relevantes) • Limites do sistema • Processos técnicos • Organização • Procedimentos de informação e comunicação
Elaborar balanço de massa (descrição) • Análise das entradas e saídas (*input/output*) • Fluxos de materiais, energias, resíduos e emissões • Consumo de água • Emissões gasosas: tipo, composição • Produtos • Critérios de ciclo de vida • Planta local Todos os dados são levantados e descritos.
Balanço dos efeitos (impactos) – apresentação • Efeitos de todos os níveis de processo • Estimação quantitativa • Estimação qualitativa • Efeitos ambientais importantes • Avaliações existentes • Limites legais, diretrizes • Pesquisa dos valores máximos permissíveis dos diferentes grupos de substâncias nos postos de trabalho • Confrontação entre valores medidos com valores-limites de cada grupo de substâncias
Avaliação dos balanços • Contribuição específica à carga ambiental total • Carga crítica • Fatores ecológicos • Cálculo de custos ambientais • Os dados levantados por grupo de substância são avaliados e transformados em indicadores. • Energia • Resíduo • Água • Ar A toxicidade das substâncias deve ser pesquisada. A avaliação dos resíduos se orienta pelos custos de tratamento e disposição deles. O consumo de diferentes energias é somado em kWh.

O objetivo da primeira verificação ambiental é o levantamento de todas as condicionantes à proteção ambiental, bem como a descrição da situação presente.

No balanço de massas (materiais e energias), descrevem-se os fluxos de energias, água, outros materiais, resíduos e emissões gasosas e líquidas ao longo do ciclo de vida do produto. Num passo adiante na auditoria ambiental, faz-se um balanço dos efeitos: estimam-se os perigos e riscos que decorrem dos materiais e das energias processados, tendo como parâmetros de referência os limites toleráveis estabelecidos em normas e prescrições. Na avaliação da primeira verificação ambiental, faz-se uma apresentação comentada dos dados levantados no balanço, com uma interpretação e análise das causas dos problemas atuais.

Dos pontos fracos reconhecidos nessa primeira auditoria ambiental, deriva um catálogo de medidas, estabelecendo-se o que deve ser feito para a melhoria. A implementação e implantação das medidas é comentada e o grau de eficácia é verificado na auditoria ambiental. Além disso, a prescrição para a auditoria ambiental da UE abrange a derivação de objetivos ambientais para a melhoria contínua da proteção ambiental da empresa. Nas figuras 1 e 2 há exemplos de objetivos ambientais a serem realizados (fig. 1 e fig. 2, próxima página).

Planejamento e realização de uma auditoria ambiental
O objetivo principal de auditorias ambientais é a verificação sistemática, objetiva e documentada da efetividade de um sistema de gestão ambiental. Elas constituem o instrumento mais importante para a avaliação do desempenho ambiental de uma empresa. Auditorias ambientais ou auditorias do sistema de gestão ambiental são classificadas como verificações ambientais da empresa no EMAS. Tanto a norma NBR ISO 14001 quanto a prescrição do EMAS contêm muitos requisitos detalhados de auditorias ambientais no que diz respeito a conteúdo e decurso. Inicialmente, são determinados os objetivos da auditoria, que devem abranger o desempenho ambiental global da empresa e de todo o sistema de gestão ambiental.

Fig. 1: Objetivo ambiental: economizar energia

Fig. 2: Objetivo ambiental: economizar água

Auditoria ambiental significa:
- Avaliação do sistema de gestão ambiental existente;
- Constatação da adequação do sistema para a implementação da política ambiental;
- Constatação de até que ponto a empresa alcança seus objetivos ambientais formulados;
- Verificação do atendimento à legislação e a normas aplicáveis;
- Verificação do uso das melhores tecnologias existentes para a implementação da política ambiental, desde que economicamente viáveis.

5.8 Auditoria ambiental

Depois é elaborado um plano da auditoria que, ao lado dos objetivos da auditoria, fixa:
- As pessoas que devem participar da auditoria;
- As áreas e divisões a serem auditadas;
- Os documentos, dados e prescrições de referência;
- Um cronograma da auditoria.

Realização da auditoria

A realização da auditoria inicia com uma reunião de trabalho do grupo de auditoria com o objetivo de rever e refinar o objetivo, o decurso e a abrangência da auditoria. Com base no plano de auditoria, segue a coleta de informações, dados, provas e documentos necessários para a avaliação da gestão ambiental. Verifica-se, em seguida, a completude e precisão das informações e dos dados levantados. Como referenciais, têm-se:
- A política ambiental da empresa e os objetivos ambientais;
- As prescrições normativas aplicáveis;
- Os requisitos da NBR ISO 14001 e do EMAS.

Finalização da auditoria

O auditor elabora um relatório por escrito, anteriormente acordado com o grupo de auditoria, e que consiste de uma documentação completa dos fatos e dados levantados e das conclusões que puderam ser tiradas deles. O relatório contém indicações sobre:
- Objetivos da auditoria ambiental;
- Conteúdo e abrangência da auditoria ambiental;
- Denúncia de desvios constatados em relação a normas, instrumentos legais e requisitos da empresa;
- Descrição de melhorias ambientais relevantes, mas também de situações em que os aspectos e/ou impactos ambientais pioraram;
- Estimativa da efetividade do sistema de gestão ambiental;
- Propostas de ações de melhoria.

A direção da empresa, as áreas auditadas e os grupos de projetos ambientais são informados sobre os resultados da auditoria. Essas mesmas pessoas decidem sobre as ações corretivas a tomar para corrigir os desvios, atribuem responsabilidades, disponibilizam recursos e definem prazos para a implantação dessas ações. Dessa forma, a eficácia do sistema de gestão ambiental é controlada e testada e o SGA fornece a estrutura organizacional para a implementação de medidas e a melhoria contínua da empresa orientada para o ambiente.

Fig. 1: Objetivo ambiental: evitar resíduos

Fig. 2: Objetivo ambiental: evitar emissões

A imagem da empresa pode ser alimentada pela publicação da declaração ambiental. A empresa pode solicitar registro na Câmara da Indústria e do Comércio. Mediante uma taxa, a empresa consta entre as orientadas para o meio ambiente nas publicações anuais da UE.

Exemplo da indústria química

Numa empresa fabricante de colas e adesivos, as tarefas devidas à garantia da qualidade, à segurança do trabalho e à proteção ambiental estão intimamente relacionadas. Na empresa, reconheceu-se cedo ser estrategicamente conveniente integrar os temas gestão da qualidade, proteção ambiental e segurança do trabalho num sistema integrado de gestão. Esse sistema abarca as relações em rede dessas áreas e apoia o trabalho em conjunto. Pode-se usar as sinergias. Numa troca regular entre os responsáveis pela qualidade, pela segurança no trabalho e pela proteção ambiental nas diversas plantas, pode-se definir procedimentos, objetivos e metas mínimos, e a implementação de medidas pode ser conduzida em conjunto.

O sistema integrado de gestão baseia-se num modelo de processo que torna transparentes os complexos decursos de todos os processos numa descrição detalhada deles. No centro estão os requisitos e desejos dos clientes. As áreas gestão da qualidade, proteção ambiental e segurança do trabalho são consideradas explicitamente em todos os processos empresariais, em forma de processos de gestão e de apoio.

Objetivos ambientais da empresa

O ponto de partida para a definição de objetivos ambientais é uma verificação sistemática de todos os processos de produção e demais processos da empresa, focando os impactos e riscos ambientais. A análise dos resultados levou à formulação de 3 objetivos-cerne:

- Consumo menor de solventes;
- Consumo menor de energia (fig. 1);
- Menos resíduos.

Pretende-se atingir as seguintes reduções em 2 anos, com quantidades produzidas comparáveis:

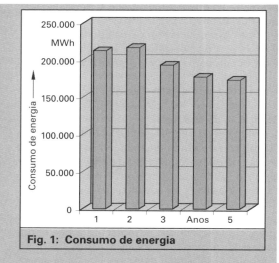

Fig. 1: Consumo de energia

- Uso de solventes   −40%
- Uso de energia   −20%
- Resíduos   −10%

Esses objetivos só podem ser alcançados com trabalhadores engajados em todas as áreas. O programa ambiental da empresa consiste dos programas das plantas individuais e contém continuamente 60 a 80 programas específicos. O programa é conduzido por um grupo da direção da empresa. No final de cada ano, levanta-se a efetividade de cada programa ambiental, comparando-se o obtido com o almejado, especificado nas metas. Os desvios implicam o planejamento de novas ações de melhoria.

Diretrizes ambientais da empresa

- Nossas soluções em forma de produtos (colas e adesivos) geram a menor carga ambiental possível na fabricação, no uso e descarte.
- Fazemos proteção ambiental por iniciativa e responsabilidade próprias e executamos as medidas necessárias para isso.
- Prescrições legais são atendidas e consideradas padrões mínimos.
- Melhoramos continuamente nosso sistema de gestão ambiental, bem como as tecnologias usadas, em trabalho conjunto com órgãos públicos, institutos de pesquisa e associações.
- Evitar, reduzir, reusar resíduos têm prioridade sobre a disposição deles. Recursos de produção escassos – como energia, água e outros recursos naturais – são tratados de forma responsável. Para a proteção de ar, água e solo, tomam-se medidas preventivas contra acidentes possíveis.

Carga ambiental de um pneu[1] de automóvel

O balanço ambiental tem os seguintes objetivos:
1. Representação dos fluxos de materiais e energia nas diversas fases de vida do pneu.
2. Caracterização qualitativa e avaliação de emissões e resíduos que podem ter efeitos (impactos) sobre o ambiente.
3. Detecção dos impactos mais críticos no ciclo de vida do pneu para orientar o estabelecimento de prioridades das ações para a redução das cargas e, em consequência, dos efeitos ambientais.
4. Desenvolvimento de uma ferramenta para a avaliação do consumo de recursos e dos impactos de pneus alternativos (outras matérias-primas e materiais).
5. Quantificação dos impactos ambientais de pneus inservíveis, usados para outras finalidades, por exemplo, na obtenção de energia para a fabricação de novos.
6. Desenvolvimento de um método padronizado para o balanço ambiental de produtos de borracha.

[1] Fonte: balanço ambiental da firma Continental.

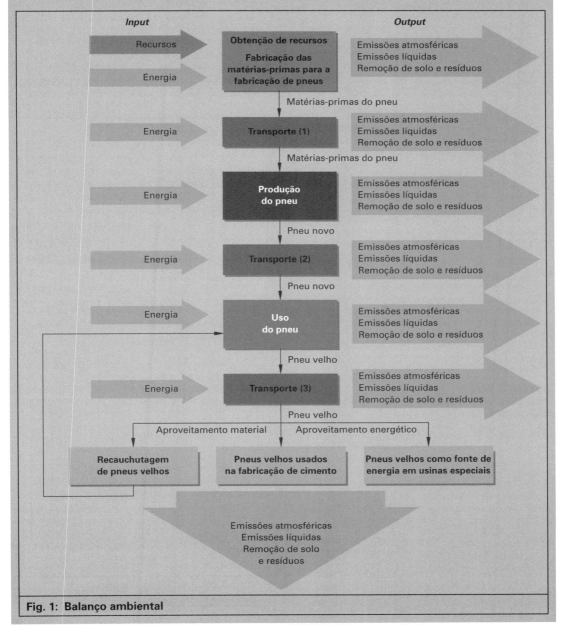

Fig. 1: Balanço ambiental

Na Alemanha estão cerca de 200 milhões de pneus de automóveis em uso. Anualmente são desmontados cerca de 600.000 toneladas de pneus velhos e substituídos por novos ou recauchutados. Em todo o seu ciclo de vida – da obtenção dos materiais brutos até seu aproveitamento como pneu velho –, o produto tem impactos sobre o ambiente.

Módulos do balanço ambiental
1. Fabricação das matérias-primas para pneus, com a obtenção dos materiais brutos: As matérias-primas para pneus são fabricadas de materiais fósseis e minerais e também de recursos renováveis. As características físicas e químicas dessas matérias-primas dão o desempenho funcional ao futuro pneu.
2. Produção do pneu: Das matérias-primas fabricam-se as partes do pneu, unidas num produto bruto, que num processo químico de vulcanização resulta no produto conhecido.
3. Uso do pneu: O pneu faz a ligação entre veículo e pista de rolagem e transmite à pista todas as forças que agem sobre o veículo e que dele decorrem. Essa função define sua construção física e química. Assume-se um veículo de classe mediana, um modo de dirigir mediano, uma quilometragem média e condições de estradas como as europeias para a fase de uso do pneu no balanço ambiental. Considera-se que o pneu está sujeito às condições climáticas da Europa Central. Com a rolagem o pneu sofre um desgaste por atrito com a pista, até que a profundidade do perfil é tão pequena que ele perde sua funcionalidade (aderência) e terá de ser rejeitado.
4. Aproveitamento de pneus velhos: O valor do pneu velho está em sua composição material e seu conteúdo energético, o que permite algumas alternativas de aproveitamento: recauchutagem, material na fabricação de cimento e fonte de energia.
5. Transporte: Entre as fases de vida do pneu em que ocorrem transformações de materiais, estão os transportes necessários. Eles servem à mudança de lugar dos materiais ou produtos. Para o balanço ambiental somam-se, no módulo transporte, todos os transportes, exceto o do pneu velho ao local de aproveitamento.

Balanço material
O balanço ambiental refere-se a um pneu de *rayon* e negro de fumo.
Input: As entradas compreendem o consumo de recursos e as necessidades de ar e água.

• **Necessidade de recursos (fig. 1)**
Na obtenção de recursos fósseis e minerais, sobra rocha estéril como rejeito, com pouca ou nenhuma utilidade. A quantidade de recursos úteis por pneu é de 232 kg, o que corresponde a 28 kg de rocha estéril. Cerca de 88% do consumo total de material ocorrem na fase de uso do pneu; cerca de 6,9% dele são consumidos na obtenção das matérias-primas. Os materiais mais consumidos são sílica, borracha sintética, negro de fumo, e aço.

O recurso petróleo, que entra tanto no balanço material como no energético, importa em 24% do consumo total de recursos na fabricação das matérias-primas. Cerca de 18% da energia necessária para a fabricação das matérias-primas provêm de gás natural. Na produção do pneu, há necessidade de gás natural, derivados de petróleo e carvão, que juntos importam em 29% do consumo de recursos na produção do pneu. Na fabricação do pneu, são consumidos cerca de 4,8% do total de recursos necessários na vida de um pneu. Na fase de transporte, esse consumo é de cerca de 0,2%.

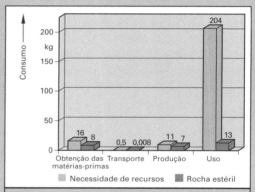

Fig. 1: Consumo de recursos e geração de rocha estéril por pneu de automóvel

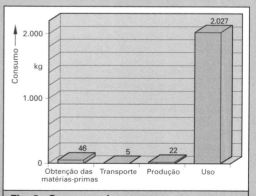

Fig. 2: Consumo de ar por pneu de automóvel

5.8 Auditoria ambiental

- **Necessidade de ar (fig. 2, página anterior)**
  O consumo de ar é principalmente devido à necessidade de oxigênio para a queima de recursos fósseis na obtenção de energia. Considerando que o pneu é peça de um automóvel, a maior parcela está na fase de uso do pneu, com cerca de 96,5% do consumo total de ar na vida do pneu. O resto se distribui entre os módulos do balanço ambiental, como segue:
  - Obtenção de matérias-primas ± 2,2%,
  - Fabricação ± 1,0%,
  - Transporte ± 0,2%.

- **Necessidade de água (fig. 1)**
  O consumo de água é devido às necessidades de água para refrigeração (cerca de 68%), para os processo de fabricação (cerca de 31%) e outros usos diversos (cerca de 0,2%). A água de refrigeração é conduzida em ciclo fechado e pode ser utilizada por um período maior e representa pequena carga ambiental. A água de processo participa diretamente da fabricação do pneu e é tratada como água servida. Em todas as fases de vida do produto pneu, há consumo de água.
  Para a obtenção das matérias-primas do pneu de *rayon* e negro de fumo, o consumo total de água se distribui como segue:
  - Fabricação de borracha sintética – cerca de 63%,
  - Obtenção do *rayon* – cerca de 18%,
  - Fabricação da borracha natural – cerca de 3,1%,
  - Produção do aço – cerca de 5,6%,
  - Fabricação dos outros produtos químicos – cerca de 6,5%.

Output: As saídas do balanço de massa consistem de emissões atmosféricas, efluentes líquidos e resíduos e rejeitos sólidos, no que estão incluídas as partículas que se soltam do pneu por causa da fricção dele sobre a pista de rolagem.

- **Emissões atmosféricas (fig. 2)**
  Nas emissões atmosféricas, o componente determinante é o gás carbônico, com 97% de participação, consistindo o restante de monóxido de carbono (cerca de 1,2%), vapor d'água (cerca de 1,3%), gás metano (cerca de 0,05%), óxido nítrico (cerca de 0,04%) e poeiras (cerca de 0,17%).
  Na fase de uso do pneu, considerando-o parte de um automóvel, é gerada a maior parte das emissões atmosféricas (cerca de 95,4%), sendo essa carga ambiental constituída em 98% de gás carbônico e em cerca de 1,2% de monóxido de carbono. As demais fases de uso do pneu contribuem com parcelas bem menores nas emissões atmosféricas totais:

- Produção do pneu – cerca de 2,5%,
- Obtenção das matérias-primas – cerca de 1,8%,
- Transporte – cerca de 0,3%.

A poeira é gerada principalmente na fase de uso, consiste de partículas de diferentes tamanhos e decorre, sobretudo, da fricção do pneu na pista de rolagem. As partículas são lançadas no ar e depois se depositam no solo. Na fabricação do pneu ocorre a emissão de vapor d'água, gerado nos processos de resfriamento na fabricação da mistura de borrachas.

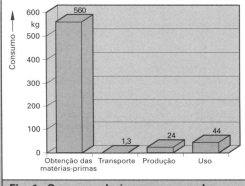

Fig. 1: Consumo de água por pneu de automóvel

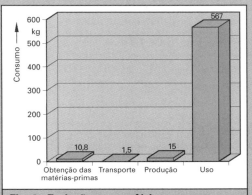

Fig. 2: Emissões atmosféricas por pneu de automóvel

- **Emissões na água (fig. 1)**
 A maior carga ambiental para as águas ocorre na fase de obtenção das matérias-primas (cerca de 94,4%). Nas demais fases de vida do pneu, a carga dos efluentes líquidos é bem menor: transporte ± 2,8%, uso ± 2,8% e produção ± 0,008%. A carga ambiental das águas se deve ao lançamento de íons de cloreto (57,2%), de sulfato (24,6%) e de sódio (14,8%). Esses íons estão, principalmente, nas águas servidas dos processos de fabricação de sílica, *rayon* e borrachas sintéticas.
- **Escombros e resíduos (fig. 2)**
 Na extração de recursos minerais e fósseis tem-se, como subproduto indesejado, rocha estéril. Nas transformações subsequentes para obtenção das matérias-primas de interesse, parte da rocha estéril é quimicamente modificada, resultando em resíduo; a outra parte é tida como escombros. Como a carga ambiental de resíduos e escombros é diferente, mantêm-se as duas categorias no balanço.
 Os escombros são associados em cerca de 76,2% à fase de uso do pneu devido à extração de petróleo para obtenção de combustível, bem como para a obtenção de energia elétrica para o refino do petróleo. Para cada quilograma de gasolina, são gerados 0,23 kg de escombros. Do consumo de combustível de cerca de 186 kg de gasolina por pneu em 50.000 km rodados provém a grande quantidade de escombros na fase de uso do pneu. Na produção do pneu são gerados cerca de 11,9%, e na obtenção das matérias-primas do produto, cerca de 11,8% do total de escombros. Nessa última fase, a maior parcela dos escombros provém da extração do carvão, fonte direta ou indireta (transformada em energia elétrica) de energia para a fabricação. A quantidade de petróleo utilizada para o transporte de pneus é pequena, contribuindo com 0,01% dos escombros.
 Os resíduos ocorrem na obtenção das matérias-primas – cerca de 69,4% – e na produção do pneu – cerca de 26,0%. Os resíduos consistem em cerca de 62% de rejeitos das transformações dos materiais brutos, principalmente de minério de ferro para a fabricação de aço. Cerca de 64 dos resíduos da produção do pneu consistem de lixo comum. A fase de uso contribui com 4,6% na geração total de resíduos em todo o ciclo de vida do produto pneu.

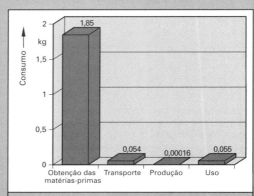

Fig. 1: Carga ambiental das águas servidas por pneu de automóvel

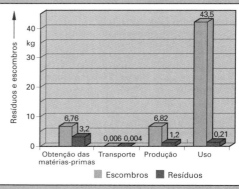

Fig. 2: Resíduos e escombros por pneu de automóvel

Recapitulação e aprofundamento
1. O que significa sistema integrado de gestão?
2. De que 3 partes principais tal sistema se constitui?
3. O que significa efeito de sinergia?
4. De acordo com a norma, a política ambiental de uma empresa terá de ser publicada?
5. Quem é responsável pela implementação da gestão ambiental?
6. O conteúdo da gestão ambiental é o mesmo para todas as empresas e em todo lugar?
7. Quem determina o conteúdo ou os pontos principais da gestão ambiental?
8. Que método deve ser usado continuamente, tendo em vista os requisitos semelhantes das normas da qualidade e ambientais?
9. Quem dá a largada de um projeto ambiental?
10. O que resulta de uma análise das entradas e saídas (*input/output*) de processos?
11. Onde são documentados os muitos dados ambientalmente relevantes de uma empresa?
12. A análise das entradas e saídas considera os fluxos em 3 meios. Quais?
13. De acordo com a norma, que documento deve ser verificado por um avaliador independente no contexto da implementação de um sistema de gestão ambiental?
14. Onde é publicada a certificação obtida?

5.9 Lei sobre economia de ciclo fechado e resíduos (extrato)

Lei para o fomento da economia de ciclo fechado e garantia de descarte ambientalmente adequado de resíduos[1] (9 partes e 4 anexos)

Da parte 2:

§ 4 Fundamentos da economia de ciclo fechado

(1) Resíduos devem ser:
1. primeiramente evitados, em especial pela redução de suas quantidades e nocividade;
2. em seguida,
   a) procura-se aproveitamento material ou
   b) aproveitamento energético deles (obtenção de energia).

(2) Medidas para a evitação de resíduos são, em especial, o fluxo dos materiais em ciclo fechado nos processos de fabricação, a concepção de produtos que geram menos resíduos, bem como um comportamento de consumo que prefere produtos que geram menos resíduos e lançam menos substâncias nocivas no ambiente.

(3) O aproveitamento material consiste em obter matérias-primas de resíduos (matérias-primas secundárias) ou na utilização das características do material para a finalidade original ou para outra finalidade – exceto para a obtenção de energia – substituindo matérias-primas primárias, preservando assim recursos naturais. Trata-se de um aproveitamento material, se o principal objetivo com a ação é o uso do resíduo como fonte de material e não a eliminação de substâncias perigosas ou a redução do potencial de dano dele. A implementação de alguma medida nesse sentido deve passar por uma análise econômica e levar em conta as impurezas (composição) do resíduo.

(4) O aproveitamento energético do resíduo consiste no uso dele como fonte substitutiva de energia; o tratamento térmico de resíduos para sua eliminação se aplica, sobretudo, para lixo doméstico. A decisão sobre a implementação de medidas com o objetivo principal de obter energia ou de simplesmente eliminar (ao menos reduzir) termicamente o resíduo depende da composição – tipo e quantidades – dele, além das emissões decorrentes dos processos a utilizar.

(5) A economia de ciclo fechado inclui também preparação, disponibilização, coleta por sistemas de busca ou traz, transporte, armazenagem e tratamento dos resíduos.

§ 5 Obrigações básicas na economia de ciclo fechado

(1) As obrigações na evitação de resíduos se orientam pelo § 9 e pelas prescrições legais elaboradas com base nos parágrafos 22 e 23.

(2) Os geradores e proprietários de resíduos são obrigados a aproveitá-los, de acordo com o § 6. Se desta lei não se depreende outra coisa, o aproveitamento do resíduo tem prioridade sobre sua eliminação/disposição. É preciso sempre almejar o aproveitamento de maior valor, tendo em vista as características do resíduo. Para atender aos requisitos constantes nos parágrafos 4 e 5, os resíduos para aproveitamento devem ser mantidos e tratados separados dos demais.

(3) O aproveitamento de resíduos, em especial se entrarem na composição de novos produtos, deve transcorrer corretamente, quer dizer, em conformidade com esta lei e outras prescrições legais aplicáveis. O aproveitamento também não pode causar danos ambientais, isto é, considerando-se suas características, composição, grau de impureza e forma de aproveitamento, não é de se esperar perturbações do bem-estar de pessoas, sobretudo, não pode ocorrer um enriquecimento ou aumento da nocividade de substâncias nesse fluxo de materiais.

(4) A obrigação de aproveitar os resíduos não pode ser ignorada, se tecnicamente viável e economicamente exigível, mas sobretudo se há mercado para os materiais e energias obtidos ou se este pode ser criado. O aproveitamento de resíduos é tecnicamente viável também quando há necessidade de um tratamento prévio deles. O aproveitamento de resíduos será ou não economicamente exigível, dependendo da relação entre os custos dele e os custos para a eliminação e/ou disposição final dos resíduos

(5) O aproveitamento do resíduo deixa de ser prioritário em relação à eliminação dele, quando essa última medida for a solução ambientalmente melhor. Nisso é preciso considerar:
1. as emissões esperadas;
2. o objetivo de preservar os recursos naturais;
3. a energia a utilizar ou a obter;

---

[1] A lei sobre economia de ciclo fechado e resíduos é reproduzida aqui em partes e de forma resumida. Para utilização judicial, é necessário usar o texto original na versão atualizada.

5 Gestão ambiental (GA)

4. o aumento de substâncias nocivas em produtos, resíduos aproveitáveis e produtos fabricados com as matérias-primas recuperadas.

(6) Resíduos gerados em atividades de pesquisa e desenvolvimento não são, prioritariamente, reaproveitados.

§ 6 Aproveitamento material e energético

(1) Com resíduos pode-se fazer
1. aproveitamento material → matérias-primas secundárias;
2. aproveitamento energético → fonte de energia.

Entre as duas formas de aproveitamento deve-se dar prioridade à que impacta menos o ambiente, e isso depende das características do resíduo. O governo federal alemão tem poder de determinar o aproveitamento material ou energético para diversos tipos de resíduos.

(2) Quando um aproveitamento energético não tiver sido oficialmente prescrito, ele só é permissível se
1. o poder calorífico do resíduo individual, sem mistura com outras substâncias, for de 11.000 kJ/kg, no mínimo;
2. puder ser atingido um grau de eficiência na queima de, no mínimo, 75%;
3. o calor produzido puder ser utilizado;
4. os resíduos decorrentes do aproveitamento puderem ser depostos sem maiores tratamentos.

Resíduos de materiais renováveis podem ser aproveitados energeticamente se atenderem aos requisitos 2 a 4 acima.

§ 9 Obrigações do empresário

As obrigações dos empresários que dirigem plantas, também as que não precisam de licenciamento ambiental, estão na lei federal sobre emissões e consistem, sobretudo, no planejamento e operação delas de forma a evitar resíduos, aproveitar resíduos ou eliminá-los adequadamente.

§ 10 Fundamentos da eliminação de resíduos de forma ambientalmente correta

(1) Resíduos que não podem ser aproveitados devem ser excluídos da economia de ciclo fechado

e eliminados de forma a preservar o bem-estar da sociedade.

(2) A eliminação de resíduos compreende a disponibilização, a preparação, a coleta, o transporte, o tratamento, a armazenagem e a disposição definitiva deles. No tratamento procura-se reduzir, sobretudo, a toxicidade dos resíduos. Energias e materiais decorrentes do tratamento e da disposição definitiva devem ser utilizados, se possível. O tratamento e a disposição final são próprios para a eliminação de resíduos também quando as energias e os materiais obtidos têm usos de baixo valor.

(3) Resíduos devem ser eliminados no país de origem. As prescrições da UE (Número 259/93) sobre monitoramento e controle do trânsito de resíduos perigosos na UE e o acordo feito na Basileia em 1989 sobre o trânsito e a disposição de resíduos perigosos além das fronteiras continuam valendo.

(4) Resíduos devem ser eliminados de forma que o bem-estar da sociedade não seja afetado. Este está sendo afetado quando houver
1. danos à saúde das pessoas;
2. riscos para vegetais e animais;
3. influências danosas sobre águas e solo;
4. impactos ambientais devidos às emissões gasosas ou ao ruído;
5. desconsideração dos objetivos e requisitos da ordem espacial, das necessidades da proteção ambiental e do urbanismo;
6. risco ou perturbação da segurança e ordem pública.

§ 11 Obrigações fundamentais quanto à eliminação de resíduos

(1) Os geradores ou donos de resíduos não aproveitáveis têm a obrigação de eliminá-los de acordo com as leis vigentes, se não houver outras determinações nos parágrafos 13 a 18.

(2) Os resíduos devem ser mantidos e tratados separados uns dos outros, se assim for necessário para atender aos requisitos do § 10.

§ 16 Terceirização

(1) As entidades obrigadas a aproveitar e eliminar seus resíduos podem terceirizar essas tarefas, continuando a responsabilidade delas quanto ao

5.9 Lei sobre economia de ciclo fechado e resíduos (extrato)

cumprimento de suas obrigações. Os contratados (terceiros) devem ser idôneos e suficientemente confiáveis.

(2) O órgão público competente pode, mediante solicitação e concordância do terceiro, transferir parcial ou totalmente as responsabilidades para esse último, de acordo com os parágrafos 15, 17 e 18, se
1. o terceiro for competente e confiável;
2. o cumprimento das obrigações transferidas estiver assegurado;
3. não houver fortes interesses públicos contrários a isso.

A transferência das responsabilidades de empresas privadas a terceiros requer autorização do órgão público incumbido da eliminação e disposição definitiva de resíduos, segundo o § 15. Nessa concessão, o órgão público deve levar em conta se o solicitante é uma empresa especializada no sentido do § 52 ou uma planta auditada no sentido do § 55a.

(3) Para mostrar que o terceiro atende aos pré-requisitos segundo (2), ele terá de apresentar uma concepção do negócio com os resíduos, que deve conter
1. indicações claras sobre tipos, quantidades e o destino final de resíduos a aproveitar ou eliminar;
2. apresentação das medidas planejadas ou executadas para o aproveitamento de resíduos e a eliminação do restante;
3. apresentação das alternativas de tratamento e disposição de resíduos para os próximos 5 anos, inclusive indicações sobre planejamento de novas plantas com cronograma;
4. caso o aproveitamento ou tratamento e a disposição ocorram fora da Alemanha, os diferentes tipos de resíduos devem ser apresentados separadamente.

Na elaboração do plano de negócios com os resíduos, é necessário considerar o prescrito no § 29. O plano inicial de negócios abrange 5 anos e deve ser continuado e ajustado de 5 em 5 anos, levando em conta as novas exigências do órgão ambiental competente. Após 1 ano de assunção de responsabilidades por terceiros – e depois anualmente –, é preciso fazer e apresentar um balanço dos resíduos com especificação de tipos, quantidades, acumulação e destino final; o órgão público competente pode permitir períodos de balanço diferentes. Nos

casos de eliminação dos resíduos, é necessário justificar o não aproveitamento deles.

(4) A transferência de responsabilidades deve ter prazo limitado. Ela pode ser associada com determinações extras, concedida sob condições específicas ou com a possibilidade de cancelamento a qualquer tempo.

Da parte 3:

§ 22 Responsabilidade civil pelo produto

(1) Quem desenvolve, fabrica, transforma ou distribui bens assume a responsabilidade por eles, para o alcance dos objetivos da economia de ciclo fechado. Para corresponder a essa responsabilidade, os produtos devem ser projetados de forma que em sua fabricação e uso a geração de resíduos seja minimizada e seja assegurado o aproveitamento ou a eliminação ambientalmente corretos do produto na fase de desuso.

(2) Para corresponder à responsabilidade pelo produto, pode-se
1. desenvolver, fabricar e levar ao mercado bens de múltiplos usos, com vida útil longa e adequados para o aproveitamento ou a eliminação e disposição sem maiores danos ambientais;
2. usar, preferencialmente, matérias-primas secundárias na fabricação dos bens;
3. identificar os bens que contêm substâncias danosas para que o aproveitamento e a eliminação de rejeitos possam ser feitos de forma ambientalmente segura;
4. identificar os bens no que diz respeito a devolução, reuso, e possibilidades de aproveitamento ou regulamentos sobre responsabilidades e penhor;
5. receber de volta os bens e eventuais resíduos após o uso para aproveitamento ou disposição final.

(3) No que diz respeito à responsabilidade civil pelo produto, além do que está especificado neste parágrafo e no § 5, devem ser observadas também outras prescrições legais que impliquem responsabilidades em proteção ambiental ou em direitos civis no trânsito livre de mercadorias.

Da parte 4:

§ 27 Regulamento sobre a eliminação

(1) Resíduos só podem ser tratados, armazenados ou dispostos para fins de eliminação em plantas

especialmente licenciadas para isso. O tratamento de resíduos para fins de eliminação é autorizado em plantas que têm, primordialmente, outras finalidades, necessitando de licenciamento segundo o § 4 da lei federal sobre emissões. Há também plantas para tratamento e eliminação de resíduos consideradas insignificantes, que não necessitam desse licenciamento, desde que não haja prescrições contrárias de outra parte legal.

§ 54 Nomeação de um encarregado de resíduos

(1) Empresas com plantas de licenciamento obrigatório segundo o § 4 da lei federal sobre emissões, empresas com plantas em que regularmente são gerados resíduos perigosos e que necessitam de controles rigorosos, empresas com plantas em que se faz seleção, aproveitamento e eliminação de resíduos e donos no sentido do § 26 devem nomear um ou mais encarregados para resíduos, dependendo do tipo, tamanho, por causa

1. dos resíduos que ocorrem e são aproveitados ou eliminados na planta;
2. dos problemas técnicos para evitar, aproveitar e eliminar;
3. da adequação dos produtos ou bens em que são usados recursos (materiais e energias) provenientes do aproveitamento de resíduos, tendo em vista a proteção ambiental imprescindível. O Ministério do Meio Ambiente, Proteção Ambiental e Segurança de Reatores determina quais plantas devem ter encarregados de resíduos.

(2) O órgão ambiental competente também pode ordenar a nomeação de um ou mais encarregados de resíduos, quando justificado pelos tipos de resíduos, por exemplo.

(3) Se, de acordo com o § 53 da lei federal sobre emissões, for necessário nomear um encarregado de emissões ou, de acordo com o § 21a da lei sobre a gestão das águas, for necessário nomear um encarregado de proteção de águas, estes podem assumir também as atribuições e responsabilidades de um encarregado de resíduos.

Da parte 8:

§ 55 Tarefas

(1) O encarregado de resíduos assessora a empresa e seus gestores em questões relevantes na economia de ciclo fechado e na eliminação de resíduos. Ele tem poderes e responsabilidades de

1. monitorar o fluxo dos resíduos desde sua origem ou recebimento na planta até o aproveitamento e a eliminação com disposição final deles;
2. controlar o cumprimento desta lei e de todos os outros dispositivos legais aplicáveis, bem como a implementação de eventuais exigências adicionais dos órgãos ambientais competentes, o que lhe dá acesso a todas as áreas da planta para verificar, regularmente, tipos e características dos resíduos, aproveitamentos e disposição de resíduos, tendo que relatar pontos fracos detectados e sugerir melhorias para eliminá-los;
3. orientar os empregados sobre danos que podem decorrer dos resíduos para eles e a sociedade, a necessidade de seguirem instruções de trabalho seguras e a legislação vigente sobre resíduos, seu aproveitamento e sua eliminação;
4. propor, em plantas com licenciamento obrigatório, o desenvolvimento e a introdução de
   a) processos ambientalmente mais corretos com menos resíduos, inclusive processos para evitar a geração, viabilizar o aproveitamento ou facilitar a eliminação;
   b) produtos ambientalmente mais corretos, que geram menos resíduos, inclusive processos para o reuso, aproveitamento ou eliminação ambientalmente adequada no descarte;
   c) economia de ciclo fechado, contribuindo com a avaliação dos produtos e processos propostos em a e b;
5. propor melhorias nos processos de aproveitamento e eliminação de resíduos em uso.

(2) O encarregado de resíduos relata anualmente sobre os avanços com as medidas implementadas.

(3) Sobre a relação entre o encarregado de resíduos e o empresário ou os gestores da empresa, aplicam-se os parágrafos 55 a 58 da lei federal sobre emissões.

Glossário

Termo	Definição[1]	Explicação
Abrangência da auditoria	Amplitude e limites da auditoria.	Na abrangência define-se o local, as unidades e os processos a serem auditados.
Alta direção	Pessoa ou grupo que dirige a organização no nível mais alto.	Por exemplo, diretor de empresa, gerente de fábrica.
Ambiente de trabalho	Condições sob as quais o trabalho é realizado.	O ambiente de trabalho é influenciado por leis, diretrizes e prescrições.
Área funcional Metrologia	Área funcional com responsabilidade técnica e organizacional para definir o sistema de gestão da medição.	Metrologia é a ciência da medição e da pesagem.
Auditor	Pessoa com características e competência para realizar auditorias.	Há cursos especiais para qualificação de auditores.
Auditoria	Processo de verificação sistemático, independente e documentado do atendimento a critérios de auditoria, para a obtenção de comprovação de auditoria e avaliação objetiva dela.	Auditoria interna: auditoria realizada na organização ou em partes dela por pessoas da própria empresa; auditoria externa: o auditor é externo e independente.
Autorização para exceção	Autorização dada para desviar-se dos requisitos inicialmente fixados durante a realização de um produto.	Tal autorização pode ser dada, via de regra, para uma quantidade limitada de unidades e para um uso específico.
Avaliação	Atividade para verificar adequação e efetividade da unidade sob questão alcançar objetivos definidos.	São utilizados todos os resultados e informações disponíveis.
Capacidade	Adequação de uma organização, um sistema ou um processo realizar um produto.	A capacidade de processos pode ser comprovada com auxílio da estatística.
Característico	Propriedade distintiva	Um característico pode ser quantitativo ou qualitativo.
Característico de qualidade	Propriedade inerente de um produto, processo ou sistema com que atende a requisito de qualidade.	Inerente significa fazer parte da unidade, propriedade permanente.

---

[1] Aegundo NBR ISO 9000.

Característico metrológico	Propriedade distintiva que pode influir sobre os resultados da medição.	Um meio de medição tem, comumente, mais característicos metrológicos.
Classe de expectativa	Categoria ou nível a que se associam diferentes requisitos de qualidade para produtos, processos e sistemas com as mesmas funções.	Por exemplo, hotéis 4 estrelas (categoria) têm o mesmo padrão e oferecem conforto semelhante.
Cliente	Organização ou pessoa que recebe um produto ou serviço.	O tratamento dado ao cliente é um característico de qualidade.
Competência	Características individuais e adequação comprovada para aplicar conhecimentos e capacidades.	Um parceiro competente tem o conhecimento e a capacidade de aplicá-lo, podendo também informar sobre isso.
Comprovação de auditoria	Registros ou outras informações que tornam viável o atendimento aos critérios.	Ela documenta de forma verificável o grau de atendimento aos critérios de auditoria.
Comprovação objetiva	Dados que podem confirmar a existência ou verdade de algo.	Os dados podem ser obtidos por observação, medição, testes ou outros procedimentos.
Condução da qualidade	Parte da gestão da qualidade incumbida do atendimento aos requisitos da qualidade.	Ela define medidas para o alcance dos objetivos da qualidade.
Confiabilidade	Expressão para descrever a disponibilidade e seus fatores de influência: capacidade de funcionar e de manutenção.	Uma grandeza de medição da confiabilidade é o tempo entre dois defeitos.
Confirmação metrológica	Conjunto de atividades necessárias para garantir que um meio de medição atende aos requisitos para seu uso pretendido.	Os requisitos para o uso pretendido incluem escala, resolução, limites de desvios toleráveis.
Conformidade	Atendimento a um requisito.	Na verificação de conformidade determinam-se quantos requisitos estão atendidos.
Conserto	Medida para transformar um produto defeituosos num aceitável para o uso pretendido.	O produto consertado deve atender a todos os requisitos como o perfeito.
Constatação de auditoria	Resultado ou avaliação do confronto das comprovações com os critérios de auditoria.	As constatações da auditoria podem ser: atendimento aos critérios, desvios – critérios não atendidos – ou possibilidades de melhorias.
Contratante de auditoria	Organização ou pessoa que requer a auditoria.	Uma auditoria para certificação deve ser contratada pela direção.
Contrato	Acordos comprometedores.	Em geral, documento escrito e assinado.
Correção	Medida para eliminar causa de defeito ou erro detectado.	Para todo defeito detectado deve ser tomada uma medida de correção.
Critérios de auditoria	Conjunto de procedimentos, processos ou requisitos.	Critérios de auditoria são comparados com as comprovações.

Glossário

Defeito	Não atendimento a um requisito.	Defeitos ocorrem em processos inseguros.
Desenvolvimento	Conjunto de processos que transformam requisitos em característicos de produtos, processos ou sistemas.	O objetivo do desenvolvimento pode ser expresso no nome: desenvolvimento de produto, desenvolvimento de processo, etc.
Documento	Dados com significado.	Documentos podem ser registros, especificações, instruções de processo, desenhos, relatórios e normas.
Efetividade	Extensão em que tarefas são realizadas e resultados planejados, alcançados.	A efetividade de um processo pode ser expressa por um número.
Eficiência	Relação entre os resultados obtidos e os recursos aplicados.	A eficiência pode ser medida, confrontando-se os resultados avaliados com os recursos gastos.
Especificação	Documento que fixa requisitos.	Por exemplo, especificações de processo, de teste, de produto, etc.
Estrutura organizacional	Relações de responsabilidades, autoridades e interdependências de pessoas.	Graficamente pode ser representada em diagrama organizacional.
Exigência final de auditoria	Resultado de uma auditoria, dado pelo grupo de auditoria, depois de confrontar constatações com objetivos.	Avalia o resultado da auditoria e mostra onde é necessário fazer melhorias.
Expert	Pessoa com conhecimentos especiais que podem ajudar os auditores.	Um *expert* não será auditor.
Falta	Não atendimento a um requisito relacionado com o uso ou a função do produto.	A diferenciação entre defeito e falta é importante por causa do significado da falta no direito – responsabilidade civil.
Fornecedor	Organização ou pessoa que prepara um produto para entrega.	O fornecedor é inserido na cadeia de processos da empresa.
Garantia da qualidade	Parte da gestão da qualidade direcionada à geração de confiança, de que a empresa pode atender aos requisitos da qualidade.	Com o desenvolvimento da gestão da qualidade, o termo garantia da qualidade passou a ser menos usado.
Gestão da qualidade	Atividades concatenadas para dirigir e conduzir a empresa no que diz respeito à qualidade.	A gestão da qualidade abrange a definição da política, de objetivos, dos planos e das melhorias da qualidade.
Grupo de auditoria	Auditores que realizam as auditorias, às vezes, com apoio de *experts*.	O grupo pode ter auditores em treinamento. Será coordenado por um responsável.
Infraestrutura	Sistema de instalações, apetrechos e serviços necessários para o funcionamento de uma organização.	A infraestrutura de uma empresa produtora de bens consta, principalmente, dos processos de fabricação.
Liberação	Autorização para passar à outra etapa do processo.	Liberações são dadas por pessoas autorizadas, responsáveis por elas.

Liberação especial	Autorização para usar ou liberar um produto que não atenda a todos os requisitos.	Via de regra, liberações especiais são feitas em comum acordo com o cliente.
Management ou gestão	Atividades concatenadas para dirigir e conduzir uma organização.	Pessoa ou grupo com responsabilidade e autoridade para dirigir uma organização.
Manual de gestão da qualidade	Documento em que está detalhado o sistema de gestão da qualidade.	O grau de detalhamento dos manuais de gestão da qualidade devem ser adequados ao tamanho da organização.
Medida corretiva	Medida para eliminar causa de defeito ou erro detectado.	Para todo defeito detectado deve ser tomada uma medida de correção.
Medida de precaução	Ação para eliminar a causa de possíveis defeitos e erros futuros.	Para toda causa de defeitos são necessárias tais medidas.
Meio de medição	Dispositivo de medição, padrão de medição, software, material de referência ou aparelhos auxiliares necessários para realizar processos de medição.	Por exemplo, relógio medidor, régua graduada, argola medidora, alavanca de sensibilidade, microscópio, câmera, medidor de superfícies, medidor interno.
Melhoria contínua	Atividade recorrente no sentido de aumentar a adequação para o atendimento a requisitos.	A procura por possibilidades de melhorias para alcançar os objetivos é um processo contínuo.
Melhoria da qualidade	Parte da gestão da qualidade direcionada ao aumento da adequação para atendimento aos requisitos da qualidade.	Melhoria dos processos no que diz respeito à efetividade, eficiência e rastreabilidade.
Objetivo da qualidade	Algo almejado ou a alcançar em termos de qualidade.	Objetivos da qualidade descrevem coisas concretas a alcançar no tempo determinado.
Organização	Grupo de pessoas e instalações com rede de responsabilidades e autoridades.	Por exemplo, empresas, áreas de negócios, associações, administradoras, fábricas.
Parte interessada	Pessoas ou grupos interessados no desempenho e sucesso de uma organização.	Clientes, credores, bancos, acionistas, parceiros, associações.
Planejamento da qualidade	Parte da gestão da qualidade dirigida para a fixação de objetivos da qualidade e os processos de realização deles.	O planejamento da qualidade fixa os critérios para avaliação dos resultados dos processos.
Plano de auditoria	Descrição das atividades e preparativos para uma auditoria.	Toda auditoria acontece segundo um plano, quanto a conteúdos e tempo.
Plano de gestão da qualidade	Documento que especifica os procedimentos e recursos a serem usados.	Planos de gestão da qualidade tratam, via de regra, de processos de gestão ou de realização de produtos.
Política da qualidade	Intenções e diretrizes superiores para a qualidade da organização, elaboradas pela alta administração.	Com a política da qualidade, a organização fixa diretrizes para as ações em todos os setores.

Glossário

233

Procedimento	Modo definido para a realização de uma tarefa ou processo.	Por exemplo, procedimentos de fabricação, de produção, etc.
Processo	Tarefas de efeito interdependente para transformar entradas em saídas.	O processo transforma entradas em saídas ou resultados.
Processo de medição	Conjunto de atividades para determinar o valor de uma grandeza.	Um processo de medição pode ser manual ou automático, contínuo ou intermitente.
Processo de qualificação	Processo para evidenciar adequação de atender aos requisitos fixados.	Qualificação de pessoas, produtos, processos e sistemas.
Produto	Resultado de um processo.	O produto é gerado numa cadeia de processos. Há 4 categorias de produtos: serviços, software, hardware e produtos técnicos, por exemplo, óleos para processos.
Programa de auditoria	Conjunto de uma ou mais auditorias.	O programa contém todas as atividades em consonância com o tipo de auditoria.
Projeto	Processo unitário, constituído por um conjunto de atividades concatenadas e dirigidas para alcançar um objetivo definido, com datas de início e fim das atividades.	Grandes projetos podem ser subdivididos em projetos menores, caracterizados pelos mesmo critérios.
Qualidade	Grau em que um conjunto de característicos inerentes atende a requisitos.	Qualidade é o atendimento aos requisitos do cliente.
Rastreabilidade	Possibilidade de saber o caminho, os postos de trabalho, os processos por que passou o produto em questão.	Para peças relevantes para a segurança, pode ser exigida uma rastreabilidade até o lote de matéria-prima usado.
Reclassificação	Mudança da classe de um produto defeituoso; na nova classe inferior, ele atende a todos os requisitos.	Classificar como segunda escolha, por exemplo, pisos, louças, cristais, etc.
Registro	Documento que mostra resultados obtidos ou comprovação de tarefas.	Via de regra, registros não requerem controles pela revisão.
Requisito	Exigências ou desejos fixados, que são, comumente, presumidos ou obrigatórios.	Produtos precisam atender a diversos requisitos, por exemplo, de qualidade, formulados pelo cliente.
Retrabalho	Ação num produto defeituosos para que atenda aos requisitos.	É preciso procurar as causas e eliminá-las.
Satisfação do cliente	Percepção do cliente quanto ao grau de atendimento a seus requisitos.	A satisfação do cliente é obtida pelo atendimento a todos os seus requisitos.
Sistema	Conjunto de elementos em relação de interdependência e de efeitos recíprocos.	O sistema agrupa elementos de um mesmo tema.

Sistema de gestão	Sistema para fixar política e objetivos, e para alcançar esses objetivos.	Uma organização pode ter vários sistemas de gestão, por exemplo, da qualidade, ambiental e de segurança do trabalho.
Sistema de gestão da medição	Conjunto de elementos em relações e efeitos recíprocos necessários para as atividades metrológicas e o monitoramento contínuo dos processos de medição.	Instalações de medição são controladas, alocadas, disponibilizadas, administradas, monitoradas, liberadas e adquiridas num sistema de gestão da medição.
Sistema de gestão da qualidade	Sistema de gestão para conduzir e dirigir a organização em matéria de qualidade.	Sistema para realizar uma gestão da qualidade direcionada para o futuro.
Sucateamento	Medida a ser tomada com um produto defeituoso, para evitar o seu uso pretendido.	Produtos sucateados e descartados dos processos podem ser reciclados.
Teste	Levantar característico segundo um procedimento.	Por exemplo, teste de função, de clima, de corrosão, de visão, de desgaste, de solicitação.
Validação	Confirmação por comprovação objetiva de que foram atendidos os requisitos para um uso pretendido.	As condições de uso podem ser simuladas para a validação.
Verificação	Confirmação com base numa comprovação objetiva de que requisitos fixados foram atendidos.	Usa-se "verificado" para designar algo que passou pela verificação.
Verificação, teste	Avaliação de conformidade através de observação e julgamento, acompanhada de medições, testes e comparações.	Os requisitos foram atendidos?

ÍNDICE REMISSIVO

7 variáveis perturbadoras, 18
7 ferramentas, 82

Aceleração da vibração, 178
aceleração de referência, 178
ações/medidas corretivas, 25, 47, 50
acústica, 201
uso inadequado, 204
afastamento de segurança, 192
água, 218
água de processo, 218
água potável, 218
água servida/usada, 218
alcance, 140, 193
altura do corpo, 192
ambiente, 19
ambiente de trabalho, 33, 173
amostra, 92, 103
ampliação das tarefas, 156
análise, 46
análise ABC, 84
análise da oscilação do sinal, 149
análise da situação atual, 214, 217
análise de dados, 49
análise de entradas e saídas, 216
análise de modos de falha e efeitos, 19, 81, 89, 149
análise de Pareto, 19, 84
andar, 192
antropometria, 162
aquisição, 40
área de circulação, 201
área de movimentação dos braços, 193
área de movimentação, 161, 201
área de perigos, 161
área de tolerância, 112
áreas e espaços livres, 156
articulações, 181
árvore de análise de falhas, 86
associação da indústria automobilística alemã, 52
associação de controle técnico, 51

associação dos eletrotécnicos alemães, 15, 45
associação dos engenheiros alemães 69
aterramento, 152
auditor, 83
auditoria, 26, 47, 63, 83
auditoria ambiental, 235
auditoria da qualidade, 64
auditoria de certificação, 57
auditoria de primeira parte, 64
auditoria de processo, 64
auditoria de produto, 64
auditoria de segunda parte, 64, 65
auditoria de serviços, 64
auditoria de sistema, 47, 57, 64
auditoria de terceira parte, 64
auditoria de teste/experimental, 57
auditoria em circuito fechado, 47
auditoria externa, 64
auditoria interna, 64
autoridade, 29
avaliação, 60
avaliação da gestão, 28, 30
avaliação de riscos, 205
avaliação dos balanços, 217
avaliação do desenvolvimento, 38
avaliação do nível de intensidade sonora, 178
avaliação do som, 177
avaliação dos resultados, 30
avaliação temporal, 177
avanço significativo, 75

Balanço de efeitos, 235
balanço entradas X saídas, 235
balanço material, 208, 222
barulho, 201
batida com martelo, 177
batimentos do pulso, 194
brainstorming, 19

Cadeia de fornecedores, 40
caderno de máquina, 153
calibração, 45

capacidade, 18, 31
capacidade de competir, 210
capacidade de máquina, 112
capacidade de processo, 80, 112
capítulo da norma 4-8, 25, 28, 31, 34, 37, 46
capítulo principal, 21
característico, 8, 115
característico de processo, 87
característico de produto, 87
característico de qualidade, 8, 9
característicos críticos da qualidade, 79
carga acústica/sonora, 180
carga de trabalho, 194
carta coletora de falhas, 84
carta com dados brutos, 109
carta de controle no recebimento, 109
cartão de acompanhamento, 42, 61
cartas de controle da qualidade, 18, 93, 108
cartas de Shewart, 109
casa da qualidade, 87, 88
categorias de segurança, 162
CEP, controle estatístico de processos, 19, 81, 93
certificação, 51
certificação CE, 183
certificado, 63
ciclo de vida, 148
ciclo PDCA, 140
circuito de controle de Deming, 23
círculo de qualidade, 11, 12
classe de erros, 9
classes de perigos de raios laser, 184
classificação, 184
classificação de fornecedores, 66
cliente, 35, 72
clima, 175
códigos de avaliação, 60
coluna vertebral, 191
comando, 203
comando de confirmação, 161
comando desliga emergencial, 161

Índice remissivo

comparação aos pares, 87
comportamento de falha, 143
comunicação, 29
comunicação homem-máquina, 200
confiabilidade, 114
confirmação, 61
conjuntos de tarefas de trabalho, 214, 215
consciência, 31
constatações da auditoria, 63
constituição, 207
constituição estadual, 207
consumo de água, 223
consumo de ar, 222
contexto/moldura do projeto, 78
contração, 43
controladores, 18
controle da poluição da água, 218
controle da poluição do ar, 219
controle de documentos, 27
controle de produto, 7
controle de qualidade, 18, 92
controle de registros, 27, 210, 230
controle estatístico de processo, 92, 93
correção de erros, 8, 50, 54
corrosão, 150
cortina de luz, 162
cultura empresarial, 156
curva em forma de sino, 101
custos de consertos, 148
custos dos defeitos, 13, 68

Dados de aquisição, 49
dados de desenvolvimento, 49
dados de estoque, 49
dados de serviços, 49
dados de teste, 94
dados de vendas, 49
dano causado por água, 218
dano/falha, 43
dB(A), 177
dB(AF), 177
dB(AI), 177
dB(AS), 177
declaração ambiental, 208

declaração de conformidade, 202
decurso da ordem de trabalho, 44
defeito, 153
defeitos secundário, 9
Deming, W. E., 23, 68
descrição de processos, 26, 55, 213
desdobramento da função qualidade, 19, 81, 87
desempenho da empresa, 77
desempenho do processo, 72
desenvolvimento, 37
desliga emergencial, 203
desperdício/esbanjamento, 68
desvio padrão, 74, 101
diagnóstico a distância/remoto, 146
diagnóstico de danos, 149
diagrama, 86
diagrama causa-efeito 19, 85
diagrama de barras, 84
diagrama de desgastes, 150
diagrama de dispersão, 86
diagrama de evolução, 85
diagrama de Ishikawa, 85
diagrama de processos, 54
diagrama em árvore, 86
diagrama em blocos, 95
diagrama em matriz, 87
diagrama organizacional, 29
diálogo em monitor, 201
direção, 25, 28
diretriz ambiental, 220
diretrizes europeias para máquinas, 202
discos intervertebrais, 191
dispersão, 74
distribuição normal, 101
documentação, 54, 148
documentação de erros, 150
documentação de processos, 92

Economia de energia, 218
efeitos de erros, 90
efluente/águas servidas, 218, 174
elaboração de oferta, 36

elementos da qualidade, 11
em pé, 191, 192
emissão de ruído, 178
emissão de som, 177
enclausuramento, 180
enriquecimento das tarefas, 156
entrada, 221
entrada de energia, 220
entradas no desenvolvimento, 37
equipamento de proteção, 198
ergonomia, 155, 201
ergonomia de hardware, 200
ergonomia de software, 200
erro, 9, 48, 90, 162
erro principal, 9
escombros, 224
especificação técnica da ISO, 52
especificações de aquisição, 40
esquemas de avaliação, 62
estabilidade, 116, 163, 204
estatística, 7
estouro, 177
estratégia de manutenção, 142
estratégia seis sigma, 74
estresse/carga, 160, 176, 180
estressores, 194
estrutura da norma, 25
estrutura das normas, 22
estrutura de processo, 21, 23
estrutura do balanço, 221
estrutura do projeto, 215
eventos aleatórios, 99
evitação de resíduos, 219

Fabricação, 49
fadiga do material, 150
faixa preta, 77
falha, 146
falha por desgaste, 143, 150, 220
falha por idade, 143
falha precoce, 143
fase de adaptação, 150
fase de danos, 150
fase de implementação, 56
ferramentas de gestão da qualidade total, 81

Índice remissivo

fibra sintética *Kevlar*, 199
fluxograma, 36, 83
folga/reserva, 156
fomento da qualidade, 19
fonte de energia, 221
fonte de ruído, 179
Ford, H., 7
fornecedor, 72
fornecedor, categorias A e B, 66
frequência, 95
frequência cumulativa, 98
frequência de teste, 17
frequência individual, 98
função de distribuição, 100
função de gestor, 71
função perda, 9
função probabilidade, 100
fundação europeia para gestão
 da qualidade, 69

Galton, F., 100
garantia da qualidade, 7
gases, 145
Gauss, K. F., 74
geração do som, 176
gestão ambiental, 6, 53, 207,
 213
gestão da manutenção, 143
gestão da proteção no trabalho,
 6, 213
gestão da qualidade total,
 6-7, 20, 67, 71, 212, 213
gestão da saúde e riscos
 ocupacionais, 213
gestão de riscos, 213
gestão integrada, 6
gestão/direção, 19, 72
gestor, 71
grau de desempenho, 61
grupo construtivo, 154
grupo de implementação/de
 trabalho, 56
grupo de interesse, 21
grupo de participantes, 156
grupo de projeto, 214

Histograma, 95

Identificação CE, 202

iluminação, 187, 200, 203
imissão, 179
imissão de ruído, 179
impulso, 177
influência, 93
infraestrutura, 32
inovação, 140
inspeção, 141, 148
inspeção a 100%, 92, 93
inspeção da documentação,
 56
inspeção final, 15
inspeção intermediária, 15
inspeção no recebimento, 15
inspeção por amostragem, 17,
 93
inspeção/teste da qualidade,
 14
inspeção um sim, outro não, 17
instalações/equipamentos de
 segurança, 193
instituto alemão para
 normalização
instruções de operação, 204
instrumento de
 medição/medidor, 60, 177
instrumentos de teste, 45
intensidade de iluminação,
 186
interação homem-máquina,
 156
internet, 147
intervalo entre inspeções, 45
Ishikawa, K., 85

KAIZEN, 139
Kano, N., 10

Largada de projeto, 214
largura dos intervalos, 94
leis constitucionais, 207
leis estaduais, 207
lei federal, 226
líder de auditoria, 83
limite das classes, 95
limite de alerta, 108, 109
limite de intervenção, 9, 108,
 109
limites (ruído), 178
lista com dados brutos, 95

lista de ações, 54
lista de peças de reposição,
 154
lista de perturbações de
 máquinas, 149
lista de traços, 95
luminária para posto de
 trabalho – BAP, 200
luvas de segurança, 198
Lux, 186
luz do dia, 201

Manipulação, 203
manual da gestão da
 qualidade, 25, 26, 57, 60
manutenção, 141, 144
manutenção a
 distância/remota, 146
manutenção do produto, 43
máquina, 19
máscaras de proteção, 199
material, 19
matriz de qualificação, 31
medição, 46, 48
medidas de proteção contra
 radiação laser, 184
medidas/ações preventivas, 25,
 50
meios de monitoramento de
 máquinas, 60
melhoria, 46, 50
melhoria da qualidade, 10
metabolismo basal, 190
metabolismo devido ao
 trabalho, 190
metabolismo no lazer, 190
método, 19
Mikel, J. H., 79
minimização de emissão de
 gases, 219
modelo de distribuição, 108
modelo de Kano, 10
modelo europeu de gestão da
 qualidade total, 69
modem industrial, 147
modificações no
 desenvolvimento, 39
monitoramento, 45, 46, 48

Necessidades do cliente, 87

níveis hierárquicos, 77, 156
nível, 178
nível de gestão, 213
nível de potência do som, 179
nível de pressão sonora, 176, 178, 179
nível de proteção, 183
nível de velocidade de partícula, 178
norma alemã e europeia
norma alemã e internacional
norma alemã, europeia e internacional
norma de garantia da qualidade da indústria automobilística, 52
norma europeia, 205
norma europeia e internacional, 184
normas de segurança, 205
normas, categorias A e C, 206
número de classes, 94
número de peça de reposição, 154
número de prioridade de risco, 89

Objetivo ambiental, 211
objetivos da qualidade, 29
ocorrência de erro, 13
óculos de proteção contra laser, 183
óculos de segurança, 198
odores, 216
ofuscamento, 186
operação sob condições normais, 150
organismo de normalização internacional, 208
organização do trabalho, 7, 155
orientação para o cliente, 10, 28, 67
orientação para os trabalhadores, 67, 72
orientação por processo, 23, 67, 72
oscilação do som, 177

Parada/falha, 150
parede protetora contra som, 180

Pareto, V., 84
participação dos trabalhadores, 156
participação nas decisões, 156
pé, 191
perigo, 157, 163
perigo de explosão, 204
perigo de fogo, 204
perigo de queda, 204
perturbações, 138, 142
pirâmide da qualidade, 12
planejamento, 28
planejamento da produção, 213
planejamento da qualidade, 13
planejamento de inspeções, 14
planejamento do desenvolvimento, 37
planejamento do produto, 213
planejamento do trabalho, 49
plano de auditoria, 58
plano de inspeção, 16, 148
plano dos serviços de conservação, 144
planta de transformação, 162
planta/instalações com laser, 183
planta virtual, 152
poeira, 160
política ambiental, 211
política da qualidade, 28
poluição ambiental, 211, 221
ponto fraco, 153
pontos na avaliação, 62
pôr em funcionamento, 152, 204
possibilidade de exclusão, 23
possibilidade de medir, 19
posto de trabalho, 186
posto de trabalho com PC, 200
postura corporal, 155, 191
postura no trabalho, 32
potência do som, 176
ppm, partes por milhão, 80
prazo de entrega, 8
prêmio europeu da qualidade, 69
prescrições, 211
pressa, 194
pressão temporal, 194
prestação de serviços, 42

probabilidade, 90, 99
probabilidade de detecção, 90
probabilidade de ocorrência, 90
processamento de dados de teste, 18
processo, 75, 94
processo capaz, 94
processo de aquisição, 40
processo sob controle/dominado, 94
processos, 23, 24
processos empresariais, 24
procura de defeitos, 153
produção, 42
produtividade, 68
produto/bem, 35, 86
PROFIBUS-DP, 151
programa ambiental, 211
programa de proteção ambiental, 216
projeto de implementação, 214
projeto de meios de trabalho, 156
projeto do posto de trabalho, 192
projeto do trabalho, 155
projeto técnico, 156
propriedade, 43
propriedade/característica, 8
proteção, 152
proteção ambiental, 207, 209
proteção contra acesso, 146
proteção da saúde, 156
proteção das mãos, 162
proteção de perigos, 204
proteção no trabalho, 159
proteção respiratória, 199
protetor auricular, 197, 199
protetor facial, 198
protocolo de inspeções, 45

Qualidade, 8
qualidade de fornecedor, 48
qualidade de processo, 48
qualificação, 156
quantidade considerável, 154

Radiação laser, 182

Índice remissivo

rastreabilidade, 22, 43
realização da auditoria, 219
realização de inspeção, 15
realização do produto, 34
reclamações, queixas, 48
recolocar em operação, 150
recuperação, 154
recursos, 31, 221
rede de probabilidades, 104
redução de custos, 210
redução de riscos, 205, 210
redução de ruído, 179
reflexão, 200
regra dos dez, 13
relação fornecedor-cliente, 72
relatório, 62
relatório de auditoria, 63
repetição da auditoria, 56, 63
requisito, 25
requisitos básicos, 11
requisitos da documentação, 24
requisitos da qualidade, 72
requisitos de desempenho, 11
requisitos de fascinação, 11
requisitos do cliente, 72
reserva de desgaste, 150
resíduos, 173, 224
responsabilidade, 194
responsabilidade da direção, 28
responsável pela gestão da qualidade, 57
responsável pela segurança contra laser, 183
resultado da auditoria, 63
resultado de desenvolvimento, 38
retrabalho, 68
reunião final, 62
revisão da auditoria, 219
risco, 205
risco de processo, 213
risco de quebra/fratura, 162
ritmo imposto/tempo de ciclo, 156
robôs, 161
ruído, 145, 146
ruído de corpo sólido, 178

ruído no posto de trabalho, 179
Saídas, 221
sapatos de proteção, 199
sapatos de segurança, 199
sapatos profissionais, 199
satisfação do cliente, 46
segurança, 162, 205
segurança de processo, 80
segurança no trabalho, 205
seleção do modo de operação, 203
sentar, 190, 192
ser humano, 19
serviço de conserto, 141, 150
serviço público de saúde, 205
Shewart, W. A, 7, 93
sigma (letra grega), 101
símbolo CE, 204
simulação, 153
simulação de plantas, 153
sistema de custos, 216
sistema de gestão ambiental, 209, 220
sistema de gestão da qualidade, 25, 209, 214
sistema de gestão e auditoria ambiental, 209, 217
sistema integrado de gestão, 213
sobrecarga, 150, 190
solicitação, 190
som/tom, 177, 179
sucatear/desmantelar, 153
sucesso, 68
superfície de trabalho, 192, 201
suprimento de energia, 204
surdez, 180
sussurro/marulho, 177
sustentabilidade ambiental, 207

Tábua de pregos, 100
tarefa de desenvolvimento, 38
tarefa de trabalho, 178
Taylor, F. W., 7

temperatura, 195
temperatura do ambiente, 32, 195
tempo de trabalho/turno, 178
tempo de vida útil, 207
tipos de auditoria, 64
tirar de operação, 203
tolerância, 94
tom, 177
trabalho com monitor, 201
trabalho em grupos, 156
trabalho em linha de montagem, 7
trabalho em turnos, 195
transformação de energia, 190
trecho regulado, 18
treinamento para a qualidade, 55

Universo, 75, 103

Validação, 43, 61
validação do desenvolvimento, 39
valor de característico, 8, 94
valor de teste, 95
valor máximo, 9
valor médio, 101
valor mínimo, 9
variável de distribuição normal, 102
velocidade de oscilação, 201
velocidade de partícula, 201
velocidade do som, 176
verificação, 61
verificação ambiental, 217
verificação de medidas/ações, 214
verificação do desenvolvimento, 38
vestimenta de proteção, 167, 175
vestimenta de proteção contra fogo, 198

Referências

Em sua maioria, as tabelas e figuras são concepções dos próprios autores e provêm de seus trabalhos. As empresas e instituições mencionadas a seguir apoiaram significativamente o trabalho do grupo com textos impressos, figuras e fotos (página e número da figura em parênteses), pelo que somos muito gratos. Destacaram-se no apoio ALFRED HEYD GmbH u. Co. em Öhringen e Continental AG em Hannover. Seus materiais nos serviram para mais itens do livro.

ALFRED HEYD GmbH u. Co., Öhringen
Bildarchiv Preussischer Kulturbesitz Berlin (7/1)
Bundesanstalt für Arbeitsschutz und Arbeitsmedizin, Dortmund
Bundesministerium für Arbeit und Sozialordnung, Berlin
Bundesministerium für Umwelt, Naturschutz und Reaktorsicherheit, Berlin
Continental AG, Hannover (171 e seguintes)
Deltalogic, Schwäbisch-Gmünd (120/1/2, 121/1/2)
Europäische Agentir für Sicherheit und Gesundheitsschutz am Arbeitsplatz, Bilbao

Europäisches Parlament und Rat der Europäischen Union, Strassburg
Festo, Esslingen-Berkheim (119/2)
HAKO-Lehrmittel, Reutlingen (101/3)
Leuwico Büromöbel GmbH, Braunschweig (133/1)
Mössner GmbH, Eschach
NASA Photo Gallery, Washington D. C. (159/2)
Robert Bosch GmbH, Stuttgart (119/1/3, 125/1)
Siemens-Dematic, München (132/3)
Ullstein Bild, Berlin (129/1)